KNAUR

Über die Autorin:
Tine Wittler ist seit über 20 Jahren freischaffende Bühnenkünstlerin, Autorin und Moderatorin. Mit der Sendung »Einsatz in 4 Wänden« (2003–2013) wurde sie einem Millionenpublikum bekannt. Nach 25 Jahren in Hamburg zog sie Ende 2017 in das 60-Seelen-Dörfchen Jabel im Wendland und erweckte dessen alte Dorfkneipe wieder zum Leben – diesmal samt Kleinkunstbühne.

Für den »Jabel der Welt« & das ganze Wendland.
Danke, dass ich bei und mit euch sein darf.

Inhalt

Big City Blues

Vom Gefühl, dass irgendetwas im Leben nicht mehr stimmt, der Suche nach den Gründen und der unerklärlichen Sehnsucht nach dem anderen

Es muss so im Jahr 2000 gewesen sein, ich war etwa 27 Jahre alt, als ich den Eltern zum allerersten Mal in meiner ganz eigenen Hamburger Wohnung Kaffee einschenkte. Filterkaffee aus so einer gläsernen Drückerkanne, bei der man geduldig warten muss, bis sich das Kaffeepulver gesetzt hat, und die – genau wie die Wohnung – plötzlich ganz allein mir gehörte.

Ebenso wie die Wohnung musste ich diese Kanne ab sofort nicht mehr gegen im besten Fall chaotische, im schlimmsten Fall völlig lebensuntüchtige Mitbewohner verteidigen: Sie und die zweieinhalb Zimmer im noch nicht ganz so übertrieben hippen, aber doch kontinuierlich aufstrebenden Szeneviertel Ottensen – in dem die bezahlbaren Altbaubuden für Junge und Kreative bereits damals knapp wurden – waren endlich nur für mich da! Als aufstrebende Jungautorin, noch dazu mit einer Festanstellung als Redakteurin, konnte ich mir das erlauben: kleine, aber eigene vier Wände, sogar mit einem Minigarten; kein Studentenwohnheim mehr und auch keine WG oder Übergangslösung.

Für das Landmädchen, das sich vom ostwestfälischen Nirgendwo über das Studium in Lüneburg und Auslandssemester in Großbritannien bis ins Berufsleben der großen Hansestadt Hamburg vorangewühlt hatte wie ein Maulwurf, der immer größere Hügel produziert, war damals klar: Hier, in diesem pulsierenden Kosmos der schönsten Stadt der Welt, bleibe ich für immer. Ich werde diesen Kosmos auskosten und einatmen; alles, was er zu bieten hat, werde ich entdecken und mitnehmen; und das ist so viel, dass ich dabei nie auf ein Ende stoßen werde oder auf ein »Alles-Gesehen«. Nein, für mich stand fest: Hier gehe ich nie wieder weg! Nie nicht. Nicht aus dieser Wohnung, und nicht aus dieser Stadt.

So teilte ich es bei besagtem Kaffee mit Nachdruck auch den Altvorderen, angereist aus dem Dörflich-Ostwestfälischen, mit; schließlich hatte ich eine extrem vorausschauende und, wie ich fand, auch sehr kluge Immobiliensuche betrieben und mich fürs Ebenerdige entschieden – »falls man später im Alter mal nicht mehr so gut zu Fuß ist«. Ich fand mich außerordentlich überzeugend, was nicht schwer war, immerhin glaubte ich fest an das, was ich da fabulierte. Die Eltern hingegen lachten nur wissend – und sagten sonst nichts weiter dazu.

Knapp 17 Jahre und mehrere Ottensener Immobilien später lebe ich mit meinem Ehemann und einem eigenwilligen, aber bezaubernden Kätzchen namens Smöre in einem Bungalow im Hamburger Stadtteil Rissen.

Rissen ist nicht Ottensen und von dessen überbordender Quirligkeit, die sich von einstiger Subkultur zu einem Paradebeispiel höchst ungesunder Gentrifizierung entwickelt hat, weit entfernt. Wobei Ersteres nicht weiter schlimm, sondern vielmehr Sinn der Sache ist: Den Drang zur Szeneviertelzugehörigkeit legt man ja auf dem Weg zum vierzigsten Geburtstag, spätestens aber kurz danach ab wie einen unbequem gewordenen jugendlichen Turnschuh mit zu dünner Sohle und stattdessen fürderhin eher Wert auf ein gediegeneres Dasein. Schön, wenn man dann einen Stadtteil findet, in dem man sich weiterhin hip und kosmopolitisch fühlen kann: Zwischen Rentnerehepaaren und arriviertem Establishment zählen der Mann, die Katze und ich in Rissen zu den »jungen Wilden«.

Und immerhin gehört das Quartier noch zum Bezirk Altona: ein gepflegtes Viertel mit Einfamilienhäusern, von denen viele ohne Weiteres als »Anwesen« durchgehen. Anfahrt über die sagenumwobene Elbchaussee, die einem im täglichen Stau immerhin was fürs Auge bietet. Direkt neben dem Grundstück, welches in einer klitzekleinen, holprigen Anliegerstraße mit einem so langen Namen liegt, dass man beim Nennen der Adresse mehrere Atemzüge braucht und beim Buchstabieren mehrfach neu ansetzen muss, weil man längst vergessen hat, wo man eigentlich war, beginnt der Wald.

Der Bungalow im Bauhausstil ist auf eine hügelige Fläche gebaut. Wenn man von der Auffahrt her darauf blickt, erahnt man nur anhand der riesigen Garagen, auf denen ein Teil der Wohnfläche ruht und in denen bequem drei Fahrzeuge von Maßen über die klassischer Mittelklassewagen hinaus Platz finden, wie groß und ausladend er tatsächlich ist; mit einem Schwimmbad im Keller, umlaufenden Terrassenflächen und voller weiterer Annehmlichkeiten. Nur der Kenner mit dem geschulten Blick für hanseatisches Understatement mag vermuten, dass hier jemand wohnen muss, der zumindest etabliert, vielleicht sogar erfolgreich ist. Oder mal war. Oder von jemandem, der es ganz bestimmt mal war, geerbt hat. Die Luft ist gut, der Verkehr in der kleinen Straße mit dem langen Namen nicht der Rede wert.

Und trotz alldem stimmt irgendetwas nicht, denn ich fühle mich nicht gut. Das geht bereits seit einiger Zeit so; ich weiß nur nicht recht, warum. Auf der Suche nach dem Grund habe ich in den vergangenen Monaten vieles auf den Prüfstand gestellt.

Als Erstes habe ich überlegt, ob es die Arbeit ist, die dieses undefinierbare Unwohlsein hinterlässt. Aber mein Künstlerinnen- und Gastronominnendasein bereitet mir Freude und Befriedigung: Das Tourleben mit Chanson und Kabarett, Theater und Vorträgen ist zwar aufreibend, aber erfüllend. Meine »Parallelwelt Kulturbar«, die vor 13 Jahren als Bar mit kleinen Livegigs angefangen und sich nach ihrem Umzug auf eine größere Fläche durch viel Hingabe und Engagement zu einem Kulturzentrum für junge darstellende und bildende Künstler entwickelt hat, verbindet meine Leidenschaft für genreübergreifende Performances, Werke und das Gastgebertum mit einer Freiheit und Vielseitigkeit, die ich mir auf keine andere Art und Weise und erst recht in keinem anderen Beruf wünsche.

Für den Mann stellt sich die Lösung des Ganzen recht einfach dar. Seit ich ihn regelmäßig mit meinen aus dem generellen Unwohlsein resultierenden Befindlichkeiten konfrontiere, behauptet er ebenso regelmäßig, ich müsse nur zu meinen künstlerischen Wurzeln zurückkehren. Sprich: nach Dokumentarfilm, Chansonalbum, Theaterengagement und Bühnenprogramm endlich wieder ein ganzes Buch schreiben statt Produktionskalkulationen oder Liedtexte. Dann würde es mir bestimmt besser gehen. Schließlich läge das letzte meiner belletristischen Werke dieser Art, von denen ich aber doch gekommen sei in meinem Schaffen, nunmehr einige Zeit zurück, und da habe sich in mir kreativ vielleicht was verkapselt.

Die Katze hat sich zu dieser Vermutung bis heute nicht dezidiert geäußert, aber grundsätzlich gibt sie sowieso immer dem Mann recht, denn der füttert sie auch am offenen Kühlschrank mit Hühnchenbrust.

Jedenfalls, je öfter der Mann oben stehenden Rat als Antwort auf mein ständiges Gemaule wiederholt, desto unleidlicher werde ich, was dafürspricht, dass an seiner Erklärung was Wahres dran ist. Vielleicht. Aber das zuzugeben fällt mir schwer, und natürlich hasse ich es einigermaßen, wenn der Mann einen besseren Durchblick hat als ich; vor allem, wenn dieser Durchblick ausgerechnet meine Person betrifft.

Außerdem braucht man viel Zeit und Muße, um ein ganzes Buch zu schreiben, das weiß ich aus eigener Erfahrung natürlich viel besser als er. Und diese Zeit habe ich nun mal nicht. Schließlich gibt es Bälle in der Luft zu halten, nicht erst seit gestern und vermutlich auch nicht nur bis morgen. Die Buchhaltung macht sich ja nicht von allein, wobei erschwerend hinzukommt, dass man überhaupt erst mal Zahlen braucht, die man hierin eintragen kann, und zwar am besten schwarze. Allein deshalb würde der Mann mir wohl trotz seiner Fürsorge und allen ehrlichen Interesses an der Auflösung meiner kreativen Verkapselung den Vogel zeigen, wenn ich ihn darüber informierte, dass die Finanzierung des Bungalows voller Annehmlichkeiten ab sofort leider allein bei ihm läge. Weil ebenjene kreative Verkapselung nun endlich rausmuss aus mir. Vom Bücherschreiben ist hanseatisches Understatement in Hamburg-Rissen nur in seltenen Fällen finanzierbar; die Dichte freiberuflicher Autoren oder überhaupt freiberuflicher Künstler ist dort nicht sehr hoch. Das habe ich dem Mann auch immer wieder erklärt, aber er ist dafür einfach nicht zugänglich und behauptet weiterhin, es würde alles besser, wenn ich nur endlich meine Buchstabenverkapselung auflöste.

Also habe ich überlegt, ob es vielleicht die Ehe an sich ist, die mir nicht bekommt. Um dies herauszufinden, habe ich das ein oder andere Streitgespräch mit dem Mann geführt, einige davon vielleicht sogar gezielt provoziert. Die Vermutung, dass auch dieser Weg nicht zu einer grundlegenden Besserung meiner Situation führen würde, lag zwar nahe und hat sich am Ende auch bewahrheitet, aber man kann es ja mal probieren.

Als Nächstes habe ich mich gefragt, ob ich nicht vielleicht doch ein Kind hätte bekommen sollen und dahingehend das Ruder auf die letzten Meter herumreißen sollte beziehungsweise könnte. Man hört ja doch immer wieder, dass kinderlose Frauen früher oder später damit hadern, ihrem angeblichen »evolutionären Auftrag« nicht nachgekommen zu sein.

Wenige Tage später – es muss zur Weihnachtszeit im Jahr 2016 gewesen sein; der ungeklärte Kummer war bereits weit fortgeschritten – saß ich sehr engagiert und voller Bereitschaft für mein ganz individuelles, lebensveränderndes Aha-Erlebnis mit einer Grundschullehrerin, der Mutter eines Neugeborenen sowie der Mutter einer pubertierenden Tochter an einem Tisch und gab mir alle Mühe, zu erkennen, dass im späten Nachwuchs das Heil liegen könne. Ich habe es wirklich versucht, bin aber allein an der Herausforderung, den Gesprächen und ihren Themen auch nur im Ansatz zu folgen, dermaßen grandios gescheitert, dass ich auch diese Möglichkeit potenzieller Traumabekämpfung noch vor Silvester für mich persönlich leider unter Stuss abhaken musste.

Schließlich und endlich habe ich versucht, mich mit der Vorstellung einer ganz normalen Midlife-Crisis zu beruhigen und entspannt darauf zu warten, dass das Unwohlsein von allein wieder vergeht, wenn erst die Wechseljahre überstanden sind. Leider behaupten die biologischen Fakten, dass diese schicksalhafte Zeit bei mir noch nicht mal begonnen hat. Gut, vielleicht kündigt sie sich so langsam an. Aber wie um Himmels willen soll das erst werden, wenn ich mittendrin stecke?!

Das Gute daran, in Rissen zu leben, ist, dass man im Auto so viel Zeit hat nachzudenken, während man auf der Elbchaussee im Stau steht. Und im Stau stehen, das tut man hier eigentlich immer, seit auf der Osdorfer Landstraße schwer gebaut wird. Bis zu zwei Stunden jeden Tag brauchten wir im Frühjahr 2017 auch außerhalb der Rushhour für die 18, 19 Kilometer bis zur »Parallelwelt Kulturbar« in Eimsbüttel, und das schon seit Wochen.

An diesem entscheidenden Tag ist es besonders schlimm. Schon seit einer Dreiviertelstunde unterwegs und noch nicht mal am Altonaer Rathaus vorbei. Der Mann schimpft; ich rolle mit den Augen und weiß nicht, wohin mit meinen Händen, die zum Nichtstun verdammt sind, aber so gern etwas bewegen wollen, während ihnen die Zeit durch die Finger rinnt und der Tag schon bald wieder vorbei ist, wenn das hier so langsam weitergeht.

Irgendetwas hupt; zu dumpf und lang für ein Auto. Es ist ein Schiff, das parallel zur Elbchaussee am Elbufer entlanggleitet, und ich stelle verwundert fest, dass ich ganz vergessen hatte, dass ich in Hamburg bin. In der schönsten Stadt der Welt. Und dass es hier Schiffe gibt. Aber ich habe keinen Blick mehr für die Containerriesen und Kreuzer, die man während der Fahrt zwischen Bäumen und Gebäuden hindurch erspähen kann, wenn der Verkehr ausreichend langsam ist und man genau genug hinschaut. Ich starre nur auf die Digitalanzeige an der Armatur des Wagens, höre auf NDR Info zum dritten Mal den gleichen Nachrichtenblock, seit wir in das Auto gestiegen sind, und denke daran, was ich in dieser Zeit schon alles hätte schaffen können.

Im nächsten Moment frage ich mich, wann ich eigentlich das letzte Mal zu Fuß unten am Elbufer entlanggegangen bin. Nur so, wie früher, mit etwas Zeit und ab und an einem Blick in den Himmel und ohne diesen verdammten Druck im Schädel, der dich ohne Pause weitertreibt und die schönste Stadt der Welt samt den größten Schiffen nicht mehr sehen lässt.

Der Mann bremst scharf und zieht den Wagen ruckartig nach links; ein Radfahrer ist plötzlich vom Gehsteig geschossen und kurz vor uns auf der Straße eingeschert, genau an der Stelle, wo sich die Fahrbahn von zwei Spuren auf eine reduziert. Fast kommt es zur Kollision mit einem anderen Auto, das sich just und eigentlich viel zu knapp kalkuliert vor uns von links nach rechts einfädeln will. Plötzlich quäken gleich mehrere Hupen gleichzeitig, weitere Wagen hinter uns bremsen abrupt, der Radfahrer rutscht noch schnell mit rotierenden Waden über die jetzt rot aufleuchtende Ampel und präsentiert dann, ohne sich umzudrehen, hinter seinem Rücken mit der linken Hand den Stinkefinger in unsere Richtung. Das Hupkonzert nimmt kein Ende, von allen Seiten bilde ich mir böse Blicke ein, wünsche mich irgendwo anders hin und mache mich auf dem Beifahrersitz so klein, wie es geht. Das geht nicht gut, weil ich ja nicht nur von oben nach unten, sondern auch von links nach rechts einiges an Platz beanspruche, aber gefühlt bin ich eigentlich verschwunden und noch dazu wünschte ich, es wäre dunkel und die Straße leer und der Lärm weniger laut.

Zu viel, denke ich, und ich denke es auch dann noch, als die Situation sich längst beruhigt hat. Eigentlich könnte ich wieder auftauchen aus der gefühlten Versenkung, aber ich will das gar nicht, denn mein Gefühl bleibt schlicht dabei: Alles zu viel. Zu laut. Zu unüberschaubar. Zu grell. Einfach zu viel, und ich fühle mich überfordert. Total. Von allem. Von nichts.

Ich weiß nicht einmal mehr, wohin ich auf der nächsten Kreuzung schauen soll. Nach links auf das majestätische, weiße Altonaer Rathaus? Nach vorn unten auf die Schmiererei an der Hauswand gegenüber? Nach vorn oben auf die Lichter der Ampel? Oder doch lieber wieder auf die Digitaluhr auf dem Armaturenbrett? Nach rechts zum Altonaer Balkon, auf dessen abschüssiger Grünfläche Mütter ihre Kinderwagen mit dem Fuß gegen das Gefälle sichern, mit dem Smartphone in der einen und dem To-go-Becher in der anderen Hand, während zwei abgerockte Gestalten einen mit vollgestopften Plastiktüten gefüllten Einkaufswagen, bei dem die oberste Tüte jede Sekunde herunterzurutschen droht, über den zum Grünbereich führenden Fußgängerüberweg schieben? Auf das riesige Werbeplakat vor uns, das sich mir ganz automatisch ins Blickfeld drängt, solange ich mich nicht bewusst für eine andere An- beziehungsweise Aussicht entscheide?

Schlagartig fühle ich mich wie eine hilflose Minifigur in einem überdimensionalen Wimmelbild, die zwar vorhanden ist, aber eigentlich gar nicht mitspielt. Auf einmal weiß ich auch nicht mehr, was ich überhaupt als Erstes tun soll, wenn ich in vermutlich frühestens einer weiteren Dreiviertelstunde in den Laden komme und dann nur noch eine knappe Stunde Zeit habe, um alles zu erledigen, bevor die dritten Künstler dieser Woche vor der Tür stehen und für ihre Show aufzubauen ist. Von acht Veranstaltungsportalen habe ich erst fünf mit den Veranstaltungen des übernächsten Monats bedient, morgen ist bei den anderen dreien Redaktionsschluss, der Programmflyer für den nächsten Monat ist noch nicht fertiggestellt, geschweige denn im Druck. Noch dazu frage ich mich plötzlich, warum ich überhaupt noch Programmflyer erstellen soll, wenn sie wegen der totalen Reizüberflutung sowieso keiner mehr liest, weil Buchstaben den Leuten mittlerweile nur noch Angst machen. Erst recht, wenn diese Buchstaben in größeren Gruppen daherkommen oder gar ohne Bild oder wenn sie nicht wenigstens neonfarben sind und blinken.

An diesem sonnigen Maitag im Jahr 2017 weiß ich es auf einmal, und die Erkenntnis trifft mich so hart und unerbittlich wie eine Gehwegplatte mit der Kante mitten auf den Scheitel: Ich muss hier weg. Mein Unwohlsein hat einen Namen. Es heißt »Großstadt«. Und ich muss hier raus.

Neue Heimat – dringend gesucht

Von hingebungsvollen Landstrichrecherchen, einem Gatten unter Schock und der Wiederentdeckung einer alten Zuneigung

So also wusste ich plötzlich, was zu tun war: 25 Jahre in der Stadt waren genug. Und ich würde den Citybungalow voller Annehmlichkeiten gegen ein Leben auf dem Land tauschen müssen, um Leib und Seele vor dem kompletten Durchdrehen zu bewahren. Punkt. Manchmal kann es so einfach sein, haha. Dann muss eine Frau eben tun, was eine Frau tun muss.

Und wenn es sich bei dieser Frau noch dazu um ein ursprünglich ostwestfälisches Landmädchen mit jenem unbezwingbaren Dickkopf handelt, für den die Ostwestfalen nun mal berühmt-berüchtigt sind, dann gibt es kein Zurück mehr. Und vor allem: keine Kompromisse.

Kennt hier überhaupt jemand Ostwestfalen? – Falls nein, ist das nicht schlimm und auch nicht weiter verwunderlich, denn die nächste Autobahn ist ziemlich weit weg, und viel zu sehen gibt es nicht. Nur Grün halt, aber das immerhin in besonders vielen Schattierungen. Das Ostwestfalen, in dem ich aufgewachsen bin, das ist jener Teil Nordrhein-Westfalens da ganz oben in diesem kleinen Zipfel, diesem fransigen Ausläufer auf der Landkarte, der so aussieht wie ein kleiner Hund.

Da ganz oben drin, in dem Hundeköpfchen, da bin ich groß geworden. Egal, in welche Richtung man fuhr (ob mit oder ohne Führerschein, das war damals nicht zwangsläufig entscheidend), man war spätestens nach sechs Kilometern in Niedersachsen. Es sei denn, man fuhr ganz geradeaus nach unten gen Süden, aber dafür gab es keinen Grund, und das alles ist eigentlich bis heute so. Veränderungen brauchen ihre Zeit in Ostwestfalen.

Ich behaupte deshalb, dass ich eigentlich niedersächsisch sozialisiert wurde und nicht westfälisch; ein Umstand, der mir schon bald immens weiterhelfen würde, aber das war mir zu diesem Zeitpunkt noch nicht klar. Heute weiß ich, dass man mit dem in Ostwestfalen erworbenen Spezialwissen über Schützenfeste (der kleine Ort, in dem ich aufgewachsen bin, hat zehn davon!), über das Ausschenken eines anständigen Fanta-Korns (blind machen muss er!) und über die Bedeutung einer anständigen Mahlzeit für den weiteren Verlauf des Abends (ordentlich satt machen muss sie und Fleisch muss bei!) auch im Wendland weiterkommt.

Das Glücksgefühl, das einem ein Sternenhimmel bescheren kann, der diesen Namen wirklich verdient, ist hier wie dort übrigens ziemlich gleich. Und wenn wir eins hatten daheim in Ostwestfalen, dann war es Platz. Das erklärt vielleicht, warum ich mich bis heute ungeachtet jeglicher Konventionen oder vielmehr Konfektionsgrößen ungeniert ausbreite, und zwar in alle Richtungen. Noch ein Grund mehr, die enge Stadt zu verlassen.

Ostwestfälische Prominente gibt es relativ wenige, obwohl Jürgen von der Lippe – damals noch Hans-Jürgen Hubert Dohrenkamp – in Bad Salzuflen geboren wurde. Darauf kann man stolz sein als Ostwestfälin, auch wenn Bad Salzuflen bei mir persönlich leider ein Trauma verursacht hat. Als ich klein war, ist dort mal ein Motorradfahrer in jene Autotür hineingebrettert, hinter der ausgerechnet ich saß. Ich verarbeite das noch, bin aber trotzdem ein wirklich großer Jürgen-von-der-Lippe-Fan. Ja, so sind wir Ostwestfalen: stur und absolut unbeirrbar.

Und ebenjenes ostwestfälische Landmädchen kriegt man auch nach einem Vierteljahrhundert in einer aufregenden Metropole halt nicht raus aus den Synapsen. Im Gegenteil: Irgendwann beschließen diese, sich zurückzuentwickeln und penetrant auf all das zu verweisen, was man in Kindheit und Jugend so um sich rum hatte. Auf das Grün in allen Schattierungen, auf den Geruch frisch gemähten Rasens, just abgeernteter Getreidefelder und auf das Versteckspielen im hohen Mais. Auf stockdunkle Landstraßen, die einem gleichzeitig ein diffuses Gefühl von Angst und die Ahnung von Freiheit vermitteln. Auf die Beständigkeit einer überschaubaren, kleinen Welt, die trotz zeitweiliger Engegefühle doch Halt und Geborgenheit vermittelt und in der die größten Aufregungen sich immer um Leute drehen, die man tatsächlich alle persönlich kennt. Und auf die sagenumwobenen Zeltfeste mit sogenannten »Top 40«-Bands, gegen die eine Nacht auf der Reeperbahn bei genauerer Betrachtung ein Kindergeburtstag ist.

In meinem Fall begannen die Synapsen zusätzlich, mich rücksichtslos und ungehemmt mit jener plötzlichen, unerklärlichen und heftigen Sehnsucht zu beschießen, die bei dem ein oder anderen in der zweiten Lebenshälfte so auftaucht: der Sehnsucht nach einem Dasein ohne unendliche Möglichkeiten, die einen irgendwie nur noch lähmen.

Und damit gehen einem die Synapsen dann so lange auf die Nerven, bis man entweder dem totalen Wahnsinn anheimfällt. Oder aber wie ich klein beigibt und den Ortswechsel einläutet, und zwar flotti-karotti. Tschaui-Kakaoi, Hamburg! Unsere Wege werden sich trennen. Ja: Es war mir ernst, und es war mir dringend. Ich würde diesen Ortswechsel gegen alle Widrigkeiten durchsetzen.

Nun, in puncto Widrigkeiten seien hier allen voran der entsetzte Mann und die nicht minder überraschte Katze genannt. Letztere sah ebenso wenig einen Grund für einen Ortswechsel wie der Mann. Beide kannten nur die Stadt, waren mit dieser als Lebensraum nicht unzufrieden und konnten der Dringlichkeit meines Entschlusses nur beschränkt folgen. Oder vielmehr: Sie waren ob meiner hingebungsvollen Immobilienrecherchen und der damit zusammenhängenden etwaigen Zukunftsvisionen erschüttert bis beleidigt, ich hingegen geradezu euphorisch. Schließlich hatte ich es eilig. Am liebsten wollte ich schon bis zum Herbst auf dem Land und davon sein.

Meine Suchkriterien waren klar: Ein Kaff sollte es werden. Ein RICHTIGES Kaff. Nein, keine Kleinstadt. Am besten gleich gar nix, was eine Neubausiedlung hat, denn meiner Meinung nach gibt es nichts Deprimierenderes als »Würfelhusten«. Aber in Norddeutschland sollte es sein, und zwar nicht weiter von Hamburg entfernt als maximal 150 Kilometer.

Ach ja, ähm, und am besten eine Immobilie, die von Schnitt und Lage her geeignet wäre, um die Gastronomie und die Kleinkunstbühne aus Hamburg einfach mitzunehmen. Schließlich brauchte ich auch in der neuen Heimat neben dem Dasein als freiberufliche Künstlerin ein zweites Standbein, und außerdem steckt die Wirtin mindestens genauso tief in mir drin wie das ostwestfälische Landmädchen. Folglich sollte es eine Immobilie mit am besten mindestens einem größeren als Gaststube geeigneten Raum sein – und am allerbesten ohne Nachbarn, wegen Lärm und so. Oder zumindest so weit von den nächsten ebensolchen entfernt, dass man trotzdem ordentlich auf die Pauke hauen könnte, musikalisch und überhaupt. Schließlich besitze ich eine recht leistungsfähige Musikanlage, die ich genauso gern ausfahre wie in unserer kleinen Straße mit dem langen Namen der Nachbar seinen flunderplatten Porsche, in den ich noch nicht mal reinkäme, wenn man ordentlich nachdrücken würde.

Der Mann erklärte mich spätestens in jenem Moment für komplett verrückt, als ich ihm die Kriterien in Bezug auf die gesuchte Liegenschaft mithilfe einer eigens für ihn erstellten PowerPoint-Präsentation hochprofessionell zu erläutern versuchte, um ihn milde zu stimmen. Zum Eklat kam es trotzdem, denn er hatte für meine gastronomischen Pläne nur wenig Verständnis und reagierte auf den meinerseits behutsam, aber doch mit Nachdruck eingeführten Begriff »Dorfkneipe« leider überhaupt nicht so, wie es meiner Meinung nach als liebender Ehemann angebracht gewesen wäre.

Der Höhepunkt des Eklats war erreicht, als der Mann noch dazu gewahr wurde, dass ich hauptsächlich nach Kaufobjekten suchte und Mietimmobilien kaum in Betracht zog. Er schlug daraufhin vor, das Landleben doch vielleicht erst einmal in einem Mietobjekt auszutesten, um zunächst eine gewisse Sicherheit bezüglich der dauerhaften Eignung der neuen Lebensumstände zu erlangen und gegebenenfalls Maßnahmen der Richtungskorrektur einleiten zu können. Ich hingegen hielt das nicht für notwendig und zündete die »Sicherheitslunte« argumentativ lieber am anderen Ende an: Wirtschaftlichkeit und so. Außerdem wäre das Mieten ja ein Kompromiss, und wie ich bereits ausführlich erläutert habe, kommen diese für Ostwestfalen ganz grundsätzlich nicht infrage.

Man muss dazu vielleicht wissen, dass den Mann eine gewisse Weit- und Vorsicht auszeichnet, während diese in meinem Verhalten nur selten vorkommt, also so ungefähr einmal bis gar nicht pro Jahr. Zu allem Übel ist der Mann auch beruflich tagein, tagaus mit Immobilien und deren substanzieller Erhaltung beschäftigt, während ich ja nur die Dekoratöse bin und finde, dass alles toll aussehen kann. Selbst wenn es kurz vorm Zusammenfallen ist. Man muss das Auge dann nur ein bisschen mehr vom grundlegenden baulichen Zustand ablenken und falsche Fährten legen, was mir in der Regel gut gelingt, ja, sogar eine zehn Jahre andauernde Fernsehkarriere in diesem Bereich begünstigte.

In dieser Unterschiedlichkeit zwischen dem Mann und mir liegt per se schon ein gewisses Konfliktpotenzial, und das schlug in diesem Fall natürlich voll durch. Aber davon ließ ich mich nicht ins Bockshorn jagen. Und so durchforstete ich weiter die Immobilien- bis Ruinenangebote Norddeutschlands, während der Mann kurz davor war, die Männer mit den weißen Jacken zu rufen, und bereits nach einer geeigneten psychiatrischen Klinik suchte, in der man mir meine Pläne wahlweise mit Nahrungsentzug, Helene-Fischer-Dauerbeschallung oder auch den entsprechenden Medikamenten in angebrachter Dosierung schon austreiben würde.

Was soll ich sagen: Am Ende war ich schneller. Und immerhin habe ich mich an eine Bedingung gehalten. Denn der Mann, mittlerweile in einem Befindlichkeitsstadium irgendwo zwischen »komplett desillusioniert« und »final hoffnungslos«, trug mir schließlich auf, ihm wenigstens den folgenden Gefallen zu tun: »Frau«, sagte der Mann. »Frau. Such nichts aus, was um die hundert Jahre alt ist. Bitte. Die Dinger reißen alle grad die Hufe hoch.«

Na. Von zweihundert Jahren hat er nichts gesagt.

Alter Kasten, junge Liebe

Über alte Fachwerkhäuser, eine Antikhütte im Rotlichtviertel und den Beginn einer jungen Liebe

Im Onlinezeitalter wird Suchenden das Finden einer neuen Immobilie ja relativ leicht gemacht, und so dauerte es nicht lange, bis die ersten Objekte in meinem Optionsordner für die nächste Raketenstufe landeten. All diese Häuser befanden sich nördlich von Hamburg – natürlich suchte ich wie alle durch Alster, Elbe und Bill infiltrierten Stadtflüchtigen erst mal nach etwas in Wassernähe –, alle waren sie ehemalige Gasthöfe oder tatsächlich einstige Dorfkneipen. Und alle waren sie doch ziemlich schnell wieder raus: zu groß (ich wollte keinen Saal und auch keinen Pensionsbetrieb mit Gästezimmern), zu teuer (man muss sich manchmal wundern) oder selbst für eine Dekoratöse wie mich auf den zweiten Blick doch zu ruinös. Und es war schon fast Juli!

Die Begeisterung des Mannes für mein Vorhaben hatte leider zwischenzeitlich noch keine wahrnehmbare Steigerung erfahren. Dafür hatte mittlerweile sogar die Katze gemerkt, dass etwas im Busch war, das auch ihr Leben betreffen könnte, weshalb sie sich mit dem Mann solidarisierte und die beiden mir gegenüber immer wieder auffällig-unauffällig betonten, wie toll es doch im Bungalow voller Annehmlichkeiten sei. Der Mann durch Worte, tiefe Stoßseufzer und die fast schon penetrante Auflistung ebenjener Annehmlichkeiten in allen möglichen Lebenslagen; die Katze durch demonstrativ-aufdringliches Sich-mit-dem-»Wie schön das hier doch ist!«-Blick-Wälzen auf allen textilen Flächen, die der Bungalow zu bieten hatte.

Plus: beide gemeinsam durch vorwurfsvolle Gesichtsausdrücke und anschließendes plakatives Genöle auf der ganzen Klaviatur der möglichen menschlichen und tierischen Unmutsbekundungen, sofern ich nicht beipflichtete und anschließend verkündete, ich hätte es mir anders überlegt und wolle jetzt doch lieber dauerhaft im Bungalow der Annehmlichkeiten verbleiben (was ich natürlich nicht tat).

Nein, ich gab nicht auf. Ich dachte gar nicht daran! Ich blieb dran. Ich suchte und suchte und suchte und verwarf und zog erneut in Betracht und verwarf wieder, bis mir der Monitor fast aus den Augen rausquoll.

Und so war es nur eine Frage der Zeit, bis ich im Radius »Hamburg + 150 km« schließlich auf das Wendland stieß – einen verschrobenen Landstrich in Niedersachsens wildem Osten, der dem Ostwestfalen meiner Jugend nicht unähnlich ist und den ich durch meine knapp sechs Jahre lange Studienzeit im pittoresken Lüneburg bereits flüchtig kennengelernt hatte: Für uns Studenten war das Wendland, das irgendwo hinter Lüneburg begann, beliebtes Reiseziel für kleine Fluchten gewesen oder auch für große Vorhaben, zum Beispiel das Verhindern des Atommüllendlagers Gorleben.

Hm. Kennen Sie dieses Gefühl, wenn man bei der Suche oder beim Nachdenken auf etwas stößt und sich dann innerlich an die Stirn schlägt und denkt: »DAS ist es! Warum zum Teufel bin ich da nicht gleich draufgekommen?!«

Tja. So war das jedenfalls in diesem Fall. Genau so. Und je länger ich mich nach dem ersten Schock der Erkenntnis mit dem Wendland beschäftigte und las und googelte, desto rettungsloser verliebte ich mich schon jetzt, aus der Distanz, in diese eigensinnige Region, diesen kleinen Ausläufer Niedersachsens, der im Uhrzeigersinn erst an Mecklenburg-Vorpommern, dann an Brandenburg und schließlich an Sachsen-Anhalt grenzt.

Lüchow-Dannenberg als Kern des Wendlands und östlichster Landkreis Niedersachsens ähnelt ja nicht nur aufgrund seiner Lage meinem Geburtsörtchen Rahden, dem nördlichsten Zipfel Nordrhein-Westfalens. Beide sind sie so eine Art – wie soll ich sagen – ja, so eine Art mehr oder weniger überflüssiger Wurmfortsatz, gern übersehen, manchmal sogar vergessen, auf den ersten Blick provinziell und unaufregend, mit viel Wald und Feld, ohne Industrie und ohne Autobahn, samt allen Problemen, die damit einhergehen – und auf den zweiten Blick so liebenswert, dass einem schlicht das Herz aufgeht, wenn man sich die Mühe des Kennenlernens macht und schließlich einfach nur ehrlich dankbar dafür ist, dass man dort sein darf.

»Strukturschwach« sei er, dieser Landstrich, liest man heute, wenn man den Aufwand der Recherche betreibt; ehemaliges »Zonenrandgebiet« (ein bemerkenswertes Wortkonstrukt!), merkwürdig bis kauzig, bevölkert von Revoluzzern, Künstlern, wild gewordenen Bauern und alternativ lebenden Stadtflüchtlingen; voller Improvisation, Widersprüche und Kuriositäten. Und genau hier – ja, genau hier gehörte ich künftig hin. Eine Frau spürt so etwas. Erschüttert fragte ich mich, wie es so lange hatte dauern können, diesen Schatz zu heben. Noch erschütterter war ich, als ich feststellte, auf welch für Hamburger Verhältnisse vernünftigem Niveau sich hier die Immobilienpreise bewegten. Das machte mich erst mal misstrauisch, und ich erzählte dem Mann lieber noch nichts von meiner schicksalhaften Erhellung. Aber ich intensivierte die Recherche und suchte weiter Objekte. Im Wendland. Und fand. Gleich mehrere.

Das teuerste der Angebote – es lag tatsächlich etwas über Budget, was für wendländische Verhältnisse bedeutete, dass es ein Palast sein musste!, aber vielleicht wäre das sogar noch irgendwie zu verschmerzen gewesen – schien für mein Vorhaben ideal; ich nahm Kontakt zum Makler auf. Dieser hatte aber leider in der Beschreibung vergessen zu erwähnen, dass die jetzige Eigentümerin ein zweites Haus auf dem Grundstück bewohnte und dort auch zu bleiben gedachte (»Aber davon kriegen Sie gar nichts mit. Die ist ganz ruhig«), was mir nicht nur für mein Vorhaben der gastronomischen und kulturellen Nutzung des Gebäudes, sondern auch für die etwaige verbleibende Restprivatsphäre etwas kontraproduktiv erschien. Als ich dem Makler mitteilte, dass das Anwesen unter diesen Umständen dann doch nicht in Betracht käme, und schon gar nicht zu dem Preis, war er beleidigt, und ich hatte zum ersten Mal engere Bekanntschaft mit der wendländischen Logik gemacht.

Das zweite Objekt, das interessant schien, sollte durch eine Erbengemeinschaft in Lüneburg verkauft werden. Der Kontakt war freundlich und zielführend; ein ehemaliger kleiner Laden samt zugehörigem Wohnhaus direkt im Dorf neben einer malerischen Minikirche. Und nach einer Besichtigung von außen und der Begutachtung des per Mail übersandten Grundrisses doch nicht das Richtige: zu aufwendig im Umbau, zu verwinkelt, zu viele Nachbarn zu dicht dran.

Und dann – war da Haus Nummer drei. Ein Fachwerkhaus, Baujahr 1838, in dem die derzeitige Eigentümerin bis vor einiger Zeit ein kleines Café betrieben hatte. Sicherlich nicht ohne Macken, der alte Kasten, aber – zauberhaft. Ach, einfach zauberhaft! So schlimm zauberhaft, dass ich am liebsten sofort eingezogen wäre.

Ich habe eine Schwäche für Fachwerkhäuser und das alte bäuerliche Leben. Schließlich steht in meinem Geburtsort der berühmte Museumshof, in dem man ebenjenes bäuerliche Leben anschaulich nachvollziehen kann. Als Kind bin ich ziemlich oft dort gewesen und habe mir lebhaft vorgestellt, wie es wohl war, das Leben in diesen ächzenden Häusern mit ihrer offenen Feuerstelle und den darüber hängenden Räucherhaken in der großen Deele, die das Zentrum war für die täglich zu verrichtende harte Arbeit all jener, die hier lebten, vom Gesinde bis zu den Herrschaften.

Die Ernte wurde durch die »Grot Dör« – das große Eingangstor, durch das der von Pferden gezogene Wagen hindurchpasste – direkt in der Deele abgeladen. Und dann wurde gedroschen, gekocht und das Hofleben gelebt; mit den Kühen und Schweinen quasi als Familienmitglieder in ihren offenen Stallverschlägen links und rechts der Deele, die, im Stroh raschelnd, muhend und grunzend, allein durch ihre Anwesenheit beim Heizen halfen. Auch wenn es dadurch vielleicht etwas komisch roch.

Außerdem bin ich in einem Fachwerkhaus aufgewachsen, und zwar genau in so einem rotbraunen wie jenem, das ich just gefunden hatte. Wenn auch mein Kindheitszuhause ein »unechtes« Fachwerkhaus war; denn was meine Eltern damals bauten, als meine Schwester und ich irgendwas zwischen sieben und neun Jahren zählten, war ein Fertighaus. Ich weiß noch, wie peinlich es mir war, als wir mit der ganzen Grundschulklasse einen Ausflug auf die Baustelle machten, um zu besichtigen, wie die Wände mithilfe eines riesigen Kranes angekarrt und aufgebaut wurden; aber selbst dieses traumatische Erlebnis konnte meine Liebe zum Fachwerkhaus am Ende doch nicht beeinträchtigen.

Und hier – hier hatten wir ein echtes Prachtexemplar, wie die Fotos im Internet zeigten. Krumm und schief war es (und das ist es noch!). Gebeutelt durch Winde und Wetterkapriolen und dadurch, dass man statt des ursprünglichen Reetbelages irgendwann schwere Pfannen auf den unter dem unerwarteten Gewicht aufstöhnenden Dachstuhl geworfen hatte, welcher sich daraufhin nur zu helfen wusste, indem er sich s-förmig verzog und sämtlichen sich bisher noch tapfer gerade machenden rechten Winkeln den Garaus machte.

Und trotzdem – oder vielleicht auch gerade deshalb? – erscheint dieser alte Kasten unerschütterlich; für die Ewigkeit gemacht und aller Zeit trotzend; voller Verheißung von Geborgenheit, mit dieser besonderen, behaglichen Gemütlichkeit, die kein Bungalow jemals wird erreichen können, egal wie liebevoll man ihn vollstopft oder ausstaffiert. Voller Geschichte. Voller Geschichten von Geborenwerden, Sterben und dem Leben dazwischen.

Na ja, und voller Spinnweben, aber das ist nun mal so bei einem Fachwerkhaus, das löchrig ist wie ein Schweizer Käse; da darf man nicht zimperlich sein.

Das schönste der Fotos im Angebot des Immobilienportals zu Jabel Nr. 20 war allerdings das von einem Schaf, das mitten in der Deele stand und keck in die Kamera griente. Das Schaf hieß Lucie. Und ich verliebte mich innerhalb weniger Tage zum zweiten Mal: in diesen alten Kasten und in die Vorstellung, ihn zu einem neuen Zuhause zu machen.

Als mir außerdem klar wurde, dass das im Wendländischen weit verbreitete niedersächsische Hallenhaus (im Folgenden: Antikhütte) hervorragend geeignet ist, um es neben dem Gebrauch als privatem Wohnraum einer teilgewerblichen Nutzung (= Kneipe!) zuzuführen und in diesem Fall ein Teil der hierfür erforderlichen behördlichen und bürokratischen Vorarbeit durch die bereits bestehende Nutzung als Café ja sogar geleistet worden war, gab es für mich kein Halten mehr: Ich vereinbarte einen Besichtigungstermin.

Bis zu ebenjenem wurde alles sogar noch besser. Zum Beispiel dank der örtlichen Tageszeitung. In der Elbe-Jeetzel-Zeitung (im wendländischen Volksmund »Wasser-Prawda« genannt, aber das wusste ich damals ebenfalls noch nicht) gibt es eine ziemlich liebevoll gemachte Serie, in der die Redaktion immer mal wieder eines dieser unzähligen wundersamen Mini-Wendlanddörfchen mit ihren schrulligen Namen vorstellt. So auch das Dorf Jabel mit seinen bummelig sechzig Einwohnern (aber nur, wenn man die Ferienhausbesitzer mitzählt), in dem die Antikhütte steht. Die Überschrift zum Artikel, der im August 2016 und somit etwa ein knappes Jahr vor meiner Suche erschienen war, lautete: »Jabel hat ein Café, eine Biogasanlage, einen Puff und viele Geschichten«. Diese Mischung war so verrückt und liebenswert, dass für mich eigentlich schon nach dem Lesen dieses Artikels feststand: Alles klar. Das Café nehm ich – aber ich mach es zur Kneipe. Da wird das Hamburg-Heimweh auch nicht so groß, denn wenn da schon ein Puff ist, dann – ja, dann macht das in Kombination mit meiner Kneipe das Dörfchen Jabel künftig zur Reeperbahn des Wendlands, und das ist doch schon mal ein Pfund, mit dem man wuchern kann.

Tja. Der Besichtigungstermin hat dann stattgefunden. Er lief ungefähr so ab: Vorfahren. Staunen. Denken: »Heiliger Bimbam, das könnte es sein!« Tür aufmachen. Reingehen. Einmal umgucken. Wissen: »Das ist es.« Und das war's. Zumindest für mich.

Der Mann war auch dabei und legte den Finger natürlich in jede Wunde: die defekten Schwellen; die abenteuerliche Dachkonstruktion, die im wahrsten Sinne des Wortes die Welle macht; die noch abenteuerlichere Elektrik; die – sagen wir mal: interessante – Heizsituation, auf die wir noch zu sprechen kommen werden.

Aber meine Entscheidung war längst gefallen, und daran änderte auch die Woche Probewohnen nichts, die ich mit der Eigentümerin vereinbarte, um den Mann wenigstens mit einem kleinen Placebo zu beruhigen. Also wohnte ich Probe. Im Oktober, früher ging es nicht. Es war eine ungewöhnlich warme und sonnige Herbstwoche voll goldenen Lichts, glühend roter Sonnenuntergänge und klarer Nächte mit funkelnden Sternenhimmeln – und ich verfiel dem alten Kasten innerhalb dieser sieben Tage restlos, vielleicht für immer.

Der Mann war beim Probewohnen nicht dabei, denn er wurde ja in Hamburg gebraucht. Ich hatte derweil natürlich nur Positives zu berichten, sah also entsprechend keinen Grund, den Kauf nicht zu vollziehen.

Zwar entblättern sich manch weitere fragwürdige Besonderheiten der Antikhütte erst im Nachhinein, und zwar bis heute, und ich will auch gar nicht abstreiten, dass die Einwände des Mannes in Bezug auf bauliche Zu- und Umstände nicht ganz von der Hand zu weisen sind. Ja, ich gebe zu, von einer ehemaligen »Wohnexpertin« hätte man erwarten können, dass diese gerade beim Erwerb von Antikhütten besondere Sensibilität an den Tag legt. Aber was will man machen, wenn das Schicksal zuschlägt?

Ändern kann man nun eh nichts mehr: Die Antikhütte befindet sich im Familienbesitz, und die Kneipe ist eröffnet.

Ich bin die Neue, lasst mich hier singen

Von der Ankunft im Dorf, neuen Nachbarn und zarten Banden

Es gibt da ein berühmtes Zitat, das besagt: »Man soll sich keinen Hof kaufen, sondern gute Nachbarn.« Wer's gesagt hat, weiß ich leider nicht, aber klar ist: Da steckt viel Wahres drin. Vermutlich kann einem nichts eine neue Heimat so sehr verleiden wie Nachbarn aus der Hölle.

Zwar ist auf Dörfern in der Regel mehr Platz als in der Stadt und ein Querschläger von nebenan deshalb abstandsbedingt gegebenenfalls leichter zu ertragen – aber Spaß macht eine Nachbarschaftsfehde auch auf dem Dorf sicherlich nicht. Es ist deshalb ratsam, zumindest den direkten Anrainern schon mal kurz die Hand zu schütteln, *bevor* man die Kaufentscheidung trifft. Die Woche Probewohnen kam mir hierfür wie gerufen, und so nutzte ich die Chance, bei dieser Gelegenheit gleich mal an den Nachbarstüren vorstellig zu werden.

Im Nachhinein kann ich mich zu diesem Schritt nur beglückwünschen, denn ohne diesen wäre das »Wohnzimmer« vermutlich noch immer nicht eröffnet. Der Grund dafür liegt klar auf der Hand – äh, auf dem Dorfplatz: Ohne Kontakte und den daraus resultierenden Informationsvorsprung bist du hier im Ernstfall ein Nichts; an der dörflichen Kommunikation beteiligt zu sein hingegen kann mitunter sogar das Unmögliche möglich machen.

Und während einem die Nachbarn in der Stadt auch mal total egal sein können (ein feiner Zug oder gar hilfreich ist das, nebenbei bemerkt, aber auch dort bestimmt nicht) und mitunter Jahre vergehen, bis man endlich mal der alleinstehenden

Lady aus dem Stockwerk drüber begegnet – hier auf dem Dorf ist das weder möglich, noch wäre es klug. Denn der Begriff »Dorfgemeinschaft« hat ja nicht nur jahrhundertealten Sinn und Zweck, sondern – erfreulicherweise – bis heute in vielen kleinen Dörfern wie den wendländischen Rundlingen weiterhin Hand und Fuß: Da wird auch im 21. Jahrhundert noch gemeinsam geplant, gewerkelt, diskutiert, gefeiert und gesungen.

Achtung, Falle: Man darf an dieser Stelle bitte keinesfalls den Fehler machen, den Begriff »Dorfgemeinschaft« im Kopfkino mit einem konfliktimmunen, idyllischen Heile-Welt-Szenario gleichzusetzen, in dem alles so harmonisch rundläuft wie beim Endspurt eines Rosamunde-Pilcher-Films. Denn das tut es selbstverständlich nicht, und natürlich wird auch auf dem Dorf geschimpft und gepoltert (gern auch mal lauter oder gar unflätiger als in der Stadt), gemeckert und gepiesackt, gestritten und gelitten.

Dorfdickköpfe sind außerdem außerordentlich nachtragend, das ist im Wendland nicht anders als in Ostwestfalen, und was in der Stadt nach wenigen Tagen vergessen sein kann, wird einem hier wie dort unter Umständen noch Jahrzehnte später aufs Butterbrot geschmiert. Lange Rede, kurzer Sinn: Eine Dorfgemeinschaft ist nicht zwangsläufig eine ebensolche, weil man sich so wahnsinnig liebhat, sondern hier und da auch einfach aus Notwendigkeiten, ja, manchmal vielleicht sogar aus Abhängigkeiten geboren. Und aus der Erkenntnis heraus, die einen das Leben auf einem ansonsten recht verlassenen Fleck nun mal zwangsläufig lehrt: Gemeinsam geht's oftmals besser.

Schön ist es natürlich, wenn man sich so ganz nebenbei doch ein bisschen liebhat, und was das betrifft, kann ich mich im »Jabel der Welt« nun wirklich nicht beschweren. Denn ich wurde nicht nur außerordentlich herzlich aufgenommen (und auf diesem Wege auch ganz en passant mit exorbitant wichtigen Informationen versorgt), sondern kann sogar behaupten, im verrückten Dorf mittlerweile echte Freunde gefunden zu haben.

Dabei fiel mir die anfängliche Vorstellungsrunde an den Haustüren gar nicht so leicht. Es ist ja dummerweise so: Wenn man zehn Jahre lang im Fernsehen war, ist es mit der Unbekümmertheit bezüglich neuer Bekanntschaften aus posttraumatischen Gründen nicht mehr weit her. Oft ist mit einer solch öffentlichkeitswirksamen Betätigung nämlich verbunden, dass das Gegenüber schon eine Meinung zu einem hat, noch bevor man überhaupt »Moin« sagen kann, und es gibt ja durchaus sensible Naturen wie mich, denen das dann doch irgendwie zu Herzen geht.

Wenn es dann aber im Zuge der televisionären Tätigkeit on top auch noch darum ging, an fremder Leute Türen zu klingeln und hierdurch unverzüglich recht aufwendige Umbaumaßnahmen einzuläuten, und zwar völlig unbeeindruckt davon, ob diese nun ausdrücklich bestellt waren oder nicht – ich sag mal so: Dann überlegt man es sich zweimal, ob man den armen zukünftigen Nachbarn den Schock, dass plötzlich und unerwartet das leibhaftige Wittler vor der Tür steht, nicht doch lieber ersparen möchte.

Ich habe mich letztendlich für einen Kompromiss entschieden und meine persönliche Aufwartung an der Haustür zunächst nur bei jenen drei Nachbarn gemacht, die wirklich dicht dran sind an der Antikhütte.

Der Antrittsbesuch bei Barbara und Marcus im ehemaligen Backhaus (das einstmals vermutlich ebenfalls zum Hof Jabel Nr. 20 gehörte, bevor das Grundstück in lang vergangener Zeit geteilt wurde) war übrigens nicht nur der Beginn einer wunderbaren Nachbarschaft, sondern hat mich, die Antikhütte und den Kneipenbetrieb auch weit darüber hinaus mit einer glücklichen Fügung gesegnet.

Der Mann hat Marcus liebevoll »Shrek« getauft, womit er mal wieder ins Schwarze getroffen hat. Denn die Ähnlichkeit zu dem grünen, sanften Riesen aus den DreamWorks-Filmen ist frappierend, jedenfalls, wenn man die Ohren außen vor lässt. Auch von der Persönlichkeit her passt der Vergleich ganz grandios, denn der Jabel-Shreki ist ebenfalls ein wahrer Held, genau wie der im Kino – und bis heute immer wieder genau jener Retter in der Not, ohne den schon manches Mal nix mehr gegangen wäre.

Ob verstopfter Abfluss, ein sich selbst zerlegendes Gartentor, schief hängende Leinwände, abstürzende Vorhänge oder eine ausgefallene Hausbrunnenpumpe: Shreki hilft – und schafft dabei weg für zwei. Die Monstergehwegplatten, die die riesigen Sonnenschirme im Garten beschweren, trägt er so beiläufig von A nach B wie ein Reisebusfahrer seine Herrenhandtasche mit Schlaufe. Was immer auch das Problem sein mag, Shreki macht kurzen Prozess – und es wieder heile.

Was beim Film der »Best Boy« ist, das ist Shreki für »Wittlerins Wohnzimmer«, und ich kann mich wirklich glücklich schätzen, ihn und seine Kleene (Fiona – äh, Barbara misst etwa einen Meter vierundfünfzig) als Nachbarn zu haben. Wenn ich auf Tournee bin, kümmert Barbara sich um die Katze und hat ein Auge auf die Antikhütte. Und wenn es ausnahmsweise mal nichts zu tun gibt, dann gibt es garantiert trotzdem was zu lachen. Der Mann und Shreki verstehen sich außerordentlich gut, und wenn die beiden sich im Garten treffen, dann wackeln alle Wände und werfen dröhnendes Gelächter zwischen ehemaligem Backhaus und Antikhütte so laut hin und her, dass man denken könnte, es stamme von einem ganzen Shantychor.

Ganz wild wird es, wenn dann der Nachbar rechter Hand, genannt »Wurm«, hinzukommt. Am Anfang habe ich ihn noch bei seinem Vornamen (Gerd) genannt, aber mittlerweile besteht er darauf, dass ich seinen Spitznamen verwende, von dem er mir leider bis heute nicht genau erklären kann, wie er überhaupt entstanden ist.

Jedenfalls, vielleicht trifft Wurm dann auch noch mit seinem Monstertrecker ein, zum Beispiel, weil es ein paar tonnenschwere Feldsteine zu bewegen gibt, um Platz zu machen für die Sonnenschirme und die Gehwegplatten. Dann ist der ganze Garten voller glücklicher, lärmender Buben mit ihrem liebsten Riesenspielzeug: Der Trecker treckert, die Jungs krakeelen, und Mutti steht kopfschüttelnd, aber lächelnd in der Küche und fühlt sich wie in einem total kitschigen Heimatfilm, der aber trotzdem irgendwie eine beseelende Wirkung hat.

Übrigens: Nicht nur stellt Wurm *uns* bei Bedarf *sein* liebstes Spielzeug zur Verfügung – auch ich vertraue ihm in den Wintermonaten meines an. Der kleine rote VW Käfer, der mich bereits seit über zwanzig Jahren durch die Aufs und Abs des Lebens begleitet und als erstes Fahrzeug der Familie ein Dannenberger Kennzeichen trägt, darf – mangels einer Garage in Jabel Nr. 20 – dankenswerterweise bei Wurm im Kuhstall überwintern. So schade es ist, dass Wurm keine Kühe mehr auf seinem Hof hat, für das Käferchen und damit auch für mich ist es nur eine weitere glückliche Fügung, von denen es hier so viele gibt. Und das Einparken im Kuhstall markiert mittlerweile den Stichtag, mit dem für uns im »Jabel der Welt« endgültig der Winter beginnt.

Apropos Einparken: Nicht persönlich vorgestellt habe ich mich – auch, um Missverständnisse zu vermeiden – in dem Puff in der ehemaligen Scheune. Auch dieses Gebäude gehörte wohl einstmals zur Hofstelle Jabel Nr. 20. Eine seiner Wände – die ohne Fenster, weshalb sie sich hervorragend als Leinwand für sommerliches Open-Air-Kino eignet – grenzt nämlich direkt an den Garten der Antikhütte. Schon seit vielen Jahren befinden sich in dem Objekt mehrere kleine Wohnungen, die – na, sagen wir mal: nach St.-Pauli-Art bespielt werden.

Im »Jabel der Welt« stört sich niemand weiter daran, und wenn mal wieder gut bemützte, allein reisende Herren in ihren Familienkutschen durch das Dorf gondeln und augenscheinlich eine ganz bestimmte Einfahrt suchen, ruft das eher allgemeines Schmunzeln hervor.

Allein aus diesem Umstand kann man schon schließen, dass

das Wendland im Vergleich zu manch anderer, sehr ländlich geprägter Region einen entscheidenden Vorteil hat: »Jeder nach seiner Fasson« ist hier oftmals kein oberflächlich dahergesagter Schnack, sondern tatsächlich gelebte Einstellung. Und Punkt. Das ist nicht nur selten, sondern geradezu wohltuend – und mag mit ein Grund dafür sein, weshalb das Wendland heute nicht nur stadtmüde Bobos, sondern seit jeher auch Individualisten jeglicher Couleur anzieht.

Ganz entspannt handhaben es die Jabeler übrigens auch mit dem dörflichen Engagement. Anlässe, um zusammenzukommen, gibt es im Jabel der Welt zahlreiche: Da sind die Versammlungen des Dorfvereins, das Rinnenreinigen, das Osterfeuer, das Tannenbaum-Verbrennen, der jährliche Fahrradausflug, der Spieleabend und, und, und. Zu besprechen und zu diskutieren gibt es immer was, und das geht manchmal gut und manchmal nicht, aber Hauptsache ist ja, dass überhaupt was geht. Wann immer ich kann, nehme ich teil. Das ist zwar nicht allzu oft, denn das Tourleben der Bühnenkünstlerin und der gastronomische Betrieb der Wirtin lassen nicht viel Freiheit bei der Abendgestaltung: Ich verdiene meinen Lebensunterhalt nun mal dann, wenn andere Feierabend haben, und gehe schlafen, wenn andere aufstehen – da kann ich zu den üblichen Frei-Zeiten nur auf sehr, sehr wenigen Hochzeiten tanzen.

Aber das ist okay, schließlich habe ich es mir so ausgesucht, und die Jabeler tragen es – soweit ich weiß – mit Fassung. Und weder mir noch anderen dörflichen Schwänzern nach, wenn wir nicht vollzählig antreten (was übrigens dazu führt, dass man sich richtig drauf freut, wenn's dann doch mal klappt). Kurzum: Wenn man bei den Dorfaktivitäten in Jabel nicht dabei ist, dann – ist man halt nicht dabei. Genau. Grundsätzlich macht einen das im Dorf weder zur oder zum Aussätzigen, noch muss man sich laufend Genöle anhören. Ich finde, da kann man ruhig mal klatschen. Versuchen Sie *das* mal im Schwäbischen zur Kehrwoche!

Für all jene unter Ihnen, die aufgrund dieser paradiesischen Aussichten im Hinterkopf schon den Umzug ins Wendland planen: Obacht! Auch hier gibt es wieder einen Fallstrick. Denn nach der Ankunft im Dorf nur auf seinem Hintern zu sitzen und darauf zu warten, dass die Nachbarn schon von allein an die Tür klopfen – das sollte man lieber nicht, denn dann kann man lange warten und währenddessen gleich auch ein wenig vereinsamen.

Ein bisschen Engagement muss schon sein. Und wenn die ein oder anderen Städter aufs Land ziehen und sich da dann wundern, dass sie keinen Anschluss finden, kann es durchaus daran liegen, dass sie ebenjenen gar nicht aktiv suchen. Oder zumindest nicht auf die Art, wie sie auf dem Land Usus ist. Denn, ja, es ist so und es bleibt so: Die oft belächelte Vereinsmeierei gehört nun mal in jedem Fall dazu. Mindestens *eine* Vereinsmitgliedschaft muss sein, da kommt man nicht drum rum.

Ich habe mich für eine Mitgliedschaft im Jabeler Dorfverein entschieden und bin darüber hinaus die Vorsitzende des Kulturvereins. Damit habe ich die Mindestanforderung sogar überschritten. Meine vereinsmäßigen Kapazitäten sind somit zwar erschöpft, aber ich kann sagen, dass ich tue, was ich kann, und das muss reichen (an diese Stelle gehört übrigens unbedingt auch ein Dankeschön an Peter, den tapferen Zuvordersten des Jabeler Dorfvereins. Hiermit von Herzen ausgesprochen!).

Von wo war ich eigentlich losgaloppiert? – Ach ja, der Puff. Und die relaxte Art der Jabeler, damit umzugehen. Also. Vom Puff-Alltag an sich habe ich nicht allzu viel mitbekommen, obwohl die Einfahrt zu dat Janze direkt an mein Grundstück grenzt. Aber auch ich habe, das gebe ich zu, in der erstaunlichen Existenz des Jabeler Lusttempels immer mal wieder Amüsement gefunden. Wenn die bemützten Herren sich in ihren Autos peinlich berührt wegzuducken versuchten, weil sie Sichtung befürchteten (irgendwann muss man ja mal den Müll rausbringen oder zum Briefkasten), habe ich sie immer ganz besonders direkt angeguckt und ihnen sehr, sehr freundlich zugenickt. Grüßen ist ja wichtig auf dem Dorf, und als Neue muss ich mich natürlich besonders sorgfältig daran halten.

Eines der im Lusttempel tätigen Mädels habe ich tatsächlich einmal kurz getroffen, und das war eine Begegnung der dritten Art. Ich gab damals noch für die »Krimödie Hamburg« die resolute Josepha Voglhuber, die singende Wirtin aus dem »Weißen Rössl«. Und stieg in einer eisigen Februarnacht des Jahres 2018 – es wird so eins, halb zwei gewesen sein – aus dem Auto, aus dem oben genannten Grund noch in vollem Bühnenornat (Dirndl; die Auslagen hochgeschnallt bis knapp unters Kinn; perforierte Sommerschühchen; ein in sich zusammengefallener Haarturm; längst zerlaufenes Bühnen-Make-up).

Weil ich mit den löchrigen Ballerinas, deren Sohle diese Bezeichnung nicht verdient, treffsicher auf einer Eisfläche gelandet war, rutschte ich erst mal ein paar Runden rum und musste mich am Auto festhalten, während ich gleichzeitig versuchte, meine Knochen und mich nach der langen Autofahrt wieder zusammenzusetzen, damit die Koordination für den beschwerlichen, düsteren Weg zur Haustüre reichte. Da hörte ich plötzlich ein zartes Stimmchen hinter mir, das schüchtern ein fragendes »Hallo?« piepste, woraufhin ich mich umdrehte – und wir uns Aug in Aug gegenüberstanden: eine abgehalfterte Wuchtbrumme, neben der selbst die klischeehafteste Puffmutti aussehen musste wie eine brave Büroangestellte; mit viel zu dick aufgetragener Bauernmalerei im Gesicht und überall, bei minus zehn Grad im Dirndl. Und ein zierliches Wesen lateinamerikanischen Aussehens in Jogginghose und knappem T-Shirt.

Ein paar Sekunden lang starrten wir uns einfach an und sagten – nichts. Die Verwirrung im Gesicht meines überraschten Gegenübers war so offensichtlich, dass ich uns schließlich erlöste und – so freundlich, wie es mit mittlerweile laut klappernden Zähnen eben noch ging – entgegnete: »Hallo zurück! Ich bin Tine. Und wer bist du?« – »Bin ih Maria*«, antwortete Maria und legte den Kopf schief, als würde sie nachdenklich ein seltenes Tier betrachten.

Pause. Hm.

»Okay, Maria«, sagte ich und trat schlotternd von einem Bein aufs andere, »was kann ich denn für dich tun? – Also, es ist ja sehr kalt und so, und ich finde, wir sind beide nicht richtig angezogen, um länger hier herumzustehen.« Ich wies entschuldigend auf mein Dirndl und dann auf Marias Mini-T-Shirt, und Maria nickte zustimmend.

»Ja, bin ih auh kalt«, bestätigte sie. Und ergänzte dann: »Aber habe ih Bitte. Ih wolle fage: Könne paake Auho weihe vohe?« – Wäh?!

»Noch mal, bitte«, bat ich Maria.

»Okay«, sagte Maria und wiederholte: »Könne paake Auho weihe vohe?« Und noch während ich die Bedeutung ihrer Frage zusammenzusetzen versuchte, half sie mir, indem sie nachschob: »Weil – wenne Auho stehe da, Männer denke isse besetze.« – Aaaaah! Alles klar.

»Ich verstehe«, entgegnete ich. »Du möchtest, dass ich mein Auto weiter vorn parke, weil deine Kunden sonst denken, du seiest schon beschäftigt. Ist das richtig?«

»Ja«, sagte Maria strahlend und nickte voller Freude so heftig, dass ihr die glänzenden schwarzen Haare aufmüpfig ins Gesicht fielen. Diesem Strahlen konnte ich nichts abschlagen, weshalb ich seit diesem Tag bis auf Weiteres meinen Wagen ohne viel Federlesens weiter vorn parkte. Ich habe Maria seither nie wiedergesehen, denke aber jedes Mal an sie, wenn ich das Auto abstelle.

* Name aus Diskretionsgründen geändert

Nachtrag aus dem Frühjahr 2019. Der Puff ist geschlossen. Aus, vorbei. Nix mehr mit Einparken und, Sie wissen schon … Die Mädels haben die pittoreske Spielwiese bereits verlassen; die ehemalige Scheune ist verkauft. An Sabine und Thomas, die mindestens so durchgeknallt sind wie ich und ihre Liebe frohen Mutes zwischen Bali, der Ostsee und nun eben auch dem Wendland aufteilen. Thomas ist Künstler und Musiker aus dem fernen Amerika, und wir verstehen uns jetzt schon so gut, dass künftig längere Sessions zu befürchten sind. Dem Mann stellte Thomas sich übrigens bei voll besetzter Kneipe wie folgt vor: »Hi! Ick bin Thomas. Ick habe der Püff gekauft.« Da war Stimmung in der Bude, sag ich Ihnen! Richtig so. Endlich wächst wieder zusammen, was zusammengehört. Das Ganze hat noch einen weiteren positiven Aspekt: Ich bin nicht mehr »die Neue«. Den Staffelstab kann ich nun übergeben und behaupten: Die Neuen sind immer die anderen. Außerdem kann mein Auto jetzt wieder direkt am Tor stehen. Ach, ich hoffe wirklich sehr, dass es Maria gut geht.

Müsste halten!

Von Anlaufschwierigkeiten, Baustellen und der Neuorientierung einer »Wohnexpertin«

Der bis zum Bersten vollgestopfte Umzugslaster ins verrückte Dorf rollte an einem trüben Dezembertag. Es muss kurz vor dem dritten Advent 2017 gewesen sein, und der Treck aus der großen Stadt wurde gleich so empfangen, wie es sich auf dem Land an einem solch trüben Dezembertag nun mal gehört: mit Matsch, Matsch, Matsch und Dunkelheit.

Mit Erstem bis Drittem hatten wir gerechnet und schon am Vortage Pappen und Kartons vom Straßenrand bis zur Grot Dör gelegt, damit sich a) der Laster mit dem ganzen Krempel aus dem Bungalow voller Annehmlichkeiten nicht sofort im Schlamm festfuhr und b) auch die tapferen Kistenschlepper (samt uns selbst natürlich) nicht ebenso unverzüglich knietief darin versanken.

Die Maßnahme war zwar lobenswert und die Pappen vermutlich besser als nichts, aber gegen den wendländischen Dezemberschlamm kamen auch sie nicht wirklich an, und ich bin noch heute außerordentlich erstaunt darüber, dass es keine ernsthaften Verletzungen zu beklagen gab. »Pappen auf Wendlandmatsch« haben nämlich in etwa den gleichen Rutschfaktor wie eine treffsicher und mit Schmackes erwischte Bananenschale auf dem frisch gewienerten Schwingparkett einer Tanzschule. Trotz dieses also eigentlich vernünftigen und durchdachten Manövers blieb auf dem Grundstück dort, wo der Laster gestanden und sich unser Laufweg eingependelt hatte, nichts vom eh schon winterlich spärlichen Grase übrig.

Stattdessen fand ich dieses noch Wochen nach dem Umzug – säuberlich zerlegt in die Einzelteile »Halm« und »Humus« –

überall dort wieder, wo innerhalb des Hauses Möbel und Kisten geparkt worden waren. Zu diesem Zeitpunkt ahnte ich längst, dass bezüglich der Reinhaltung des rundum von Grünland gesäumten Landsitzes im Vergleich zum Stadtbungalow neue Normen würden entwickelt werden müssen.

»Da kannste auch Wasser schippen an der Elbe«, pflegt der Mann zu sagen, wenn eine geradezu unlösbare Aufgabe ins Haus steht. Recht hat er, mal wieder, weshalb ich den Punkt »Antikhütte blitzeblank« auf der To-do-Liste schnell gestrichen habe. Er ist mittlerweile dauerhaft als »Mission: Impossible« zu den Stadterinnerungen gelegt, um mich nicht doch wieder an den Rand des durch die Stadtflucht soeben erfolgreich vermiedenen Burn-outs zu bringen.

Jetzt, gut zwei Jahre später, kann ich sagen, dass ich mich daran gewöhnt habe, regelmäßig Schaufeln voller Dreck vom Deelenfußboden zusammenzukehren – und dass mein grundlegender Anspruch an Reinheit und Hygiene aus reinem Selbstschutz ausreichende Lockerungen erfahren hat, um ein Überleben auf dem Land auf lange Sicht zu ermöglichen.

Für den Mann ist das zum Glück so weit in Ordnung. Muss es auch sein, denn schließlich läuft Benny – das ist der überaus arbeitsame Border Collie vom verrückten Professor (zu beiden später mehr) – immer *ihm* hinterher. Auch in die Deele, natürlich. Und wenn der Mann und Benny so richtig in Fahrt sind, was das Stöckchenwerfen und -holen betrifft, dann hinterlassen sie in fröhlich-ignorantem Schulterschluss ganze Schubkarrenladungen voller Natur auf den Dielen.

Nur wenn der Mann aus Versehen Spinnweben einatmet, wird er manchmal etwas unwirsch. Mit einer Körperlänge von zwei Metern kommt das hier öfter vor, als man sich das als »Erdnuckel« (so bezeichnet der Mann alle unter eins achtzig) vorstellen kann – erst recht natürlich bei einem Hang zum Aufenthalt in reinigungstechnisch vernachlässigten Lagerräumen, Abstellkammern und Schuppen. In denen aber nun mal leider die Werkzeuge wohnen und all jene kleinen Maschinchen und Apparaturen, die eben vorzugsweise der Mann benutzt, weshalb die Konfrontation »Kopf vs. Spinnweben« aus Sicht des Mannes doch in regelmäßigen Abständen vorkommt.

Aber kehren wir zunächst zurück zum Umzugstag und ins verrückte Dorf. Denn da war ja nicht nur die Matschmasse, sondern auch diese für Städter ungewöhnliche, überaus intensive Dunkelheit – und die hatte ich so gar nicht auf dem Radar. Was dazu führte, dass meine letzten Gänge zum Auto und zurück in der ersten Nacht wie das Blinde-Kuh-Spiel einer komplett Orientierungslosen und noch kompletter Gestörten ausgesehen haben müssen. Zum Glück war's so dunkel, dass mich garantiert niemand dabei beobachten konnte. Mal wieder Schwein gehabt.

Mittlerweile habe ich die Lichtlage natürlich besser im Griff und längst die wendländische Gepflogenheit angenommen, an allen möglichen und unmöglichen Stellen im Haus und drum herum leistungsstarke Taschenlampen samt Ersatzbatterien zu platzieren. Auch vergesse ich nur noch selten, all jenen meiner Gäste, die im Hotel »Markthof« im benachbarten Satemin einchecken, weil sie von da aus ganz locker zu Fuß nach Jabel in die Kneipe marschieren können, zumindest für den Rückweg das Tragen einer Stirnlampe zu empfehlen. Safety first!

Damals aber, in den ersten stillen Nächten des vorweihnachtlichen Wendlands, überraschte diese allumfassende, tiefe Schwärze selbst eine erfahrene Dänemarkreisende wie mich, und ich weiß noch, dass tiefe Verzweiflung von mir Besitz ergriff, weil ich die Lichtschalter für die Außenbeleuchtung auch am nächsten Tag nicht aufspüren konnte. Noch größer wurde die Verzweiflung, als ich wenige Tage später zwar fündig wurde – aber nur, um festzustellen, dass selbst mehrfacher Glühbirnentausch nicht zur dringend benötigten Erhellung führte. Konnte auch gar nicht. Weil nämlich an der pittoresken Außenleuchte gar kein Stromkabel dran war.

Ich nenne die Fakefunzel mittlerweile nur noch »die Placebolampe« und habe sie aus nostalgischen Gründen an der Hauswand hängen lassen. Tagsüber sieht sie ja ganz gut aus.

Die Finsternis, die hier herrscht, überrascht mich bis heute. Wenn ich nachts die letzten Gäste verabschiedet habe und hinaustrete in die Grot Dör, um das gelbe Kreuz umzulegen und das »Geschlossen«-Schild aufzuhängen, reibe ich mir – wahlweise angesichts des schwarzen Nichts, das sich über allem spannt, oder aber angesichts des überwältigenden Sternenhimmels – noch immer die Augen.

Dabei sind wir hier in Jabel, was die Beleuchtung betrifft, eigentlich ganz weit vorn! Denn Jabel gehört – den sechs, sieben Kilometern bis dorthin zum Trotz – zur Stadt Lüchow, und das wiederum bedeutet, dass die Straßenbeleuchtung hier erst um halb eins morgens ausgeschaltet wird. Ein echtes Privileg, das schon manch schwankendem Gast, ob ortskundig oder nicht, beim Verlassen der Kneipe die Asphaltflechte erspart hat. Wenige Hundert Meter weiter, in Küsten zum Beispiel, sieht das ganz anders aus: Da werden die Lampen schon ausgemacht, lange bevor ein anständiger Kneipengast die ebensolchen auch nur ansatzweise anhat.

Da fällt mir auf, dass ich schon über zwei Jahre hier bin und immer noch nicht weiß, wie viele Straßenlaternen es in Jabel überhaupt gibt. Ich geh nachher gleich mal durchzählen und liefere die Information nach.

Straßenlaternen hin oder her, die Außenbeleuchtung vor der Grot Dör ist bis heute großes Thema. Ich bin unermüdliche Testkäuferin von LED-Lichterketten, Solarlämpchen und angeblich fürchterlich sparsamen Leuchtinstallationen, aber eine hundertprozentig zufriedenstellende Lösung ist bis heute nicht gefunden. Überhaupt war das mit der Elektrik in der Antikhütte zu Beginn des Abenteuers erst mal die aufreibendste Angelegenheit. Denn was sie im Antikhütten-Café vermutlich gerade noch so geschafft hat, war für die Antikhütten-Kneipe schlicht zu wenig. Genauer gesagt: Nur Kaffeekochen war kein Problem, aber bei Kaffeekochen-und-gleichzeitig-Bierzapfen war's auch schon vorbei. Wann immer ich diese Kombination anzuschieben versuchte – aus deren erfolgreicher Durchführung die Daseinsberechtigung der Frau Wirtin ja streng genommen überhaupt erst besteht –, verabschiedete sich die Sicherung (dies aber sehr zuverlässig). Die Kaffeetrinker hatten bei der Eröffnungsfeier schließlich das Nachsehen, laut demokratischem Abstimmungsprozess. Die große Mehrheit war für Bier (und meine Freude darob groß, unterstrich diese Entscheidung doch zumindest grob ein gewisses Händchen bei der Standortwahl).

Dass dieses Problem mittlerweile behoben wurde und auch im Garten zwischenzeitlich Steckdosen ihren Dienst tun, deren Nutzung nicht einem Selbstmordversuch gleichkommt, war nicht nur strapaziös für alle Beteiligten, sondern auch recht kostspielig. Aber daran muss man sich als stolze Antikhüttenbesitzerin gewöhnen: Wo andere auf den Urlaub sparen, versuche ich, für Baumaßnahmen zu hamstern.

Und die Liste der offenen Baustellen ist lang: Mehrere defekte Schwellen betteln um Zuneigung; Fenster und Türen befinden sich in nur noch rudimentär zielführendem Zustand; die Ostwand würde auch ganz gern bepuschelt; bezüglich der abwasserführenden Dreikammergrube auf dem Grundstück gibt es – Achtung: Wortwitz! – in nicht allzu ferner Zukunft ebenfalls Klärungsbedarf, und das Dach – ach!, das Dach. Darüber denke ich lieber noch gar nicht nach.

Das alles ist nur recht (wenn auch nicht billig); schließlich habe ich als »Wohnexpertin« mit Baumaßnahmen zehn Jahre lang ganz gutes Geld verdient. Das nennt man dann wohl »Wirtschaftskreislauf«. Ich hoffe natürlich trotzdem, dass dieses Buch ein Bestseller wird, denn nur vom Bierverkaufen allein werden all die handwerklichen Erfordernisse kaum finanzierbar sein. Das geflügelte Wort vom »Millionengrab«, sagte mir neulich ein Architekt, sei bezüglich der Antikhütte gar nicht so unangebracht; jedenfalls nicht, wenn man alles ganz hundertprozentig richtig und gut machen wolle.

Ich habe kurz darüber nachgedacht und mich dann von diesem Anspruch umgehend verabschiedet. Zum einen, weil da keine Millionen sind, und zum anderen, weil ich dann nämlich nichts anderes mehr zu tun hätte als zu planen, zu richten, zu reparieren und zu bauen. Das wäre kontraproduktiv für Ausschank und Künste, und ich würde doch nur wieder vom Regen in die Traufe kommen, was keine Option ist.

Mein Vertrauen in die Antikhütte, die Deutsche Eiche, ja, überhaupt in Fachwerkhäuser und ihre Baumeister ist außerdem so groß, dass ich nunmehr beschlossen habe, alles ganz gelassen anzugehen und Schritt für Schritt. Oder vielmehr Dröpje for Dröpje. Blinder Aktionismus bringt doch eh nichts. Mittlerweile sehe ich es so: Rechte Winkel, gerade Linien, Designeinbauten und Hightech-Installationen waren zwar etwas, das dem Stadtbungalow voller Annehmlichkeiten durchaus gut stand. Hier aber gehören sie schlicht nicht hin. Perfektionismus war gestern!

Heute ist halt fröhliches Durcheinander, und wenn man dabei eines lernt, dann ist es die löbliche Tugend der Improvisationsfähigkeit. Die kann man immer gebrauchen; in der Gastronomie sowieso, und im Wendland erst recht. Da wird halt notdürftig geflickt, was geflickt werden muss; gern auch erst mal mit dem, was so da ist, denn der nächste Baumarkt ist weit. Und wenn's dann wieder tut, dann – ja, dann kann man's auch gleich so lassen. »Müsste halten« ist hier ein feststehender Ausdruck, und erstaunlich oft hält's dann auch.

Zugegeben, nicht immer: Am vergangenen Wochenende hat sich bei vollem Haus gleich dreimal die voll bestückte, degenerierte Garderobenstange verabschiedet, die ich damals, ungefähr fünf Minuten vor der Eröffnung des »Wohnzimmers«, aus einer vom Dachboden geklaubten Metallstange zusammengeschustert hatte. Die klapprige Installation ist ein echter »Wittler« und fußt auf der geschickten Ausnutzung eines in einem Eichenbalken bereits vorhandenen Loches, in welchem ich die eigentlich viel zu dünne Stange durch zusammengefaltete Bierdeckel auf Spannung brachte. Gewusst wie, haha. Das waghalsige Konstrukt hielt zwar erst mal ganz gut und leistete überraschenderweise monatelang treue Dienste; regelmäßiger Kontakt mit Wintermänteln scheint es allerdings zu überfordern. Ich muss mich die Tage dringend drum kümmern. Herrje, so viel zu tun!

Aber erst mal geh ich Straßenlaternen zählen. Versprochen ist schließlich versprochen. Auf dem Rückweg kann ich ja bei Shreki klingeln und ihn fragen, ob er sich der Sache – also der Garderobenstange – annimmt. Sollten Sie demnächst in der kalten Jahreszeit bei mir einkehren und die Garderobenstange vor Ihren Augen mal wieder dem physikalischen Gesetz der Schwerkraft nachgeben, dann wissen Sie: Shreki war leider nicht da. Aber wir haben ja Zeit. Und bald kommt eh der Frühling.

Nachtrag. Melde mich zurück vom Laternenzählen! Es ist unglaublich, aber Jabel hat tatsächlich 15 Straßenleuchten. Macht ungefähr eine pro vier Einwohner, da kann doch jede Großstadt einpacken. Und trotzdem geht die dörfliche Lichtverschmutzung auch bei eingeschalteten Funzeln quasi gen null. Faszinierend, oder?

Kuchenkonflikt

Vom großen Kneipensterben nicht nur im Wendland und warum sich die Wittlerin gegen Torten wehrt

Kurze Kommunikationswege hin oder her: Fake News gibt's auch auf dem Dorf. Und mit ihnen aufzuräumen ist hier genauso harte Arbeit wie überall.

Nehmen wir zum Beispiel die seit nunmehr über zwei Jahren eröffnete Kneipe. Diese bei allen sich bietenden Gelegenheiten – ob auf repräsentativen Schriftstücken wie Visitenkarten, Flyern und Briefpapier, im analogen Alltag oder in digitalen Netzwerken – auch als »Kneipe« zu bezeichnen, sollte eigentlich reichen, um zu verdeutlichen, dass es sich bei der Kneipe um eine Kneipe handelt. Also um einen Ort, an dem es um Bier und Brände geht und nicht um Kaffee und Kuchen oder Kochkunst und Couture an der Karotte. Logisch. Möchte man meinen. Nur kommt man in diesem Zusammenhang – wie so oft – mit Logik nicht wirklich weiter. Und bekommt stattdessen eindrucksvoll vorgeführt, dass menschliche Gedanken manchmal schneller galoppieren, als das Pferd laufen kann, und dann auch noch in die falsche Richtung.

Aus irgendeinem unerfindlichen Grunde ist es nämlich so: Ständig fragen mich die Leute, wie das denn so sei in oder mit meinem Café. Wahlweise: in oder mit meinem Restaurant. Danach, wie es mit oder in der Kneipe ist, fragen in der Regel lediglich jene, die eigentlich längst wissen, wie es mit oder in der Kneipe ist, weil sie nämlich schon da waren. Gern auch öfter. Ich erkläre jenen, die nach Café oder Restaurant fragen, dann meistens sehr geduldig, dass es sich bei dem Café beziehungsweise dem Restaurant vielmehr um eine Kneipe handelt, und dann gucken die Leute immer so ein bisschen peinlich berührt.

Man könnte denken, es sei geradezu unanständig, heutzutage noch eine Kneipe zu eröffnen. Oder dass die Menschen sich gar nicht vorstellen können, dass das wirklich noch jemand tut, und dass sie dieses altmodische Wort (wie das schon klingt: »Kneeeeiiipe«!) deshalb nur noch widerwillig in den Mund nehmen. Und auch nur, wenn es sich gar nicht vermeiden lässt. Die Begriffe »Café« oder »Restaurant« hingegen gehen ihnen viel leichter über die Lippen. Die rutschen locker-flockig über die Stimmbänder und kullern dann ganz geschmeidig raus aus den Mündern wie ein sorgsam einstudierter Fachausdruck, den man aussprechen können *muss,* um auf der Höhe der Zeit zu sein.

Ich frage mich dann immer: Wann hat die gute alte Kneipe für viel zu viele von uns eigentlich aufgehört, jene Sehnsuchtsstätte zu sein, die sie zuvor so treu gewesen ist? Als Refugium, als Wohnzimmer- oder Familienersatz, als Kommunikationszentrum, als Feierabendbiotop und Freizeitparadies, als Partylocation, Tempel des Trostes oder letzte Station auf dem Heimweg. Eine Stammkneipe zu haben gehörte früher zum guten Ton; heute klingt allein der Begriff »Stammkneipe« wie eine bemitleidenswerte Krankheit. Wann haben wir damit aufgehört, ganz selbstverständlich ein Stammlokal zu haben und in diesem Freud und Leid zu teilen, das eigene und das der anderen, mit Fremden oder Freunden und mit Wirtin oder Wirt?

Und wann haben wir aufgehört, das Wort »Kneipe« mit Respekt auszusprechen und vor allen Dingen ebenjenen Respekt auch den Wirten entgegenzubringen – jenen Menschen, die sich im Dienste ihrer Gäste für einen ehrlichen, harten Job entschieden haben, den sich kaum noch jemand zumuten will? Warum zum Henker müssen es gegenwärtig immer Cafés sein oder Restaurants? Was ist denn bloß verkehrt an der guten alten Kneipe …?!

Es ist noch gar nicht so lange her, da wurde die Kneipe, samt allem damit einhergehenden Schönen und Nichtschönen, besungen und verehrt: von Hannes Wader, Udo Jürgens und Peter Alexander, von den Gebrüdern Blattschuss, Tony Marshall und den Jokies, von Bibi Johns, Hans Albers und Paulchen Kuhn, von Vico Torriani, Trude Herr und Jupp Schmitz, von Marius Müller-Westernhagen und Heino, von Hilde Knef und Udo Lindenberg. Heute hingegen singt kaum noch jemand darüber. Außer die Wittlerin, natürlich, in ihrem Chansonprogramm »Lokalrunde«; halten Sie Ausschau danach auf der Bühne Ihres Vertrauens. Keine Angst, da gibt's dann auch viel zu lachen, aber ganz grundsätzlich ist es doch so: Wie soll man guten Gewissens über etwas singen, das vom Aussterben bedroht ist?

Sie verschwinden ja alle, die ganz normalen Kneipen, auf dem Land und auch in der Stadt. Die, die es noch gibt, siechen vor sich hin, und darüber will dann auch keiner ein fröhliches Lied pfeifen. Alle anderen werden halt zu Cafés oder Restaurants und sind für zwei, drei Jahre hip und voller Szene. Und dann plötzlich schneller wieder weg, als man sein Glas ausgetrunken hat, und keiner merkt's und kein Hahn kräht mehr danach.

Woran es liegt, dass das Konzept »Kneipe« so aus der Zeit gefallen scheint? – So ganz genau kennt die Antwort auf diese Frage wohl niemand. Dass die Menschen grundsätzlich ausgehmuffeliger geworden sind in Zeiten ständiger Reizüberflutung, umfassenden Alltagsstresses und digitalen Bombardements aus allen Kanälen, ist hinlänglich bekannt. Aber das allein kann es kaum sein, und deshalb habe ich noch eine weitere Theorie.

Ich glaube nämlich, dass viele von uns sich schlicht nicht mehr reintrauen in die Kneipe. Dann nämlich, wenn wir bereits dem krakenartig um sich greifenden Selbstoptimierungswahn zum Opfer gefallen sind, der uns tagtäglich umgibt und uns dazu erziehen will, effektiver, gesünder, achtsamer, organisierter, attraktiver, gezügelter und nützlicher zu sein als jemals zuvor. Im Gegenzug verspricht uns der Wahn, der eigentlich nur noch aus erhobenen Zeigefingern besteht, gesellschaftliche Anerkennung und ein gutes Gewissen. Und um diese Absolution zu erlangen, heißt es nun mal brav sein. Diszipliniert. Im Ernstfall bis zu einem Ruhepuls nahe null.

Kneipe aber ist nicht brav. Im Gegensatz zu einem gepflegten Café, das auch koffeinfreie Sojalatte führt, oder einem Restaurant, in dem man mit »Ich nehme den kleinen Salat, aber ohne Dressing« nicht unangenehm auffällt. Kneipe, das heißt Alkohol und unter Umständen Zigarettenrauch* und wenn's gut läuft viel zu spät ins Bett (wenn's sehr gut läuft, vielleicht noch nicht mal allein) und unter Umständen am nächsten Tag einen Schädel. Das darf aber nicht!, schimpft der Optimierungswahn, der uns lieber mit einem grünen Tee auf der Yogamatte sieht und uns ermahnt, achtsam und gut zu uns zu sein. Und früh schlafen zu gehen.

Achtsam und gut zu sich selbst zu sein heißt aber doch auch, dass man mal wieder Spaß hat. Wir sind Menschen, und die müssen von Zeit zu Zeit über die Stränge schlagen und ihren Alltag vergessen und richtig ausflippen und unvernünftig sein und all die Dinge tun, bei denen der Selbstoptimierungswahn sich erschüttert und kopfschüttelnd die Hand vor den Mund schlägt. Genau diese Dinge müssen wir auch mal ohne schlechtes Gewissen genießen können. Dazu haben wir ein Recht, finde ich, und meiner Meinung nach wird nur das es uns auf lange Sicht ermöglichen, den Alltagsterror dieser Welt ohne größere psychische Blessuren auszuhalten.

So. Und deshalb sage ich Ihnen: Gehen Sie mal wieder in die Kneipe! Zu Willi oder Hein oder Renate oder Ute an den Resopaltresen aus den Sechzigern, auch wenn da gelbe Gardinen die Sicht auf die Straße versperren und im großen Fenster traurige Gummibäume aus dem letzten Loch pfeifen. Gehen Sie hin, ge-

* Die Regeln im »Wohnzimmer«: Veranstaltungen sind selbstverständlich rauchfrei – zu späterer Stunde jedoch ist der Rauchertisch gern mal der lustigste (und beliebteste) von allen.

rade weil es da *nicht* hip ist und schick und durchdesignt. Sondern weil da das Leben spielt. Und Sie plötzlich auf Menschen treffen, die Sie garantiert mehr berühren als der hippste Hipster auf der hippsten Hippiedippieszeneladeneröffnung. Mit Glück werden Sie bei Ihrem nächsten Kneipenbesuch feststellen, dass so ein Abend an der Theke um die Ecke viel spannender ist als das Handysurfen durch asoziale Netzwerke auf der Couch. Am Tresen gibt es echte Menschen, echte Getränke und echte Liebe. Echt jetzt!

Und außerdem tun Sie ganz nebenbei was Gutes zur Erhaltung einer kulturellen Institution: Wirtin oder Wirt werden Ihren Besuch sicherlich gut gebrauchen können. Ich bin fest davon überzeugt, dass wir alle ordentlich rumflennen werden, wenn erst mal die letzte Kneipe geschlossen ist – weil wir dann endlich merken, wie sehr uns diese Zufluchtsorte fehlen. Dann ist es aber zu spät, und wenn Sie in eine Kneipe wollen, müssen Sie erst mal selbst eine eröffnen. Eine Horrorvorstellung, oder? Aber so weit muss es ja nicht kommen. Also machen Sie bitte mit: Ab mit Ihnen in die nächste Kneipe! Oder Kaschemme. Völlig egal. Hauptsache, runter vom Sofa und rein ins zwischenmenschliche Vergnügen.

Gern gilt diese Einladung natürlich auch für »Wittlerins Wohnzimmer«. Ich glaube zwar, dass Sie – da Sie beim Lesen ja schon bis hierher gekommen sind – einen ausreichenden Intelligenzquotienten besitzen, um zu schlussfolgern, dass es sich beim Besuch in »Wittlerins Wohnzimmer« um einen Kneipenbesuch handeln würde. Trotzdem, nur um ganz sicherzugehen: Sollten Sie einen Café- oder Restaurantbesuch wünschen, dann gehen Sie besser woandershin.

Das heißt übrigens nicht, dass Sie bei mir nicht auch einen Kaffee kriegen, aber erwarten Sie bitte keine gequirlte Latte Grande mit Chichi und Stevia zum Preis eines Kleinwagens (Tass Kaff jibbet bei Mutti für zwei zwansch; den Pott für zwei neunzsch. Also Preis bei Drucklegung, haha. Kännchen für draußen habe ich übrigens nicht). Auch den kleinen Hunger können Sie bei mir ohne Probleme stillen, jedenfalls, solange es nicht vegan sein muss (zu dieser Problematik vgl. Kapitel 11: »Der schnelle Brüter war einmal«) und Sie kein Dreigängemenü erwarten.

Obwohl es in »Wittlerins Wohnzimmer« genau genommen sogar internationale Küche gibt: Westfalen goes Wendland. Denn da der berühmte (ost-)westfälische Pickert nicht nur die perfekte Grundlage für einen langen Kneipenabend, sondern auch der kulinarische Botschafter Ostwestfalens ist, führe ich die Tradition dieser bäuerlichen Spezialität aus meiner Heimat auch im Wendland fort und kombiniere den Pickert in meiner Miniaturküche mit wendländischen Köstlichkeiten.

Falls Sie zu den bedauernswerten Menschen gehören, die nicht wissen, was Pickert ist, so sei dies schnell erklärt: Pickert ist ein traditionelles westfälisch-lippisches Bauerngericht; grob gesagt so eine Art Pfannkuchen, für den sehr fein geriebene Kartoffeln mit Mehl und Eiern auf der eisernen Pickertplatte oder in der Pfanne gebacken werden.

Das Spektakuläre am Pickert ist, dass er sowohl süß als auch herzhaft schmeckt, weshalb man ihn in Ostwestfalen jahrhundertelang entweder mit Leberwurst oder aber mit Zuckerrübensirup servierte. So er denn ordentlich gestapelt wird, speichert der Pickert seine innere Hitze mindestens so effektiv wie eine dreifach umpuschelte Wärmflasche, und damit war er im landwirtschaftlich geprägten Ostwestfalen das perfekte Feldessen: sättigend, schmackhaft, lange warm zu halten. Kartoffeln gab es immer, und wenn die Küchenhexe erst mal angeworfen war, dann buken die Bauersfrauen Pickert bis unter die Küchendecke, packten ihn in Leinen gut ein und brachten ihn dann samt Leberwurst und Rübensaft zu den Jungs auf den Acker, die die leckere Mahlzeit wegatmeten.

Bei mir bekommen Sie den Pickert heute in einer etwas moderneren Variante: Auf die herzhafte Art wahlweise mit Ziegenkäse, Sauerfleisch oder Rinderbratels* sowie (für all jene, die sich vom Selbstoptimierungswahn erst langsam lösen und es ruhig angehen lassen wollen) als »Pickert Gesundspund« mit Tomate, Walnüssen und Feigen-Balsamico-Creme. Süßmäuler hingegen wählen Pflaumen- oder Apfelmus, selbst gemachte Konfitüre, Honig aus Satemin oder Zimt und Zucker – das Einzige, was der zuckrigen Fantasie hier Grenzen setzt, ist die Vorratshaltung der Frau Wirtin.

Was das Pickertbacken selbst betrifft, so bin ich darin mittlerweile Vollprofi. Wobei mir zwei Dinge die massenhafte Pickertproduktion immens erleichtern:

Zum einen der Umstand, dass es in Ostwestfalen eine sehr engagierte Hauswirtschaftsmeisterin gibt, die unter dem Label »Pickert Mädel« eine grandiose Backmischung entwickelt hat – sodass ich mir nicht regelmäßig beim Kartoffelnreiben die Fingerknöchel wund schürfen muss.

Der zweite Umstand, der mir bei der Pickertproduktion immens weitergeholfen hat, ist die Erkenntnis, dass eine traditionelle gusseiserne Pickertplatte für den Gebrauch auf einem modernen Ceranfeld ungefähr so gut geeignet ist wie Dieselkraftstoff zur Betankung eines Benziners. Mein erster und letzter Versuch »Pickertplatte auf Ceranfeld« endete mit kraterartigen Kratzern auf der Herdoberfläche, in denen ich ganze Mahlzeiten verstecken könnte, und so backe ich meinen Pickert heute ganz schnöde in einer beschichteten Pfanne.

Die Pickertplatte aus der Rahdener Maschinenfabrik und Eisengießerei Kolbus (gegründet 1775) habe ich natürlich trotzdem behalten. Immerhin handelt es sich dabei um die Original-Pickertplatte meiner Frau Mama. Es ist noch gar nicht so lange her, da gehörte eine solche Platte mit den beiden charakteristischen Griffen noch zur Aussteuer eines jeden heiratswilligen ostwestfälischen Landmädchens, und um dies nicht aus

* Rinderbratels: wendländische Spezialität aus gepökeltem und gekochtem Rindfleisch

den Augen zu verlieren, können Sie die Pickertplatte – die schwer genug ist, um damit jemanden auf die »andere Seite« zu befördern – heute an der Tür zu meiner Kombüsenküche hängend bewundern.

Sollten Sie eher auf Kuchen und Torte stehen, habe ich zwar auch immer etwas Süßes am Start, aber ich sag's Ihnen am besten gleich und sehr deutlich: Ein Tortenbüfett ist bei der Wittlerin nicht zu erwarten.

Für das besondere Kuchenerlebnis empfehle ich Ihnen lieber einen Besuch im »Wendland-Café« in Satemin, etwa 1200 Meter Fußweg von der Antikhütte entfernt. Dieses wird von meinen geschätzten Nachbarn Heike und Jürgen betrieben (bitte grüßen Sie sie von mir, wenn Sie sie treffen!). Am besten kehren Sie am Nachmittag dort ein, und sobald in Satemin Nr. 1 die Klappe fällt (wenn auf, dann bis 18 Uhr), dann kommen Sie mittels eines kleinen Verdauungsspaziergangs zu mir (wenn auf, dann ab 18 Uhr) und weiter geht's.

So fügt sich alles mal wieder ganz hervorragend, und ich musste nicht lange darüber nachdenken, den Konzeptansatz »Café«, den meine Vorgängerin in der Antikhütte sich zu implementieren vorgenommen hatte, durch meine kneipige Übernahme guten Gewissens zu Grabe zu tragen. Der Landkreis hat diesen Abschied meiner Meinung nach ganz gut verkraftet: Cafés gibt es im Wendland nämlich durchaus einige, aber die guten alten Kneipen stehen auch hier ganz oben auf der Roten Liste der Gastronomie.

Sie merken schon: Dass meine Kernkompetenz nicht bei Kaffee und Kuchen liegt, kann ich nicht genug betonen. Bis heute plagen mich nämlich fürchterliche Albträume von Reisebussen auf Kuchenjagd, wenn mich mal wieder jemand nach meinem »Café« gefragt hat. In diesem Traum stehen fünfzig fidele Ruheständlerinnen mit zartlila Haaren und identischen beigefarbenen Outdoorjacken Schlange vorm einzigen Damenklo der Antikhütte, während mir der Busfahrer mit seiner Herrenhandtasche (Schlaufe lässig ums Handgelenk geschlungen) vorm Gesicht rumwedelt und immer wieder sagt: »Sie müssen die aufs Klo lassen. Sonst zeigen wir Sie an. Wir brauchen dann noch einundfünfzigmal Kaffee und Kuchen. Und einen doppelten Boonekamp.« – Dann wache ich schweißgebadet auf und kann erst wieder einschlafen, wenn ich als Konfrontationstherapie mindestens zwölfmal Udo Jürgens' »Aber bitte mit Sahne« auf Lautstärke zwölf gehört habe und Heike und Jürgen, die nur zwei Häuser weiter wohnen, kurz davor sind, mich zwangseinweisen zu lassen.

Eine Ausnahme in Sachen »Kaffeespezialitäten« gibt es allerdings, und diese Ausnahme heißt »Ströher Schwarten«. Kernkompetenz hin oder her: »Ströher Schwarten« ist ein Getränk, bei dem man um Kaffee nicht rumkommt, selbst wenn man Pickel kriegt, sobald man einen Latte macchiato zubereiten muss oder ein Gast das Wort »laktosefrei« nur in den Mund nimmt.

»Ströher Schwarten« ist *das* Getränk Ostwestfalens und wartet auf seinen bundesweiten Durchbruch, den ich als offizielle »Ströher-Schwarten-Botschafterin« nunmehr gern unterstütze und fördere. Er wird am besten in geselliger Runde genossen, zum Pickert – und möglichst früh am Tage, damit ebenjener die Chance hat, der schönste des Lebens zu werden.

Noch sind die Gäste recht schüchtern, was den »Ströher Schwarten«-Konsum betrifft, aber ich bin zuversichtlich: Das bringe ich den Wendländern schon noch bei. Manchmal braucht man eben Geduld. Man hat doch schon öfter gehört, dass ein Top!-Top!-Top!-Produkt zunächst wie Blei lag, und dann kam ein sogenannter Influencer und hat es publik gemacht und zack!, ist das Top!-Top!-Top!-Produkt der letzte Schrei. Falls Sie also Influencer sind und nicht nur mich, sondern auch Ostwestfalen als bislang völlig unterschätzten Herkunftsort kulinarischer Finessen unterstützen wollen: Ostwestfalen und ich freuen uns.

Das Rezept verrate ich Ihnen zu diesem Zweck natürlich gern: ein Drittel »Blümchenkaffee«, also dünner Filterkaffee (so genannt, weil man durch den Kaffee das Blümchen auf dem Boden der guten Porzellansammeltasse noch gut erkennen kann), ein Drittel Heißwasser, ein Drittel Korn, dann noch ordentlich Zucker rein – fertich. Ausprobieren, glücklich sein! Und dann lassen Sie gleich alle wissen, wie unfassbar lecker so ein »Ströher Schwarten« ist und wie der einen so krachermäßig richtig nach vorn bringt. Dagegen sieht jeder Energydrink alt aus.

Meiner Meinung nach ist »Ströher Schwarten« jedenfalls die schönste Art, Kaffee zu trinken, und Starbucks kann einpacken. Ich arbeite dran.

Problemtüren

Von der Verletzungsgefahr auf dem Land für alle Beteiligten und wie das Leben auf dem Dorf doch noch zur flammenden Leidenschaft werden kann

So lustig es hier auch ist: Der Mann hat in der Antikhütte wenig zu lachen. Im Gegenteil; oft hört man ihn laut fluchen und schimpfen, vermutlich bis weit über die Dorfgrenzen hinaus. Dann nimmt er Worte in den Mund, die ich mich hier nicht zu wiederholen traue, und auch die Katze nimmt Reißaus. Normalerweise sind die Katze und der Mann ein Arsch und ein Eimer, aber wenn der Mann flucht, straft ihn die Katze mit sofortigem Liebesentzug. Das könnte ich mir selbstverständlich nie erlauben.

Der Grund für das Fluchen und Schimpfen sind wahlweise der Mann selbst oder die Türen in der Antikhütte. Denn Letztere haben allesamt maximal eine Höhe von einem Meter fünfundsiebzig, während der Mann über zwei Meter groß ist, was in der Kombination weder den Türen noch dem Mann guttut. Beulen und Schrammen, teils blutig, kommen da öfter vor, und selbst der Gewöhnungseffekt konnte bislang noch keine vollständig unfallfreien Wochenenden herbeiführen. Da muss man fast schon wieder froh sein, dass der Mann nur an den Wochenenden da ist, sonst wäre das Ganze vielleicht ernsthaft gesundheitsgefährdend.

Dass die Begeisterung des Mannes für die Antikhütte von Anfang an – nun, sagen wir: verhalten war, ist bereits hinlänglich bekannt. Es bedurfte vieler Abende vor dem Kamin, um ihn wieder zu besänftigen und davon zu überzeugen, dass das Landleben so schlimm gar nicht ist. Feuer macht der Mann besonders gern. Da ist er auf dem Land eigentlich ganz gut aufgehoben, denn Feuer machen kann er hier ständig und fast überall, und diese Erkenntnis dringt immer mehr auch zum Mann durch. Ich bin dem Kamin, der Feuertonne im Garten, der Feuerschale vor der Grot Dör und der alten Küchenhexe im Büro deshalb sehr dankbar, denn sie haben einen großen Teil dazu beigetragen, dass der Mann auf dem Weg dorthin und auf seinen Streifzügen durch die Antikhütte insgesamt schon weniger laut flucht. Manchmal sagt er sogar, dass er sich im »Dorf der Verdammten« (Zitat Mann) mittlerweile doch recht wohlfühlt.

Nach etwa einem Jahr erreichten wir den bisherigen Höhepunkt der Zuneigungsbekundung seit Implementierung der Antikhütte. Wir saßen natürlich vor dem Kamin, in dem ein heimeliges Feuerchen brannte und vor dem der Mann in recht kurzer Zeit ein nicht unerhebliches Chaos verursacht hatte. Ich habe mich daran gewöhnt und nehme es mittlerweile recht klaglos hin. Mit unterschiedlichen Definitionen von »Gemütlichkeit« kann ich leben, solange nur der Mann ohne blutende Stirn oder faustgroße Beule am Hinterkopf neben mir sitzt.

An diesem Abend also gab es zum ersten Mal seit Längerem keine Wunden zu versorgen, weshalb ein willkommener Hauch von Idylle und Harmonie durch die große Deele wehte; ein Zauber, dem sich auch der Mann nicht erwehren konnte. Und so sprach er zu diesem Anlass erstmals von ganz allein darüber, seine umfangreiche Werkzeugsammlung demnächst eventuell vielleicht unter Umständen im Obergeschoss einsetzen zu wollen, um dort durch einen Dachausbau weiteren Wohnraum zu schaffen. Auch wenn eine solche Wohnraumerweiterung gleichsam eine Chaoserweiterung bedeuten könnte, war mir die eigentliche Botschaft dieser Aussage doch willkommen: Es ist endlich so weit – der Mann freundet sich an mit der Antikhütte!

Gut, einen Wermutstropfen gibt es. Denn der Mann kündigte an, die Türen oben zwar zwei Meter zwanzig hoch, aber nur fünfzig Zentimeter breit bauen zu wollen – »Damit du mal weißt, wie das ist« (Zitat Mann).

Egal. Im Ernstfall habe ich dann immer einen guten Grund, das Chaos im Obergeschoss einfach nicht zu betreten, weil ich Gefahr laufen würde, in einer der Fünfzigzentimetertüren stecken zu bleiben und kläglich zu verhungern, während der Mann in aller Seelenruhe mal wieder Feuer macht.

Ostwind

Von Wetterkapriolen und Schlafmützen

Krass! Ich weiß jetzt, was »frieren« bedeutet. Für manche Erfahrungen muss man halt seine Komfortzone verlassen. In diesem Fall die Komfortzone »wohltemperierte Stadtbude«.

Bevor ich jene gegen die Antikhütte eintauschte, war die Sinneswahrnehmung »zu kalt!« ein weißer Fleck auf meiner psychophysischen Landkarte. Denn wie viele stolze Trägerinnen einer in ihrer Energieverwertung an Perfektion grenzenden Thermohülle, mit deren Effizienz man vermutlich das Weltklima retten könnte (diese besondere Konstitution findet sich gleichsam bei Walfischen), lächle auch ich nur müde, wenn es in smalltalkigen Runden um kalte Frauenfüße oder ähnliche Niedrigtemperatursymptome geht.

Die Katze sucht in der Nacht regelmäßig das wohlige Klima jener Kuhle auf, die sich im seitlichen Liegen zwischen meiner oberen und unteren Physis bildet (von »Taille« sprechen wir in diesem Fall mal lieber nicht); von einem Kurzaufenthalt im Freien bei zwei Grad für eine Zigarettenlänge oder zwei ist bei mir auch ohne Daunenpanzer kein Kältetod, ja, eigentlich nicht mal eine mittelschwere Bronchitis (dazu später mehr), zu erwarten; und wenn ich zu dieser Gelegenheit anderen die Hand reiche, ob zum Übergeben einer Zigarette, des Feuerzeugs oder anderer mittlerweile höchst verpönter Obszönitäten, dann brechen sie nicht selten in Begeisterungsstürme aus, weil die Hand entgegen der Rahmenbedingungen noch immer wohltemperiert und dadurch angenehm anzurühren ist.

Klimatische Verhältnisse über zwanzig Grad – ob drinnen oder draußen – halte ich entsprechend für überflüssig und gehe ihnen so konsequent aus dem Weg, wie es nur eben machbar ist. Ein Grund mehr, sich in Norddeutschland, jedenfalls zu einem Großteil des Jahres, so wohlzufühlen.

Einladungen auf mallorquinische Fincas lehnen schwere Warmblüter wie ich mit dem Verweis auf die eigene Unzurechnungsfähigkeit durch die zu erwartenden hohen Temperaturen zum Wohle aller ab, wenn sie auch nur einen Funken Anstand besitzen. Überhitzte Hotelzimmer rufen zumindest in meinem Fall eine Abwärtsentwicklung der Gemütsverfassung hervor, die man getrost als »bedrohlich« für alle weiteren Anwesenden bezeichnen kann und auch für die anschließende Bühnenperformance, die ja nicht selten der eigentliche Zweck der Reise ist. Und wenn dann auch noch das Frühstücksbüfett … – aber lassen wir das.

All dies rückt in weite Ferne, wenn man plötzlich überraschend heftig erfährt, dass die Thermohülle des sonst so zuverlässig isolierten Leibes versagt – weil nämlich ebenjener Leib auf einmal statt in der wohltemperierten Stadtbude in einer fast zweihundert Jahre alten Antikhütte herummäandert, die weder zugdichte Fenster noch fest schließende Türen – geschweige denn ausreichend automatisierte Heizkreisläufe! – hat.

Dann nämlich liegt man morgens um zwei bei minus zwölf Grad auf der zähneknirschend in einem schwachen Moment beim Teleshopping erstandenen Heizdecke, schlottert aber immer noch so sehr, dass man – Diesel, Umweltschutz und so hin oder her – ernsthaft überlegt, sich mal kurz ins Auto zu setzen und dort ein bisschen aufzuwärmen. Nur so, dass man schlafen kann.

So jedenfalls kommt es hier vor, in durchfrosteten Nächten; die ersten Male keine fünf Wochen nachdem ich die Antikhütte bezogen und trotz allem längst in mein Herz geschlossen hatte. Damals, im Winter 2017/2018, in dem der gefürchtete Ostwind das Dörfchen Jabel über mehrere Wochen bei bis zu -15 Grad aufdringlichst plagte und die durch ebenjenen Wind schon arg in Mitleidenschaft gezogene Ostwand der Antikhütte vielleicht noch ein bisschen schiefer und undichter wurde, als sie es eh längst war.

Der Vollständigkeit halber darf ich noch erwähnen, dass sich nicht nur das Schlafzimmer direkt hinter der Ostwand befindet, sondern auch die undichten Fenster in ebenjenem – insgesamt sind es vier!, das sind fast so viele Fenster, wie die Antikhütte überhaupt hat – den Ostwind genau auf Kopfhöhe zirkulieren lassen. Also auf Kopfhöhe beim »Im-Bett-Liegen« natürlich, nicht beim »Vor-dem-Fenster-Stehen«.

Und das ist dann jener Moment, in dem sich einem plötzlich und unerwartet die bis dato niemals ernsthaft überdachte Bedeutung eines Begriffes wie zum Beispiel »Schlafmütze« erklärt. Das muss man sich mal vorstellen! Morgens um zwei! Nach 45 Jahren, in denen man nicht selten selbst »Schlafmütze« genannt wurde und dieses Wort durchaus auch anderen gegenüber gebrauchte, in der linguistischen Übung dessen, was man als Wilhelm-Busch-Leser zwar erahnen konnte. Und doch *keine* Ahnung hatte!

Ja: Ich habe mittlerweile selbst eine. Also, eine Schlafmütz. Sie ist bunt gestreift und lässt mich aussehen wie einen dicken, farbenblinden Buddha-Rastafari unter Dauerberauchung, aber sie hat, anders als bei Wilhelm Busch, keinen Zipfel und übrigens auch keinen Bommel, denn beides nervt beim Draufliegen nur und man muss sowohl den einen als auch den anderen umständlich aus dem Weg schaffen, um keine Nackenschmerzen zu bekommen. Achten Sie bloß drauf, falls Sie sich auch mal eine Schlafmütze kaufen müssen!

Was kein leichtes Unterfangen ist. Eine passende Schlafmütz ist nur schwer zu finden. Sie darf nicht zu sehr warm halten, sonst fühlt sich Ihre Kopfhaut an, als würde sie gleich in Flammen aufgehen; aber auch keinesfalls zu wenig, was sich selbst erklärt. Sie darf einem nicht bei der geringsten Berührung mit der Bettwäsche vom Kopf rutschen, also nicht zu weit sein; und das Material muss irgendwie mit Ihrer bevorzugten Bettwäsche korrespondieren; sie darf aber auch nicht so eng sitzen, dass Sie beim Einschlafen die Stirn runzeln, weil Sie sich so fühlen, als hätte Ihnen jemand Ihr Haupt in einen Schraubstock gepresst. Denn das macht dann genauso viel Kopfschmerzen, als würden Sie gleich ganz ohne Schlafmütz ins Bett gehen, was dann wieder dem Ostwind Tür und Tor öffnet, um Ihnen ganz gehörig auf den Senkel – oder vielmehr: auf die Schläfen – zu gehen.

Die Optik ist völlig egal, was dankenswerterweise übrigens für viele Bereiche auf dem Land zutrifft; aber dazu kommen wir noch. Sie sollten nur dran denken, die Schlafmütz vom Kopf zu nehmen, wenn Sie jemandem die Tür aufmachen, und auch daran, sich vorher kurz die Haare zu kämmen, denn sonst reden die Leute vielleicht, wobei sie das sowieso immer tun (auch dazu kommen wir noch). Manchmal verknoten sich die Haare unter der Schlafmütz fies, weshalb ich nunmehr ernsthaft darüber nachdenke, mir auch noch ein Haarnetz zu kaufen, wie meine Großmutter es im Bett immer trug, Gott hab sie selig. Das alles sind Gedanken, die man in der Stadt schlicht nicht hat.

Es ist ja doch so: Das Wetter ist für Städter nur bedingt entscheidend. Es beeinflusst vielleicht die Stimmung, hat aber auf den grundlegenden Lebensrhythmus und die Alltagsgestaltung eher wenig Auswirkungen.

Städter können sich in der Regel ziemlich unbeeindruckt von Temperatur, Winden und Niederschlagsverhältnissen von A nach B bewegen, also von ihrer Wohnung zu ihrer Arbeit und zurück. In den meisten Fällen können Städter sogar ohne gesonderte logistische, aus Legalitätsgründen ratsame oder schlicht sicherheitstechnische Anstrengungen (wie die Bereithaltung eines schlammfesten Transportbehältnisses auch für geringfügige Wirtschaftsgüter, die Suche nach einem nüchternen

Fahrer, das Berechnen der am wenigsten von Schnee oder Glatteis betroffenen Route) auch noch recht problemlos C (= Einkaufsmöglichkeiten) und D (= Vergnügungsstätten wie Kneipen, Theater, Kinos) aufsuchen.

Der gemeine Stadtbewohner – ich erinnere das aus eigener Erfahrung – nimmt den Wetterbericht als Dreingabe im Anschluss an die Hauptnachrichten deshalb nur begrenzt wahr beziehungsweise ernst. Der Städter hört vielleicht: Morgen gibt es faustgroße Hagelkörner – und denkt dann: Na, das wird ja was. Aber die U-Bahn fährt ja Gott sei Dank untenrum.

Klar, einen Regenschirm einzustecken, das kriegt der Städter (insbesondere der Hamburger natürlich!) noch hin. Aber wann haben Sie sich – sofern Sie in der Stadt leben – das letzte Mal gegen den Wind gelehnt, ohne umzufallen, während Sie Ihre Gartenmöbel festbinden wollten, oder sich schlicht nicht nach draußen getraut, um Holz für das sonst bald verendende Kaminfeuer zu holen?

Für Landbewohner hingegen ist der Wetterbericht der eigentliche Grund, weshalb sie die Nachrichten überhaupt einschalten. Denn das Wetter entscheidet hier über Wohl und Wehe. Das nennt man dann »Natur«. Oder auch »Jahreszeit«. Oder sogar: »Das, was unser Leben in den kommenden Tagen ausmachen wird, zum Guten oder zum Schlechten, aber auf jeden Fall unabänderbar, also stelle dich darauf ein und lebe damit!«

Und deshalb macht es einen riesigen Unterschied, ob man von der »großen Dürre« nur in den Nachrichten hört. Oder sie plötzlich täglich vor Augen hat: in Form der ehemaligen Sumpflandschaft (manche ganz Mutige nennen sie sogar »Biotop«) direkt neben der Antikhütte, die während der Sommermonate nur mehr ausgetrocknet vor sich hin brutzelt und fast schon Brandblasen schlägt in den wenigen verbliebenen, traurigen Pfützchen, die einmal ein stehendes, zusammenhängendes Gewässer waren.

In Form eines leergelaufenen Hausbrunnens, dessen niedriger Pegel einen zwar vordergründig erfreut, weil keine Überschwemmung des ganzen Privattraktes mehr zu befürchten ist, der aber gleichzeitig aufzeigt, dass irgendetwas nicht stimmt. Und zwar ganz gehörig nicht.

In Form von Feldern und Wiesen, die nichts mehr haben von sattem Grün, sondern stattdessen in dezentem Beigebraun vor sich hin dörren.

In Form von erschöpften Landwirten, die eigentlich Stammgäste in deiner kleinen Deelenkneipe sind, nun aber Tag und Nacht rotieren, um ihre Beregnungsanlagen von A nach B zu karren und zu versuchen, ihre Ernte zu retten.

Und in Form von Sandverwehungen, hervorgerufen nur vom Vorbeihuschen einiger Radfahrer, die die Antikhütte tagtäglich in Staubwolken hüllen, als stünde diese mitten in der Sahara.

Mit grundsätzlichem Nichtinteresse an den klimatischen Gegebenheiten kommt man auf dem Land nicht weiter, weshalb ich mich seit meiner Stadtflucht zu einer sehr leidenschaftlichen Wetterberichtsguckerin entwickelt habe. Und mir immerhin schon über etwas klar geworden bin, was sich mir bis dato nie so richtig erschlossen hat: weshalb die Leute insbesondere auf dem Land so gern übers Wetter reden. Die Erklärung ist recht einfach: Das Wetter ist immer da, jeder nimmt es wahr und es betrifft den Alltag eines und einer jeden – mehr oder wenig intensiv, auf die eine Art oder die andere –, weshalb eben auch jede und jeder irgendetwas dazu zu sagen hat, im Positiven oder Negativen.

Ich zucke jedenfalls mittlerweile heftig zusammen, wenn das Wort »Ostwind« fällt, und meine frühere Gleichgültigkeit dem Wetter gegenüber gehört endgültig der Vergangenheit an. Heuer mache selbst ich – im Rahmen meiner bescheidenen physischen Möglichkeiten – Freudensprünge, wenn der Winter endlich weicht und das Leben draußen wieder Fahrt aufnimmt.

Und falls der nächste Sommer wieder so trocken wird wie der letzte, können Sie mich im Garten vielleicht sogar beim ein oder anderen Regentanz beobachten. Sollten Ihre Wochenendplanungen Sie zu einem sommerlichen Ausflug ins Wendland führen, so planen Sie dieses Spektakel gern mit ein. Denken Sie trotzdem daran, für den Ernstfall Gummistiefel dabeizuhaben. Denn selbst hier auf dem Land ändern die Dinge sich manches Mal schneller, als man denkt.

Die 1400-Euro-Schokolade

Vom Holzmachen, Einheizen und Gasrechnungen, die man nur unter Zuckerschock verkraftet

Allerspätestens, wenn der Ostwind das erste Mal bläst, wird es in der Antikhütte Zeit, einzuheizen. Klingt simpel, ist es aber nicht! Denn Einheizen ist hier ein Fulltime-Job und setzt sich aus mehreren Aufgabengebieten zusammen, die in ihrer Gesamtheit anstrengender sind als ein Aktivistenwochenende im Hambacher Forst. Die Antikhütte auf Temperatur zu kriegen ist ein Tagwerk. Und wenn es dann endlich vollbracht ist, sprich: die Gesamttemperatur auf 16 Grad oder knapp darüber, dann ist man soooo müde!, man legt sich ermattet auf die Heizdecke, das Feuer geht aus – und am nächsten Morgen geht das erschöpfende Spiel von vorn los. Es ist ein Teufelskreis.

Da gibt es dieses bauchige Monstrum im Garten. Da kann man was reintun, mit dem man dann die Heizkörper in der Antikhütte – sofern vorhanden und sofern das Glück einem hold ist – lauwarm kriegt. Es handelt sich hierbei um einen sogenannten Flüssiggastank.

Über die Notwendigkeit, einen solchen Flüssiggastank auffüllen zu müssen, habe ich in der Stadt nicht nachdenken müssen; da kommt das Gas ja aus der Leitung und gut ist, und es geht auch nicht aus, jedenfalls nicht, solange man seine Abschläge einigermaßen pünktlich zahlt.

Ach ja, Heizungen in Stadthäusern sind in der Regel so dimensioniert, dass sie es tatsächlich schaffen können, die zu beheizende Fläche auf die gewünschte Temperatur hochzujuxen; da dreht man halt die Thermostate hoch und schwups!: warm is. Und wenn man in der Stadt einen Kamin hat oder einen

Ofen, dann *kann* man, wenn man denn mag und überhaupt einen Lagerplatz für Holz vor der Hütte hat, durchaus »zuheizen«, wie der Fachmann sagt. Aber man *muss* nicht, und das ist, was Bequemlichkeit und Komfort betrifft, sicherlich die praktischere Variante.

Ein Feuerchen in der Stadt hat mehr so was Dekoratives, das kann ich als erfahrene »Wohnexpertin« nur bestätigen.

In der Antikhütte wiederum ist es genau andersherum: Hier sind die Heizkörper nur mehr so als dekorative Unterstützung der Gesamtinstallation zu verstehen. Sie sind zwar da und sie kosten irrsinnig viel Geld, weil »Flüssiggas« im Grunde nur ein anderes Wort für »Flüssiggold« ist, aber wirklich was reißen können sie nicht.

Der große Kaminofen in der Deele, die alte Küchenhexe im Büro und der kleine Kaminofen im Schlafzimmer sind in der Antikhütte die eigentlichen Wärmequellen, und die fressen nicht Gas, sondern Holz. Viel Holz. Sehr viel Holz. Laufend. Ständig. Immerzu. Ohne Pause.

Stellen Sie sich einfach neugeborene Sechslinge vor und das, was sie mit ihren Müttern machen. Ungefähr so ist das. Diese drei sind immer hungrig, und sie schreien nach so viel Holz, dass »Holz machen« ein feststehender Begriff ist im verrückten Dorf und im ganzen Wendland.

»Holz machen«, das heißt: In den Wald fahren (viele hier haben tatsächlich eigene kleine Waldstücke. Ich überlege noch …), Bäume fällen, ohne dabei zu sterben, erst grob zerkleinern, ohne dabei zu sterben, dann kleiner zerkleinern, ohne sich dabei den Arm abzusägen, dann noch kleiner zerkleinern, ohne sich dabei die Finger abzuhacken, dann hin und her fahren und stapeln und was halt noch dazu gehört, bis man seinen Wintervorrat im Sack – oder vielmehr: im Schuppen – hat.

Versuchen Sie gern einmal, im Frühherbst bei schönem Wetter einen Wendländer anzurufen. Sollte am anderen Ende unerwarteterweise jemand rangehen, dann wird diese Person Sie mit Sicherheit darüber informieren, dass Ihr gewünschter Gesprächspartner gerade »Holz machen« ist. Probieren Sie's ruhig aus!

Mit dem Holzmachen allein ist aber erst ein kleiner Teil erledigt, damit man sich im Winter nicht die Gliedmaßen abfriert, sofern man sich diese nicht beim Holzmachen bereits abgehackt hat, was einem zwar einiges ersparen würde, aber dann doch nicht die allerbeste Lösung ist.

Das Holz aus dem Schuppen bei Wind und Wetter hereinholen, die diversen Feuerstätten sauber halten, kehren, saugen, den Ascheeimer draußen leeren, Hände, Stirn und Klamotten von schwarzgrauen Stippen, Fusseln und Schlieren befreien, und all das immer und immer wieder – das reicht, um an kalten Tagen das Fitnessprogramm zu ersetzen. Rennen oder Frieren, dazwischen gibt's nix, denn die Flüssiggasheizung heizt halt nur zu. Was hier bedeutet, dass sie zwar so viel Flüssiggas verbraucht, dass man damit das Elbe-Einkaufszentrum zur Sauna machen könnte, aber die Gesamttemperatur in der Antikhütte nur so minimal anhebt, wie es das undichte, zugige Gesamtkonstrukt gerade mal so erlaubt.

Der bereits erwähnte Flüssiggastank ist dabei nicht nur überaus hässlich anzusehen, sondern fordert seinerseits ebenfalls laufend Aufmerksamkeit. Denn obendrauf auf dem Tank ist eine Füllstandsanzeige, die einen wissen lässt, wann man wieder Flüssiggold nachordern muss. Diese Anzeige wiederum kann jemand meiner vertikalen Körpergröße jedoch nur betrachten, wenn er sich im wahrsten Sinne des Wortes *erhebt.*

Zum Beispiel auf eine Maurerbütt, die umgedreht neben dem Gastank zumindest einen Winter lang treue Dienste leistete. Bis sie neulich, also in meinem zweiten Landwinter, Dienst und Geist aufgab und alles Plastik von sich streckte. Rennen und Frieren verbrauchen zwar auch Kalorien, aber trotzdem hat die Maurerbütt sich letztendlich meiner horizontalen Körpergröße beugen müssen. Toll! Zum Glück hatten die Hühner vom Hof gegenüber in der Zwischenzeit in enger Zusammenarbeit mit dem Monstermaulwurf (mehr dazu später) den Boden rund um den Tank so gut aufgelockert, dass ich statt auf einer harten, ebenen Fläche im weichen Matsch landete. Noch mal toll. Ich kann also froh sein, dass ich mir nicht alle Knochen gebrochen habe und danach überhaupt noch so weit denken konnte, dass es mir möglich war, den bestmöglichen Flüssiggold-, äh, Flüssiggaspreis beim Lieferanten meines Vertrauens auszuhandeln.

Denn da muss man aufpassen wie ein Schießhund: Wenn man einfach nur so bestellt, dann berechnen die einem den schnöden Normalpreis für Unwissende. Wer aber Wendländer ist, der weiß auch, wie Sparen und Verhandeln geht, und so muss man sich den aktuellen Tagespreis nach Gebietsnummer raussuchen und dann beim Lieferanten darauf bestehen, dass man den auch bekommt. Oder man wird Mitglied im Schweinezüchterverband, dann wird's noch mal günstiger. Ich arbeite daran, bin mir aber nicht sicher, ob man mir meine Karriere als Schweinezüchterin abkauft, nur weil ich mal einen Roman geschrieben habe, in dem ein Schwein namens »Kumpel« vorkommt. Das sehr niedliche Schwein war auch auf dem Cover abgebildet, und wer weiß, vielleicht braucht der Schweinezüchterverband einen Imageboost und freut sich sogar, wenn jemand wie ich daherkommt und Mitglied wird, aber darauf verlassen will ich mich erst mal nicht. Also recherchiere ich weiter tapfer die Tagespreise.

Die jüngste Füllung des Flüssiggastanks hat mich 1400 Euro gekostet, und von dem Spektakel habe ich noch nicht mal was mitgekriegt, denn als der Lieferant den Tank auffüllte, habe ich noch geschlafen. Er war trotz seines großen Tankwagens sehr leise und rücksichtsvoll, was ich wirklich sehr zu schätzen weiß. Die wissen schon, wie's geht! Und auch, wie sie einem die 1400-Euro-Rechnung schmackhaft machen. Denn als ich die Lieferquittung vom kleinen Tisch in der Grot Dör klaubte, lag daneben auch eine Tafel Schokolade mit Weihnachtsgewürzen und so einer Manschette drum, auf der so was stand wie: »Vielen Dank, dass Sie den Winter mit uns verbringen werden!« Das nenne ich Humor.

Weniger lustig fand ich es, als ich wenige Wochen später nach einem echt schlimmen Tag ausnahmsweise mal Schokolade essen wollte, was ich äußerst selten tue; Hackbällchen sind mir in der Regel lieber. Aber der Tag war wirklich schlimm und ich war richtig schlecht gelaunt und total sauer; da fiel mir die 1400-Euro-Schokolade ein, die ich sorgfältig in die Vorratskammer gepackt hatte für schlechte Zeiten, und ich dachte: »Dann isste jetzt im Bett noch was Süßes, und dann ist auch wieder alles gut.«

Leider hatte der Mann die 1400-Euro-Schokolade zwischenzeitlich längst eliminiert, ohne mir Bescheid zu sagen oder gar für Ersatz zu sorgen. Mir blieb dann nur noch salziges Mikrowellenpopcorn mit einem Ablaufdatum von vor dreieinhalb Jahren (fragen Sie mich bitte nicht, wie das Zeug überhaupt noch in der Umzugskiste landen konnte), welches beim Verzehr im Bett dermaßen staubte, dass vor meinem Husten sogar die Katze entrüstet Reißaus nahm. Dass ich währenddessen auch noch fror, weil das Feuer ausgegangen war, brauche ich eigentlich nicht gesondert zu erwähnen. Ich tue es trotzdem, in der Hoffnung, dass das schlechte Gewissen des Mannes mir irgendwann in der Zukunft wenigstens eine 10-Euro-Schokolade beschert. Die lege ich dann auf den warmen Kamin, damit sie vor seinen Augen zerrinnt. Dann weiß er mal, wie das ist.

General Managers of Grenzgänging

Wie die Wendländer wurden, was sie sind, und warum ihnen das Revoluzzertum schon in die Wiege gelegt wurde

Wer das Wendland und seine Bewohner auch nur ansatzweise zu verstehen versuchen will, der wird es schwer haben, wenn er sich nicht wenigstens ein bisschen mit ihrer Geschichte beschäftigt. Auch ich blicke bis heute noch immer nicht richtig durch und wundere mich regelmäßig über all die Widersprüche, die mir hier tagtäglich begegnen: über den allgegenwärtigen Anachronismus, der in Zeiten der Sehnsucht nach Entschleunigung schon fast wieder als hip durchgehen könnte.

Über die Fähigkeit der Wendländer, in einem Moment übereinander zu schimpfen und sich im nächsten doch wieder zusammenzuraufen, um für ein gemeinsames Ziel einzustehen oder sich gegenseitig zu helfen.

Über ihre immense Gabe der Improvisation, mit deren Hilfe die zufällige Begegnung in einer spontanen Gartenparty endet oder in einem stundenlangen philosophischen Gespräch – oder mit der aus einem genau im falschen Moment auftretenden technischen Defekt ein mit simpelsten Mitteln schnell repariertes kleines Wunder zur doch noch rechten Zeit wird.

Über ihre Fähigkeit, den Moment zu genießen sowie statt Reichtümern lieber die Muße zu mehren – und dann doch manchmal so zu klingen, als würden sie dem Nachbarn nicht das Schwarze unterm Fingernagel gönnen. Was dann wiederum sofort wieder vergessen ist, sobald der rechte Moment gekommen scheint, sich aus freien Stücken großzügig zu zeigen und das Gegenüber doch noch schnell auf eine kleine Runde einzuladen.

Über das zumeist friedliche Neben- und Miteinander von Normalos und Durchgeknallten, Alternativen und Opportunisten, Stadtflüchtigen und Alteingesessenen, Künstlern und Bauern, Anarchos und Hippies, Rockern und Spießern, Intellektuellen und Verschlagenen, 68ern und 08/15ern, Veganern und Fleischessern, Laktose-Intoleranten und Ayurveda-Anbeterinnen.

Was sie alle unterm Strich eint, ist ihre Neigung, die Freiheit sowie die Selbstbestimmung obenan zu stellen.

Kurzum: Die Wendländer sind erstaunlich – und sie sind ständige Grenzgänger. Das liegt nicht nur an der geografischen Lage ihrer niedersächsischen Heimat, die wie eine Art Finger vom ehemaligen Westen in den ehemaligen Osten hineinragt und gleich an drei andere Bundesländer grenzt, namentlich an Brandenburg, Mecklenburg-Vorpommern und Sachsen-Anhalt. Es liegt auch an ihrer Vergangenheit, denn die zeigt: Die Wendländer waren schon immer jene Individualisten, die sie bis heute sind – und ihr Hang zur Opposition beginnt längst nicht erst mit dem Atomwiderstand, der über die letzten mittlerweile fast 45 Jahre immerhin dazu beigetragen hat, dass der eine oder andere mit dem Begriff »Wendland« zumindest ganz grob was anfangen kann. Sondern schon viel früher.

Das Revoluzzertum haben die Wendländer quasi in die Wiege gelegt bekommen: durch ihre Ahnen, die slawischen Wenden und späteren Drawehnen, die sich etwa ab dem Jahr 700 in kleinen Siedlergruppen nach und nach gen Westen bewegten – bis sich zahlreiche von ihnen dort niederließen, was man eben heute »das Wendland« nennt. Bei ihrer friedlichen Einwanderung brachten sie eine eigene Sprache mit, deren wissenschaftliche Bezeichnung genauso kurios klingt wie bis heute jene Dorfnamen im Wendländischen (hierzu mehr in Kapitel 18: »Eben mal nach Kamerun«), die letztlich auf diese Sprache zurückgehen: das Dravänopolabische – der letzte nachweisbare Dialekt des Polabischen, das wiederum die Sprachen der westslawischen Stämme begrifflich zusammenfasst.

Die Bezeichnung »Dravänopolabisch« leitet sich von den landschaftlichen Begrenzungen ab, innerhalb derer diese Mundart verbreitet war: vom Höhenzug »Drawehn« im Westen des Wendlands und von der Elbe im Nordosten (»po« = slawisch für »bei« oder »längs«; »Labo« = Elbe).

Während fast alles um sie herum bereits deutsch sprach, hielten die Wenden am Dravänopolabischen fest: Nur sehr wenige von ihnen konnten sich auch teutonisch verständigen, und damit hielten sie immerhin etwa bis zur Mitte des 18. Jahrhunderts durch – was ja durchaus schon als erstes Indiz für einen gewissen wend(länd)ischen Dickkopf herhalten kann.

Dabei gereichte ihnen ihre slawische Abstammung durch die sogenannten »Wendenparagrafen« mitnichten zum Vorteil: Diese Klauseln, wie sie u.a. auch Lüneburg und Lübeck verhängten, verboten ihnen schon seit dem 14. Jahrhundert selbst in den innerhalb ihres Siedlungsgebietes gelegenen Städtchen Lüchow und Dannenberg, Gewerbe zu treiben. Erst mit dem Untergang des Königreichs Hannover in der zweiten Hälfte des 19. Jahrhunderts machten die Preußen mit dieser Diskriminierung Schluss.

Ich bin der Theorie nicht abgeneigt, dass der bis heute nur vergleichsweise selten vorhandene Drang der Wendländer, ihr entspanntes Leben zugunsten schnöden Mammons der Geißel von karrieristischem Ehrgeiz und Stress zu unterwerfen, auch hierin seine Wurzeln haben könnte.

Hektisch geht es hier bis heute jedenfalls selten zu, und wenn Gorleben nicht gewesen wäre, dann hätte das weithin unbeachtete Wendland seinen fast schon märchenhaften Dornröschenschlaf vielleicht für immer fortgesetzt. Vor der Wiedervereinigung war der Landstrich lediglich den benachbarten Altmärkern hinter der Grenze ein Begriff; dazu vielleicht noch ein paar Westberlinern, die übers Wochenende die unberührte Natur aufsuchten – aus der »Damals-noch-nicht-wieder-Hauptstadt« war das Wendland der nächste erreichbare grüne Flecken BRD; »Luftschnapper« nannte man die Stadtflüchtigen im Wendland.

Dann aber überrumpelte der niedersächsische Ministerpräsident Ernst Albrecht (CDU) im Februar 1977 nicht nur die Wendländer, sondern gleich die ganze Republik mit der Ankündigung, genau hier, in diesem strukturschwachen, ostniedersächsischen »Finger«, in einem »Zonenrandgebiet« weitab vom Schuss, ein Atommüllendlager samt Wiederaufbereitungsanlage errichten zu wollen.

Dass statt einer nachweislichen Eignung des Standorts vor allem strategische Lage-Überlegungen hinter dieser Entscheidung steckten – frei nach dem Motto: »Neue Arbeitsplätze sind da doch immer willkommen, und wenn zu viel demonstriert wird, dann riegeln wir den ›Finger‹ an seinem einzigen offenen Ende einfach ab; nirgendwo ist das einfacher als genau hier« –, wird zwar bis heute noch immer teils dementiert; ein Schelm, wer Böses dabei denkt.

Und so machte die (Landes-)Regierung die Rechnung ohne solch eine aufmüpfige Bevölkerung, die nunmehr auf die Barrikaden ging. Im Widerstand vereinte sich nahezu alles, was im Wendland zwei Beine und einen Kopf zum Denken hatte: vom einstigen CDU-Wähler über den konservativsten Bauern bis hin zum Alternativen, zur Hausfrau, zum Handwerker und zum Ruheständler. Der einwöchige Treck des Jahres 1979, bei dem Atomkraftgegner aus dem Wendland in die Landeshauptstadt Hannover zogen und fast 100 000 Demonstranten motivierten, der Abschlusskundgebung beizuwohnen, ging als eine der größten Protestveranstaltungen in die Historie der Bundesrepublik ein.

Die Geschichte ist damit aber nicht zu Ende, sondern beginnt erst: Zwar zog Albrecht aufgrund des massiven Drucks die geplante Errichtung einer Wiederaufarbeitungsanlage zurück – das Bauvorhaben des Endlagers jedoch blieb aktuell.

Im Mai 1980 folgte die Besetzung der Bohrstelle »1004« bei Gorleben durch Atomkraftgegner aus der ganzen Bundesrepublik, die dort das Hüttendorf »Republik Freies Wendland« errichteten. Die Antwort der Behörden fast exakt einen Monat später: die Räumung durch mehrere Tausend Beamte von Bundesgrenzschutz und Polizei – sowie ein weiteres knappes Jahr danach (trotz turbulenter öffentlicher Sitzung mit über 1500 Bürgereinwendungen gegen das Vorhaben) der lokalpolitische Beschluss, zunächst dem Bau eines Zwischenlagers zuzustimmen.

Am 8. Oktober 1984 rollte der erste leicht radioaktive Atommülltransport – mit teils falsch deklarierten Fässern – ins fertiggestellte Zwischenlager; am 26. April 1986 ereignete sich die Reaktorkatastrophe von Tschernobyl.*

Der wendländische Widerstand zog derweil weite Kreise. Er sorgte für Missklänge zwischen der Bundesregierung und dem Land Niedersachsen und somit letztlich dafür, dass sich die sogenannten Castor-Transporte um ein ganzes Jahrzehnt verzögerten. Und trotzdem kam er dann doch – der »Tag X«: Am 25. April 1995 wurde zum ersten Mal hoch radioaktives Material in Castor-Behältern vom Atomkraftwerk Philippsburg bei Karlsruhe nach Gorleben transportiert**, und im Landkreis

* Eine Zeitzeugin berichtete mir im persönlichen Recherchegespräch über diese Tage, dass im benachbarten Dörfchen Satemin ein Bauer umgehend nach Bekanntgabe der »kurzfristigen Störung« im Kernkraftwerk von Tschernobyl – noch bevor die ersten Strahlenwolken über Deutschland hinwegziehen konnten – eine seiner Milchkühe von der Weide nahm. Er brachte sie von nun an ein ganzes Jahr lang im Stall unter, wo sie mit dem Restbestand garantiert unverseuchten Heus des Vorjahres gefüttert wurde (welcher wiederum nur für eine Kuh ausreichte), damit insbesondere die Kinder des Dorfes weiterhin garantiert strahlenfreie Milch trinken konnten.

** Daten und Fakten wurden der Chronik »Gorleben und der Atommüll« (NDR) entnommen: ndr.de/geschichte/schauplaetze/Gorleben-und-der-Atommuell-Eine-Chronik,gorlebenchronik2.html

Lüchow-Dannenberg herrschte Ausnahmezustand: mit geschlossenen Schulen, protestlerischen Treckerkolonnen, Tausenden Demonstranten – und Tausenden Polizisten.

Das Ziel des friedlichen, kreativen Widerstands der Wendländer selbst, die sich immer gewaltfrei und maximal »maßnahmenverteuernd« mit zivilem Ungehorsam zur Wehr setzen wollten, wurde dabei durch zugereiste, mitunter gewaltbereite Demonstranten – auch in der medialen Darstellung – teils stark verzerrt; vielen der damals Beteiligten ist es bis heute wichtig, genau hierauf hinzuweisen.

Derzeit, etwas über 43 Jahre nach der erstmaligen Standortbenennung Gorlebens und unbeeindruckt von vielerlei Ankündigungen und Beschlüssen zum geplanten Atomausstieg, ist die Odyssee noch nicht beendet: Die Standortsuche für ein Atommüllendlager in Deutschland läuft weiter; im Herbst 2020 (Stand vom 15. April 2020) werden in einem Zwischenbericht der Bundesgesellschaft für Endlagerung (BGE) etwaige geeignete Gebiete vorgestellt.* Gorleben könnte im Rahmen dieses Berichtes (schluss-)endlich aus dem Verfahren herausgenommen werden.

Protest und Zusammenhalt in der Region, dessen bin ich mir sicher, werden jedoch auch in diesem Fall präsent bleiben. Nicht nur in Form jener gelben Kreuze, mit denen sich die Wendländer »querstellten« und die – an Häuser gelehnt oder genagelt, auf Feldern aufgestellt oder an Rückspiegeln baumelnd – Besuchern sowie Einheimischen den Widerstand auch im derzeit wieder beschaulichen Alltag immer wieder ins Gedächtnis rufen (in Jabel Nr. 20 wird das gelbe Kreuz auch genutzt, um die Öffnungszeiten von »Wittlerins Wohnzimmer« zu signalisieren: Steht ebenjenes vor dem Tor hochkant aufrecht, so, wie sich das eigentlich gehört, dann wird sich die Kneipentür gegen

* Während der Entstehung dieses Textes versucht man in der Ukraine, Waldbrände unter Kontrolle zu bringen, die unter anderem die Ruine des Kernkraftwerkes Tschernobyl samt havariertem Reaktorblock bedrohen.

Abend für alle Sehnsuchtsgetriebenen öffnen; liegt es jedoch quer auf dem Boden, weiß der kundige Kneipenconnaisseur, dass es an diesem Tage nichts zu holen – beziehungsweise zu trinken – gibt).

Sondern auch in Form einer so vielseitigen Bevölkerung, wie es sie kaum anderswo gibt und die ohne den Widerstand wohl nicht so entstanden wäre. Sie wird die Region mit der bewegten Vergangenheit weiterhin entscheidend prägen: Hamburger und Berliner Weltverbesserer, Künstler und Querköpfe von überallher kamen während dieser Zeit als Unterstützer, blieben – und machen das Wendland bis heute besonders bunt.

Und vor allem in Form einer kollektiven Erinnerung und Erfahrung, die absolut einzigartig ist. Und die, so glaube ich, die Wendländer bis heute zu Recht ziemlich stolz macht: auf ihre Heimat und auf das, was man gemeinsam schaffen kann, wenn man sich nur zusammentut – selbst dann, wenn der Rest der Welt einen vergessen zu haben scheint.

Der schnelle Brüter war einmal

Von den gesundheitlichen Folgen des Landlebens und der Neudefinition hygienischer Ansprüche

So. Jetzt mal Budder bei die Fische. Denn es ist ja so: Natürlich ist auch auf dem Land nicht immer alles Gold. Es wird Zeit, das ein für alle Mal klarzustellen, und ich bin nunmehr in der richtigen Stimmung dafür. Wir sind schließlich nicht in Bullerbü.

Während ich das hier schreibe, habe ich etwas über 39 Grad Körpertemperatur. Ich sehe aus wie ein rotgesichtiger Mops mit Mumps, atme rasselnder als Darth Vader nach drei Stangen Zigaretten auf ex und habe ein Dauerrauschen in den Ohren, als hätte mir jemand aus reiner Boshaftigkeit hausgroße Riesenmuscheln mit der Öffnung gen Trommelfell und zu stramm gezogenen Gummibändern direkt auf die Lauscher geschnallt. Sämtliche meiner Nebenhöhlen und Lymphknoten sind dermaßen zugeschleimt, dass ich mich matschiger fühle als eine zerlaufene Lasagne von vorgestern in der Mikrowelle, und im Kopf dröhnt und vibriert es entsprechend.

Klingt schon beim Lesen grässlich? – Hervorragend. Dann ahnen Sie vielleicht, wie ich leide. Sehen Sie es mir entsprechend nach, wenn sich Mumpitz und Humbug unter die kommenden Zeilen mischen. Das ist das Fieber. Und die Grippe, die mich seit nunmehr acht Tagen fest im Griff hat. Ja, Sie haben richtig gelesen: SEIT ACHT TAGEN. Eine echte, fette Grippe. Herrschaftszeiten, mich hat's so schlimm erwischt wie seit der Kindheit nicht mehr.

Ich sitze mehr oder weniger aufrecht auf der Heizdecke in der halbdunklen Virenhöhle, was mich wirklich sehr anstrengt.

Um mich herum habe ich eine Armada Heilmittelchen und Tröpfchen – von ganz natürlich bis komplett chemisch – aufgereiht. Während ich Haus- und Heilmittel im Uhrzeigersinn und Fünf-Minuten-Takt abwechselnd auf die jeweils für sie vorgesehene Art und Weise zu mir zu nehmen versuche, muss ich mich sehr konzentrieren, um nicht aus Versehen das Zäpfchen zu lutschen, die Salbe zu schniefen und das Nasenspray … ach, lassen wir das lieber. In den endlosen Minuten zwischen den jeweiligen Aufnahmezyklen schlürfe ich kraftlos Tee. Was bedeutet, dass es ernst ist. *Sehr* ernst. Tee trinke ich nämlich sonst nur unter Androhung von Isolationshaft.

Aber in der stecke ich ja eh schon. Der Mann hält sich größtenteils außerhalb der Virenhöhle auf und lässt sich im ehelichen Schlafzimmer nur noch blicken, um ab und an nachzuhorchen, ob die wittlerschen Vitalfunktionen noch ansatzweise nachweisbar sind, und um ebenjene Vitalfunktionen erhaltende Kleinigkeiten wie Hühnerbrühe oder Joghurt zu reichen. Ansonsten hält er sich fern. Wegen der Ansteckungsgefahr, behauptet der Mann. Obwohl er doch – im Gegensatz zu seiner Ehefrau, die so etwas bislang nicht nötig hatte – eine Grippeimpfung hat. In Wirklichkeit kann er wohl einfach mein Schnaufen und Röcheln und Husten nicht mehr ertragen.

Sogar die Katze wendet sich empört von mir ab, seit sie festgestellt hat, dass meine Hustenkrämpfe sie regelmäßig wieder von mir runterschütteln, sobald sie versucht, es sich auf mir bequem zu machen. Die Katze liegt ja gern erhöht, und normalerweise kann ich ihr aufgrund der ausladenden Konstitution meiner Körperform selbst im Liegen einen hervorragenden Hochsitz mit Aussicht bieten, aber dieser Tage bin ich in der Waagerechten mehr so eine Art Rüttelplatte. Was der Katze eben überhaupt nicht gefällt, das Pappbett (ja, richtig gelesen: Es besteht tatsächlich aus reiner Pappe! Klingt komisch, ist aber so. Ich kann es nur empfehlen) wackeln lässt und mir außerdem das Schlafen erschwert.

Aufstehen geht leider auch nicht, denn dann sacken mir die Beine weg. Kurz: Das alles ist nicht schön. Und Anlass genug, endlich mal mit einem aufzuräumen: mit der Mär vom gesunden Landleben.

Unverschämtheiten wie die Grippe oder auch nur schnöde Erkältungen haben nämlich in meinem bisherigen (Stadt-)Leben keinen Platz gehabt. Selbst wenn alles um mich herum schniefte und nieste: Das Wittler war das blühende Leben. Das die anderen zwar kurz bedauerte, sich dann aber ins Fäustchen lachte und mal eben im Hemdchen nach draußen ging, um frische Luft zu schnappen, ohne sich dabei auch nur einen Schluckauf zu holen.

Der Mann verpasste mir aufgrund dieser außerordentlichen Widerstandsfähigkeit gegen Tröpfcheninfektionen und Ähnliches (selbst Magen-Darm-Viren sind dem Wittler bislang unbekannt gewesen), wohl auch ein wenig von Neid geplagt, den Beinamen »Der schnelle Brüter«. Denn wenn es doch einmal geschah und ein Hüsterchen oder ein Halsschmerzchen das Wittler plagte, dann dauerte es in der Regel zwei bis drei Stunden, bis das Ganze vergessen oder vielleicht auch nur verdrängt war – und das Wittler frei von gesundheitlichen Malaisen wieder zur energetischen Hochform auflief, die Nacht zum Tage machte und zu neuen Abenteuern aufbrach.

In zehn Jahren »Einsatz in 4 Wänden« bin ich nur ein einziges Mal so richtig komplett ausgefallen. Das muss im Jahr 2004 oder 2005 gewesen sein. Von einem Tag auf den anderen konnte ich damals schlicht nicht mehr sprechen. Ob's eine Bronchitis war oder eine Stimmbandentzündung, ist mir zwischenzeitlich entfallen; aber Nicht-sprechen-Können disqualifiziert eine Fernsehmoderatorin nun mal ziemlich deutlich. Es sei denn, sie moderiert in Gebärdensprache, was bei mir leider nicht der Fall war (»Gebärdensprache lernen« steht seitdem noch immer auf meiner To-do-Liste).

»Einsatz in 4 Wänden« war damals noch als tägliche Sendung konzipiert und der Drehplan straffer als die Oberlippe von Donatella Versace, aber dieses eine Mal musste ich original passen.

Woran ich mich in diesem Zusammenhang mit Schaudern erinnere, ist der Arzt, den ich darob aufsuchen musste. Im beruflichen Leben von Fernsehmoderatoren, Bühnenkünstlern und Schauspielern gibt es so etwas wie »freie Arztwahl« bei festen Engagements ja nur eingeschränkt: Um eine glaubwürdige Bestätigung der Unpässlichkeit zu erlangen, die unter Umständen ein ganzes Team zur kostspieligen Untätigkeit verdammt, ist man im Falle einer umfassenderen Produktion dazu verpflichtet, bei einem Vertrauensarzt der jeweiligen Produktionsausfallversicherung vorstellig zu werden. Allzu viele gibt es von diesen nicht, weshalb die entsprechenden Doktoren sich, wenn sie nur wollen, einiges rausnehmen können.

In diesem Fall saß ich im Wartezimmer erst mal verunsichert neben einem ziemlich mitgenommenen Ben Becker, der so ähnlich aussah, wie ich klang, wenn ich zu sprechen versuchte. Wir röchelten uns wohlgesinnt und durchaus freundlich an, aber angenehmer wurde es danach nicht mehr.

Der Doktor eröffnete mir nämlich später, er gebe mir noch drei Jahre, wenn ich das Biertrinken nicht einstellte. Das hatte er wohl irgendwie aus meinen Harnsäurewerten herausgelesen, von denen mir vorher gar nicht klar war, dass diese auch auf die Stimme schlagen können. Den Zusammenhang zu den Stimmbändern konnte er mir zwar nicht so richtig erklären, aber na ja. Ich habe ja auch keine Ahnung, war aber damals schon Wirtin meiner kleinen Hamburger »Parallelwelt« und muss die Frage nach regelmäßigem Bierkonsum deshalb leider völlig überrumpelt mit einem klaren »Ja!« beantwortet haben beziehungsweise in diesem Fall mit einem hilflos-erschütterten Nicken.

Ich bin daraufhin vor lauter Schreck sofort von Bier auf Sambuca und Gin Tonic umgestiegen und bis heute standhaft dabei geblieben: Bier lehne ich seit diesem Tag aus gesundheitlichen Gründen ab. Was gut ist, so bleibt das Bier für die Gäste. Sambuca hingegen vertragen leider die wenigsten, weshalb ich mich immer sehr freue, wenn ich jemanden finde, der ihn mit mir trinkt, denn allein trinken macht ja bekanntlich alt und hässlich.

Den hier erwähnten Dottore traf ich übrigens etwa vier Jahre nach unserer ersten Begegnung bei einem Konzert von Udo Lindenberg in der damaligen Hamburger Color Line Arena wieder. Ich ließ es mir nicht nehmen, mich ihm zu erkennen zu geben und auch gleich mitzuteilen, dass ich die drei mir verbleibenden Jahre nun ja wohl schon weit überschritten hätte. Woraufhin er mir über sein Weinglas hinweg in die Kostümjacke glotzte (unter der ich zugegebenermaßen nur einen ziemlich talentierten BH trug, aber das kann man mit Mitte dreißig zu so einem besonderen Anlass ja wohl noch mal machen!) und dann murmelte, mit *dem* Dekolleté könne ich seinetwegen endlos leben. – Gut. Womit wir meine ganz persönliche »MeToo«-Erfahrung auch abgefrühstückt hätten und frohen Mutes aufs Land zurückkehren können.

Aber nicht ohne noch flugs Mediziner zurate zu ziehen, sofern es hier unter den Lesern welche gibt. Also, liebe Ärzte: Können Sie mir bitte sagen, weshalb ich auf dem Land plötzlich viel öfter krank werde als in der Stadt – jedenfalls, was so Gemeinheiten wie Grippe, grippale Infekte und Erkältungen betrifft …?*

Es ist ja heuer mitnichten das erste Mal, dass mich das Geschniefe und Geröchel in die Knie zwingt. Gut zwei Jahre bin ich nun hier im verrückten Dorf, und in diesen zwei Jahren hatte ich mindestens schon drei oder vier mich zu Bett beför-

* Im Nachhinein scheint es nicht ausgeschlossen, dass es sich bei dem zunächst als Grippe selbst diagnostizierten Siechtum im Januar 2020 bereits um eine handfeste Corona-Infektion handelte, die zwar sehr früh dran, aber dafür umso hartnäckiger war.

dernde Infekte. Das ist mir tatsächlich neu, weshalb der Zusammenhang mit dem Landleben doch zumindest mal in Erwägung gezogen werden sollte. Schließlich behauptet alle Welt immer, ebenjenes sei so gesund!

Verstehen Sie mich nicht falsch: Es ist tatsächlich so, dass der Alltag hier in gewissen Aspekten durchaus gesundheitsfördernd sein kann. Das beginnt mit dem täglichen Fitnessprogramm in den kalten Monaten beim Holzmachen und Einheizen, geht über die regelmäßige Spinnwebenentfernungs-Gymnastik und das Geschmeidigbleiben durch regelmäßigen Bierfasstransport und -anstich bis hin zu einer generellen Abhärtung, was das ganz allgemeine Hygieneempfinden betrifft.

Haben Sie schon mal versucht, einen Raum mit einer jeden Tag genutzten Feuerstelle, der regelmäßig von einer Katze sowie Kneipengästen und Hunden mit täglichem Fellwechsel (dieser kann Hunde *und* Gäste betreffen) besucht wird, staub-, fussel- und aschefrei zu halten? – Ich bin ehrlich: Das braucht man gar nicht erst zu probieren. Es sei denn, man ist Masochistin und steht kolossal auf grandioses Scheitern. Was ich nicht bin oder tue; immerhin beziehungsweise hoffentlich ein Indiz für meine doch recht stabile wenigstens psychische Gesundheit.

Ich wage zusätzlich zu behaupten, dass Allergien und Lebensmittelunverträglichkeiten hier auf dem Land seltener sind als in der großen Stadt. Nun ist die große Frage dabei: Trügt dieser Eindruck oder kann auch hier vielleicht ein Mediziner unter den Lesern entsprechende Zahlen oder gar belastbare Studien beisteuern? Ich zumindest, als Beim-Versteckenspielen-in-Pfützen-und-Getreidefeldern-Großgewordene, habe nichts von beidem. Ich gestehe, dass ich sogar ganz normale Kuhmilch zu mir nehmen kann, ohne daran zu verenden, und damit bin ich hier – zum Glück! – nicht allein.

Die Wendländer sind überhaupt grundsätzlich erfrischend unkompliziert, was ihre Nahrungs- und Getränkeaufnahme betrifft. Wie oft brüte ich – und das tatsächlich aus den in der Stadt gemachten Wirtinnenerfahrungen bis heute – über meiner Warenwirtschaft und mache mir viel zu viele Gedanken über Vorräte, Bestellmengen und Portionsgrößen? Und das nur, um in der Praxis doch immer wieder zu erleben, dass ich mich damit hier eigentlich gar nicht so sehr selbst stressen muss: Solange ich nur vernünftig und nach bestem Wissen und Gewissen wirtschafte – und gegebenenfalls eine Alternative parat habe, die satt macht oder den Durst stillt.

Denn wenn im »Wohnzimmer« doch mal was aus ist, dann ist das halt so. Der Wendländer entscheidet sich in diesem Fall – jedenfalls, sofern dieser ihm mit ehrlichen Worten plausibel gemacht wird, aber so viel Zeit sollte wohl immer sein –, ohne groß zu meckern, für das, was da ist. Er lässt es sich trotzdem schmecken und geht in den meisten Fällen ehrlichen Herzens damit konform, dass es immer besser ist, zur zweiten Wahl zu greifen, bevor die erste Wahl zu verschwenderisch kalkuliert wird und hinterher doch nur im Müll landet. Spektakulär, oder?!

Oft haben wir das nämlich längst verlernt. Also, mit dem zufrieden zu sein, was da und greifbar ist. Wie viel Verschwendung und Lebensmittelabfälle ließen sich vermeiden, wenn wir diese Maxime nur wieder zur Selbstverständlichkeit machten!

Die entspannte Erkenntnis, dass nicht immer alles verfügbar sein muss und das Leben trotzdem schön und genussreich sein kann, ist so erstaunlich wie simpel. Und hat in mir einen Anspruch entfacht, dem ich seither mit geradezu leidenschaftlichem Ehrgeiz nachgehe: Trotz der unregelmäßigen Öffnungstage von »Wittlerins Wohnzimmer« und der damit zusammenhängenden Schwierigkeit, verlässlich zu kalkulieren, versuche ich mit durchdachten Winkelzügen und laufenden Anpassungen meiner klitzekleinen Snackkarte die warenwirtschaftlichen Posten »Bruch und Verderb« in meiner kleinen Kneipe und Kulturbar so gut wie gen null zu fahren. Ja, auch da bin ich schon ganz Wendländerin: Lebensmittel wegzuwerfen, das gehört sich einfach nicht. Denn es ist Frevel; ein Verrat an Ressourcen und Anstand. Und vor allem – völlig überflüssig.

Ach ja: Veganer begegnen mir in meiner Dorfkneipe interessanterweise auch eher wenige – was einer nebenberuflichen Dorfkneipenwirtin, die keine Köchin ist und schon durch die Notwendigkeit vegetarischer Varianten oft genug vor Herausforderungen gestellt wird, die fast bruch- und verderbfreie Warenwirtschaft zusätzlich erleichtert.

Das möge man nun aber bitte nicht falsch verstehen: Es gibt hier in Niedersachsens wildem Osten grundsätzlich natürlich durchaus Veganer! Vielleicht sogar mehr als anderswo, denn im Wendland haben sich solcherlei alternative Lebensformen schon behauptet, als man sie in manchen Städten noch verwundert bestaunte oder gar unflätig belächelte. Selbstversorger, (Alt-)Hippies, landwirtschaftliche Kommunen oder nachhaltige (Wohn-)Gemeinschaften auf Resthöfen gehören hier selbstverständlich dazu und machen das Wendland in seiner ganzen alltäglichen Vielfalt ebenso aus wie alle anderen, die hier leben.

Aber: Die Veganer aus Wendland und Altmark geben sich mir persönlich – als der Fleischeslust zugetane Dorfkneipenwirtin alten Schlages – entweder nicht zu erkennen oder sie gehen woandershin. Was nur recht und billig ist; schließlich geht ein Pferd auch nicht in die Apotheke. Das heißt jetzt überhaupt nicht, dass Veganer im »Wohnzimmer« nicht sehr willkommen sind, aber sagen wir, wie's ist: Der Veganer an sich findet bei mir nicht unbedingt die große Auswahl.

Liebe Veganer des Landkreises: Nennt mich ungebildet, fantasie- und ahnungslos – aber ich habe bis heute keine vegane kleine, leckere Speise auftun können, die an einem Tresen wie dem meinigen a) wirtschaftlich vernünftig darstellbar (das is so BWLer-Sprech. Gemeint is: Wo die Leute sich nicht an'n Kopp packen und einen für total bekloppt halten, weil sie neun Euro oder mehr für einen Snack auf den Tisch legen sollen), b) lange haltbar (nein: Salat in jeglicher Form ist es NICHT!), c) in Einzelportionen vorzuhalten und d) ohne Kochen oder anderen zubereitungstechnischen Aufwand zu servieren ist.

Falls jemand einen vernünftigen Vorschlag hat, der all diese Kriterien zu erfüllen vermag und dann auch noch gut schmeckt: Her damit – ich bin die Erste, die zuschlägt und das kleine Wunder freudig ins feste Angebot aufnimmt. Damit ich endlich auch den Veganern im Landkreis auf Augenhöhe begegnen kann.

Bislang kenne ich nämlich leider nur eine Veganerin wirklich gut, und das ist meine kleine Schwester. Sie heißt Marion und ist zwei Jahre jünger als ich. Man kann sie »mit einem Teelicht röntgen« (Zitat Mann), und sie lebt schon so lange vegan, dass ich mich kaum mehr an einen Heiligen Abend im Kreise aller mit Fleisch erinnern kann. Wenn man meine Schwester und mich nebeneinanderstellt, dann möchte man nicht glauben, dass wir beide aus derselben Frau rausgekrochen sind (sorry, Mama!). Aber es ist nun mal so. Marion ist heute so ungefähr ein Drittel von mir, obwohl ich bei meiner Geburt leichter war als sie. Und: Sie macht so verrückte Sachen wie Radrennen fahren (»Double Ultra Triathlon« oder wie das heißt, hat sie mit vierzig aufgegeben. Schade, schade, schade).

In der Sportpresse nennt man sie die »Eiserne Lady«, denn wenn beim 24-Stunden-Radrennen am Nürburgring wegen Sturmwarnung alle Zelte abgebrochen werden und es nur mehr eine einsame Seele gibt, die bis zum bitteren Ende ihre Runden zieht, dann – ist es meine Schwester, und ich bin verdammt stolz auf sie. Ich als Fleischfresserin hingegen würde es nicht mal auf das Ding draufschaffen, das Marion als »Rennrad« bezeichnet. Für mich sieht es aus wie ein Folterinstrument.

Mir fällt da zum Abschluss dieses Kapitels zum Thema »Gesundes Landleben« noch folgende Anekdote ein: Neulich am Tresen fragte mich eine mir bis dato völlig unbekannte, vermutete Vegetarierin (vielleicht sogar Veganerin?!) in einem handgefilzten Ensemble, was denn so Besonderes an den Würsten sei, die bei mir verkauft werden.

Bei Veranstaltungen hängen diese Würste, welche ich über einen begabten lokalen Fleischer beziehe, direkt auf dem Tresen am eigens aus Bayern importierten Brezelbaum und können zum Beispiel mitsamt einer – Überraschung! – saftigen Brezel (die wiederum eine sensationelle Füllung aus gesalzener Butter hat) als herzhafter, sättigender Snack namens »Wendländer Brotzeit« gegen einen wirtschaftlich gut darstellbaren Obolus erworben werden.

So war es auch an jenem Abend (also, dass die Würste da so rumhingen und erworben werden konnten) und, Leute!!!, diese Würste riechen so dermaßen sagenhaft gut, dass sich jede Frage dazu erübrigt. Man möchte eigentlich nur umgehend reinbeißen, sobald einem ihr Duft in die Nase steigt, was zwangsläufig geschieht, wenn man am Tresen ein Getränk bestellt. Diesen Duft kann noch nicht mal die Plexiglasvitrine aufhalten, in welcher die Würste mittlerweile aus hygienischen Gründen eingesperrt werden müssen, bis sie ein Fleischfreund freudig daraus befreit. Das geschieht zum Glück sehr oft, weshalb ich mit Fug und Recht behaupten kann, dass diese Würste seit ihrer Einführung zu den absoluten Bestsellern gehören. Bruch und Verderb tatsächlich bei null.

Aber zurück zum Geschehen. Ich war ob der Frage nach dem Besonderen der Wurst dermaßen perplex, dass mir auf die Schnelle keine gute Antwort einfiel. Stattdessen drehte ich mich zum Mann um, der mir soeben – da es doch recht voll war und mir zwischenzeitlich die Servierpuste ausgegangen war – beim Ausschank unter die Arme beziehungsweise an den Zapfhahn griff, und fragte ihn – einfach nur, um irgendwie zu helfen oder zumindest irgendwas dazu zu sagen –, ob in unserer Wurst eigentlich auch Fleisch drin sei.

Was der Mann geantwortet hat, ist mir entfallen. Ich weiß nur noch, dass wir beide ganz schön doll lachen mussten. Hach. Da war ich noch gesund! Vermutlich werde ich nie wieder so lachen, wenn das mit den ständigen Krankheiten hier auf dem Land so weitergeht. Aber immerhin kann ich mir jetzt schon wieder vorstellen, eines Tages – wenn ich denn erst final genesen bin – wieder Wurst aus der Vitrine zu verkaufen. Das ist wichtig für die eigene Motivation und um nicht die Zuversicht zu verlieren und die Kraft, um die Selbstheilungskräfte zu aktivieren.

Jesses. Falls Ihnen das alles noch nicht genug Mumpitz war: Hier noch schnell ein bisschen Humbug. Mir fällt da nämlich soeben im Zusammenhang mit der Wurst und dem Brezelbaum noch was ein. Müssen die Medikamente sein.

Es ist schon ein paar Wochen her, da hatte ich eine fidele Truppe zu Gast, die ordentlich trank und der Frau Wirtin somit große Freude bereitete. Die Frauenquote war gering, weshalb die Bierquote hoch war, und irgendwann – es mag so gegen zwei Uhr früh gewesen sein – äußerte einer der Trinkfestesten der munteren Runde mir gegenüber die freundliche Bitte, eine Erkundigung bezüglich meiner Person einziehen zu dürfen.

Nun ist es erfahrungsgemäß so, dass ab einem bestimmten Betrunkenheits-, wahlweise auch Uhrzeitlevel die mir gegenüber getätigte Äußerung »Darf ich dich mal was fragen?« im Regelfall auf recht überschaubare Informationsanliegen des Gegenübers hinausläuft, die mich seit nunmehr vielen Jahren begleiten und auf die ich durch andauernde Wiederholungsübung im Ernstfall wie auf Knopfdruck sogar dann vorbereitet bin, wenn man mich frühmorgens um vier damit weckt. Auf den in solcherlei Situationen vorgetragenen Auskunftsappell folgt nämlich normalerweise eine von insgesamt drei Varianten ein und derselben Frage, welche ich im Folgenden gern einmal in bewährter Aufzählungsform darstelle:

a) Wie bist du damals eigentlich zum Fernsehen gekommen?
b) Wie war das damals eigentlich so beim Fernsehen?
c) War das damals beim Fernsehen eigentlich alles echt?

Auch diesmal erwartete ich – nachdem ich nachsichtig meine freundlich-reservierte Zustimmung zur Befragung erteilt hatte und innerlich bereits in meiner erquicklichen Auswahl rechtssicher zurechtgelegter Standardantworten wühlte – routinebedingt eine dieser drei Fragevarianten.

Und wurde im nächsten Moment vom Charme und der Unbedarftheit meines wendländischen Gesprächspartners, der nichts ahnte von jenem Film, welcher parallel in meinem Hirn ablief, gnadenlos überrollt – im positivsten aller Sinne.

Denn die Frage, die dieser mir stellte, lautete schlicht: »Wie kommt eigentlich die Butter in deine Brezeln?«

Sie können sich vorstellen, dass ich recht verdattert war. Und dermaßen perplex, dass ich das Geheimnis der wittlerschen Butterbrezel genauso unbedarft und fröhlich offenbarte, wie mir soeben diese unerwartetste aller Fragen gestellt worden war. Ich tat das nicht nur mit großer Freude, sondern vor allem mit diesem warmen Gefühl im Bauch, das man nur hat, wenn man endlich feststellt, dass um einen rum alles genau richtig ist.

Nachtrag. An Grippetag 10 (in Worten: zehn!) bin ich immerhin wieder so hergestellt, dass ich mich allein auf den Beinen halten und mit den Eltern telefonieren kann. Mit meinem Vater versuche ich ernsthaft die These zu erörtern, dass man auf dem Land schneller krank wird. Ich erhoffe mir Zustimmung oder zumindest eine plausible Erklärung, aber der Altvordere lacht nur und sagt, das liege vermutlich einfach daran, dass ich älter würde. Danke, Papa. Eltern. Echt, ey.

Nachtrag 2. Nur etwa sechs Wochen nach der Fertigstellung dieses Textes fand ich tatsächlich aus eigener Kraft einen veganen Snack für meine kleine Kneipenkombüse, und zwar in Form von mit Spinat und Lauch gefüllten Maultaschen. Ich serviere diese nunmehr in einer ebenso veganen Brühe à la »Café de Paris« und kann somit behaupten, auch die letzte kulinarische Lücke im »Wohnzimmer« endlich geschlossen zu haben. Manche Dinge brauchen halt ihre Zeit.

Ich finde die Dinger übrigens so lecker, dass sie immer öfter auch auf meinem eigenen Ernährungsplan stehen. Falls Sie also vorbeikommen und die Maultaschen sind wider Erwarten aus, weil ich meine eigenen Gelüste mal wieder nicht im Zaum halten konnte, dann – dann dürfen Sie ganz offiziell mit mir schimpfen. Das macht Sie zwar nicht satt, aber immerhin knallt der Schnaps, auf den ich Sie zur Wiedergutmachung einladen werde, in diesem Fall noch mal so doll.

Nachtrag 3. Corona ist doof. Wegen der Pandemie beziehungsweise ihrer wirtschaftlichen Auswirkungen ist warme Küche im »Wohnzimmer« bei Drucklegung erst mal Vergangenheit (vgl. Kapitel 26: »Dorfrock«). Stattdessen gibt es jetzt handgemachte Mini-Wraps in Weckgläschen. Aber diese immerhin auch vegan. Manchmal.

Frühe Vögel, späte Mädchen

Von etwas anderen Tagesrhythmen und dem, was die Jabeler Dorfbewohner schon vor dem Aufstehen so alles schaffen

Als ich noch ziemlich neu im Rundling war, wurde mir zugetragen, Jabel sei im Wendland als »das Dorf der Frühaufsteher« bekannt. Ich bin zwar alarmiert zusammengezuckt, habe mir aber erst mal nichts anmerken lassen. Dabei war mir sofort klar: Den Schnitt versaue ich. Und muss entsprechend damit leben, dass das eigentliche Leben hier – zumindest in den Sommermonaten – im Grunde an mir vorbeigeht. In diesem Landstrich der hyperaktiven Frühaufsteher sind Langschläfer und Tagediebe wie ich weder häufig anzutreffen noch gern gesehen: Da wird schon frühmorgens – also allerspätestens ab Sonnenaufgang – gewerkelt und getreckert, gesägt und gefegt, geschafft und geputzt, gesät und geerntet, geklatscht und getratscht.

Ich kann das nicht. Wer mich vor zehn Uhr vormittags partout ansprechen muss, sollte seinen Wortschatz auf »Schlaf weiter!« begrenzen, ihn im Folgenden nur, wenn es gar nicht anders geht, auf maximal fünfzehn Buchstaben plus angedeutetem Satzzeichen erweitern (»Kaffee ist fertig!«, wahlweise: »Ich mach das schon!« oder: »Bleib bloß liegen!«) und in den darauffolgenden beiden Stunden zwischen zehn und zwölf nur sehr, sehr vorsichtig harmlose Flüstereien säuseln, die keine weiteren Reaktionen erfordern. Ich kann sonst leider für nichts garantieren.

Der Mann behauptet, wenn das Wittler (damit meint er mich) ein Tier wäre, dann wäre es eine Bärin, die eigentlich nur aus Überlebensinstinkt (Hunger) oder bei großer Gefahr (Feuer, also in diesem Fall woanders als im Kamin oder der Feuerschale) freiwillig die Höhle verlässt. Nicht selten macht der Mann sich darüber lustig, indem er mit einem Tonfall wie früher in Dokumentationen von Professor Bernhard Grzimek so Texte vor sich hin spricht wie zum Beispiel: »Den grellen Sonnenschein meidet das Wittler. Auch heute hat es sich zum Schutz vor dem unwirtlichen Tageslicht ein schattiges Plätzchen gesucht und spart seine wertvolle Energie auf für die Futtersuche bei Dämmerungsbeginn. Als eines der wenigen Tiere ohne Fressfeinde nutzt es seine privilegierte Vormachtstellung, um sich den Tag über zurückzuziehen und erst bei Einbruch der Dämmerung auf ausschweifende Streifzüge durch sein Revier aufzubrechen.« Der Mann findet das witzig. Ich hingegen finde es natürlich absolut unverschämt – aber sachlich falsch ist es nicht.

Ja, es ist so: Als manischem Nachtmenschen und somit hysterischem Morgenmuffel verursacht die Sonne bei mir nicht gute Laune, sondern Angst. Das gilt übrigens auch für Frühstücksbüfetts in Hotels, die meistens den Nachteil haben, dass man sie mit anderen teilen muss, es sei denn, man stolpert eine Minute vor Ende der offiziellen Frühstückszeit mit der Koordination einer Dreijährigen ans Büfett, was einem aber die offen zutage getragene Feindseligkeit des zuständigen Hotelpersonals einbringt. Egal. Irgendwer muss halt immer Opfer bringen.

Diese grundsätzliche Abneigung gegen grelles Tageslicht wird nicht besser, seit das Wittler die Erkenntnis gewonnen hat, dass ebendieses – vorzugsweise im eigenen Gesicht oder in den vielzähligen Ecken der Antikhütte – Dinge zutage fördert, von denen man gar nichts wissen will (Fältchen, Spinnweben, im Grunde alles eine Soße). Um der perfiden Aufdringlichkeit ungebetener Strahlung bestmöglich zu entgehen, empfiehlt die »Wohnexpertin« im Wittler noch nicht einmal im Bad eine Lumeninstallation, die über die Notbeleuchtung in einem düsteren Hamburger Kellerklub zu Schließzeiten hinausgeht. (Unter uns: Es gibt nichts, was mich einen Ort fluchtartiger verlassen lässt als grelles Licht. Falls Sie sich schon mal gefragt haben, warum ich *wirklich* mit dem Fernsehen aufgehört habe: bitte schön. Jetzt wissen Sie Bescheid.)

Und wenn das Wittler sehr früh aufstehen muss, weil dringende Aufgaben dies angeblich zwingend erfordern, dann schläft es lieber gar nicht. Aus Angst zu *ver*schlafen. Gar nicht schlafen aber macht weder schön noch eloquent noch Sinn, weshalb das Wittler frühe Vormittagstermine ganzjährig meidet wie der Teufel das Weihwasser. Kurzum: Das Wittler findet vor Mittag nicht statt. Punkt.

Während ich also noch langsam versuche, die Augen aufzukriegen, hat halb Jabel längst die Rinnen gereinigt, Kränze gebunden und aufgehängt, Bäume gefällt oder gepflanzt, Dächer gedeckt, die Welt gerettet und hier und da auch schon eine wilde Party gefeiert. Das gilt zumindest für die helleren Monate, also von etwa April bis September. Ab Anfang Oktober aber wendet sich das Blatt. Denn der gemeine Wendländer verfällt spätestens ab diesem Zeitpunkt in so eine Art Winterschlaf, während das Wittler endlich zur herbstlichen Hochform aufläuft und bis weit in den Februar hinein seine Herrschaft über die dunklen Stunden zelebriert.

Ja: Wenn im September die Tage endlich wieder kürzer und der Lärm des Lichts weniger werden, dann feiere ich das von Herzen – auch wenn dabei sonst keiner mitmacht. Künstler- und Wirtinnenschicksal! Und gleichsam ziemliches Alleinstellungsmerkmal. Dann wundert sich das Wirtinnen-Wittler zum Beispiel, warum es an seine Gäste partout kein Essen nach neunzehn Uhr dreißig mehr verkauft. Und das, obwohl die – rein statistisch gesehen – am häufigsten geäußerte Beschwerde in Bezug auf die gastronomischen Gepflogenheiten im Landkreis sich darauf bezieht, dass es ja wohl weit und breit keinen Laden gebe, »in dem man nach zehn noch was zu essen kriegt«.

Gibt es aber doch! Die Küche des Wirtinnen-Wittlers zum Beispiel ist immer so lange auf, wie die Kneipentür an sich auch auf ist. Also in der Regel bis weit nach zehn. So logisch wie simpel. Möchte man denken. Aber mit Logik kommt man auch hier nicht weiter. Denn es ist zwar so, dass der Wendländer an sich gern die *Option* hat, nach 22 Uhr noch etwas zu essen zu bekommen, dies aber keinesfalls bedeutet, dass er diese Option auch *nutzt*. Auch so logisch wie simpel. Und hier nun greift endlich die Logik, denn der Wendländer an sich isst früh zu Abend. Also gern so gegen 18 Uhr, in Ausnahmefällen auch mal eine halbe Stunde später. Das gilt übrigens sommers wie winters, wobei die Wendländer das Wirtinnen-Wittler bis vor Corona gern mal damit beeindruckt haben, dass sie auch bei 38 Grad im Schatten doppelte Frikadellenteller bestellten. Und ebenjenen Teller ratzeputz leer gegessen hatten, noch während die Wirtin sich kopfschüttelnd über die Bestellung an sich wunderte, in der Küche erschüttert vor sich hin transpirierte und draußen vor der Grot Dör sogar den Hummeln zu warm war.

Dann schraubten sie – also die Wendländer – sich im Anschluss an das frühe Abendmahl mit zwei, drei Bierchen ihre Bettschwere rein, vielleicht noch ein Schnäpschen obendruff – und fertig is: Ab ins Bett. So um neune rum spätestens. Weil, man steht ja auch wieder früh auf.

Ich finde das an sich bewundernswert und habe auch gar nichts dagegen. Schließlich erinnere ich mich an meine Zeiten als Großstadtwirtin, und die bedeuteten: Bis mindestens zehn stehste dir erst mal gelangweilt die Füße platt, weil der olle Städter sich nicht vor dieser Uhrzeit bequemt, das Haus zu verlassen, um einen ersten vorsichtigen Aperitif zu nehmen und dann mal zu schauen, wo ihn die Großstadtlichter so hintreiben. Hier auf dem Dorf hingegen kriegt auch die Wirtin noch ihren Schlaf. Das ist gut, denn wo andere von »seniler Bettflucht« sprechen, habe ich das Gefühl, dass ich mit jedem Lebensjahr mehr brauche vom seligen Dahindämmern.

Der frühere Feierabend hat also mitnichten dazu geführt, dass ich auch früher aufstehe; dafür kann ich mich nur entschuldigen. Zu meiner Entlastung führe ich an, dass es in meinem Fall nachts ja auch noch Bücher oder Lieder zu schreiben, Bühnentexte zu lernen oder überhaupt das gemeine Tagwerk zu erledigen gibt. Und: Die Kneipentür lasse ich oft noch auf, während ich das hier schreibe, Texte lerne oder die Buchhaltung mache. Es könnte ja sein, dass sich doch mal ein später Wendländer verirrt. Das passiert zwar nur äußerst selten, aber ich finde es wichtig, dass man wenigstens sagen kann: Also – *ich* war da.

Die vielleicht glücklichste Katze der Welt

Von Katzenklappen, der »Futterschalenverschwörung« und großartigen Jagderfolgen

Das größte Glück im »Jabel der Welt« hat vier Pfoten und einen kleinen rötlichen Fleck auf dem getigerten Köpfchen – genau mittig zwischen den beiden verhältnismäßig echt großen, sehr spitzen und unfassbar beweglichen Radartüten. Es ist eine extrem begabte Jägerin (über die Opfer wird zu sprechen sein) und eine äußerst eigenwillige Persönlichkeit. Klar: Gemeint ist eindeutig die Katze.

Der erwähnte »Glücksfaktor« hingegen ist nicht ganz so eindeutig, denn er kann gleich zwei möglichen Bezugsoptionen zugeordnet werden: zum einen jenem Umstand, dass dieses wundersame Tierchen allein durch seine Anwesenheit jenes warme Gefühl von Glück und Zufriedenheit zu erzeugen vermag, das menschliche Sorgen und weltlichen Stress in Sekundenschnelle vergessen macht. Und zum anderen der Hypothese, dass die kleine Smöre selbst eines der vermutlich glücklichsten Katzenleben der Welt führt.

Wohler als Smörchen hier auf dem Land kann sich auch Choupette nicht fühlen, die weiße, elegante Birma-Katze des honorablen Karl Lagerfeld, Gott hab ihn selig.

Choupette ist längst selbst eine Berühmtheit, die zu Lebzeiten Lagerfelds ein echtes Luxusleben mit Dienstmädchen, Koch und Bodyguard führte. Und dies vielleicht auch heute noch tut. So munkelt man jedenfalls, auch wenn um das Tier und seine Daseinsbedingungen zwischenzeitlich ein bitterer Erbschaftsstreit entbrannt ist. Choupette zierte zusammen mit Gisele

Bündchen und Linda Evangelista die Vogue, verdiente Geld als Werbestar und hat nicht nur zwei Mode- und Accessoire-Kollektionen, sondern auch eigene Social-Media-Accounts, die allerdings aus verständlichen Gründen jemand anders für sie pflegt.

Smörchen ist zwar (noch) keine Berühmtheit, auch wenn sie einmal kurz in einer NDR-Doku sehr telegen von rechts nach links durchs Bild gelaufen ist, aber ihr Ruf eilt ihr trotzdem voraus, und ihr Eigensinn ist bereits weit über die Grenzen des Dörfchens Jabel bekannt.

Lustigerweise sind Choupette und Smörchen ziemlich gleich alt: Beide erblickten sie im Spätsommer des Jahres 2011 das Licht der Welt. Über Choupettes Start ins Leben weiß ich nichts, aber Smörchen hatte einen sehr schweren ebensolchen. Denn sie wurde von einer Bekannten in jenem Spätsommer oder Frühherbst, so ganz genau erinnere ich das nicht mehr, am dänischen Strand gefunden: winzig klein und allein, von Mama keine Spur, auch nicht von Geschwisterchen; ein Minibündel Fell und Zittern, verloren und hungrig und alles andere als verwöhnt vom Auf-die-Welt-geworfen-Werden.

Jene Bekannte – danke, Vredi! – nahm das Tierchen mit zu sich ins Ferienhäuschen und päppelte es für die Restdauer des Urlaubs in Dänemark auf, so gut es eben ging, war aber daheim in Süddeutschland bereits mit einem ganzen Haufen Vierbeinern gesegnet und ausreichend beschäftigt. Also erinnerte Vredi sich auf der Rückfahrt von Dänemark schließlich an mich, die ich mit meinem Wohnsitz in Hamburg quasi auf ihrer Route lag und immer mal wieder davon gesprochen hatte, eines Tages – wenn es mit dem ständigen Reisen nur endlich weniger würde – das Zuhause wieder mit einem Kätzchen teilen zu wollen.

Tja, und so ging damals, es muss ein Samstagabend gewesen sein (Sonnabend = Bettenwechsel in Dänemark), die Tür meiner kleinen Bar auf. Ich war gerade dankbar mit einem Gin Tonic an den Tresen gesunken, da stand vor ebenjenem plötzlich Vredi und umgarnte mich mit den süßesten aller Worte: Ich solle doch einmal mit zu ihrem Auto kommen. Sie wolle mir etwas zeigen.

Man hätte schon ein Herz aus Stein haben müssen, um diesem Tierchen, das dort auf der Rückbank zunächst friedlich neben dem treuen Hund der Familie geschlummert hatte und mich dann, unerwartet aus warmem Schlaf gestört, mit großen, runden Augen unverwandt anstarrte wie einen Alien, nicht unverzüglich zu verfallen. Ebenso unverzüglich – also exakt mit diesem Moment der ersten Begegnung – war mir ein künftiges Leben ohne dieses kleine Päckchen in der Obhut absolut unvorstellbar.

Der Mann war schon wieder auf dem Rückweg in den Bungalow voller Annehmlichkeiten, und ich weiß nicht mehr genau, welches Problem ich mir aus dem Hirn gesaugt habe, um ihn zum sofortigen Umkehren zu bewegen. Aber irgendwie hat es ja geklappt, also stand wenige Minuten später auch der Mann ehrfurchtsvoll neben Vredis vollgestopftem Urlaubsauto. Mit diesem kleinen Wesen, das genau in seine Handfläche passte, und er verfiel dem Kätzchen ebenso schnell wie ich. Zwar wollte der Mann eigentlich einen Dobermann. Aber dem Charme dieses flauschigen Päckchens mit rosa Nase und ebenso rosafarbenen, duftenden Samtkissen unter den Pfoten konnte auch er sich nicht entziehen. Später sollte der Mann mehrfach behaupten, die Katze habe Schweißfüße, was ihn aber bis heute nicht davon abhält, diese zu liebkosen und zu herzen. Zumindest, wenn die Katze es zulässt.

Also seufzte der Mann nur kurz und auch gar nicht so richtig ernst gemeint dem eigentlich erhofften Dobermann hinterher, und wir legten das wundersame Miniaturwesen vorsichtig in die Kapuze seines Sweatshirts. Dort schlief es ab diesem Zeitpunkt regelmäßig; egal, ob der Mann zum Beispiel gerade hinterm Steuer des Wagens saß oder einkaufen ging oder den Müll rausbrachte. Oder – ha! – auf dem Weg zum Tierarzt war. Wegen Impfen und so.

Nach letzterem schockierenden Ausflug legte die Katze den Glauben an die Kapuze als sicheren Aufenthaltsort zwar augenblicklich ab, aber an diesem ersten gemeinsamen Abend – und auch noch viele Abende darüber hinaus – kringelte sich das Kätzchen in diesem vom Mann bereits angewärmten Refugium mit einem kleinen, zufriedenen Schnaufer beruhigt zusammen. Es schlief sofort wieder ein und träumte sich, mit seinem entzückenden Babystimmchen leise vor sich hin keckernd, hinüber in ein neues, behütetes Leben im Bungalow voller Annehmlichkeiten und Drumherum.

Smörchen hieß damals, bei der konspirativen Übergabe schräg gegenüber vom Bahnhof Altona, noch Mary. Vredi hatte sie nach der dänischen Kronprinzessin benannt. Klar ist sie bis heute eine Prinzessin, ach, was sage ich, eine Königin, natürlich!, aber trotzdem: Irgendwie fanden wir, dass »Mary« nicht zum Kätzchen passte, und so tauften der Mann und ich es nur wenig später auf den Namen Smöre. Das ist das dänische Wort für Butter, und nicht mehr als ein halbes Pfund ebenjener wog das Kätzchen, als es uns anvertraut wurde.

Bis heute hat Smörchen ihr Gewicht zum Glück vervielfacht, ist aber trotzdem eine überaus zierliche Kreatur geblieben. Im Sommer möchte man – wenn man nicht weiß, dass sie in geradezu paradiesischen Verhältnissen lebt – fast vermuten, die Katze müsse Hunger leiden. Was sie natürlich schamlos auszunutzen weiß: Kein Napf in der neuen Nachbarschaft ist vor ihrem zeitweise erstaunlichen Appetit sicher, und natürlich ist das Futter der anderen immer dringender zu vertilgen als das eigene.

Lediglich in den kälteren Wintermonaten legt die Katze etwas zu. Dann steigert ihr Appetit sich quasi ins Unermessliche, und die temperaturbedingte zunehmende Faulheit sowie das Winterfell verleihen ihr wenigstens im Ansatz jenen

Wohlstandskörper, den Choupette vermutlich immer schon hatte.

Auch das mit dem unverwandten Blick aus kugelrunden Lolli-Augen hat die Katze bis heute einfach drauf. Dann sitzt sie in der Antikhütte an scheinbar wahllos ausgewählten Zufallsorten nahezu bewegungslos rum, wie so eine Art Statue, und guckt und guckt und guckt. Der Mann sagt dann immer: »Ah, Smöre kriegt wieder ein Fax rein« oder wahlweise: »Oh, Smöre wartet auf den Bus«, und ich schwöre: *Genau so* sieht das dann auch aus!

Eine sogenannte Freigängerin ist Smörchen schon in der kurzen Straße mit dem langen Namen gewesen, wobei die Umstände dort etwas anders waren als heuer in der Antikhütte. Zwar hatten wir durchaus versucht, sie an die eigens installierte Katzenklappe in der Bürotür zu gewöhnen: Stunden-, ja, gar tagelang hat der Mann damals, mit einer Engelsgeduld und ganzen Wagenladungen voller Putenbrustscheiben, mit der Katze das »Klappe-auf-und-raus-Klappe-auf-und-rein« geübt. Aber irgendwie hat die Katze die Logik der Klappe nur einseitig begriffen, was dazu führte, dass »raus« zwar immer, »rein« aber nie ging.

An einem besonders schicksalhaften Tag wurde der Mann dann doch einmal etwas ungeduldig. Nur ganz kurz. Er versuchte, die Katze mit sanftem Nachdruck von außen durch die Katzenklappe hindurchzuschieben, um ihr den beidseitig funktionierenden Mechanismus noch einmal deutlich vor Augen zu führen, was die Katze aber überhaupt nicht goutierte. Sie verpasste dem Mann nicht nur einen beachtlichen Schmiss quer durchs Gesicht, sondern zog fürderhin die Katzenklappe gar nicht mehr in Betracht und strafte sie mit Ignoranz und Missachtung.

Der Mann wiederum hatte aufgrund des fehlgeschlagenen Erziehungsversuches ein solch schlechtes Gewissen, dass er von nun an den ergebenen Diener machte. Zu jeder Tages- und

Nachtzeit bekam Königin Katze jetzt galant die Türe geöffnet: rein, raus. Rein, raus. Rein, raus. Tür auf, Tür zu. Miau, miau. Und wieder: Tür auf, Tür zu.

Zum Glück hatte der Bungalow voller Annehmlichkeiten eine Menge Türen nach draußen. Das Erdgeschoss, fast umlaufend mit Terrassenflächen und entsprechenden Zugängen ausstaffiert, war geradezu perfekt für eine Katze mit Klappenphobie. Denn so musste der Mann wenigstens nicht immer durch das ganze Haus laufen, um die Katze rein- oder rauszulassen. Und die war ihrerseits schlau genug, um sich bei ihrem Gequake auf jene Räume zu konzentrieren, in denen der Mann im Moment der Dringlichkeit zugegen war. (Dass ich ihr Gebaren in der Regel geflissentlich ignorierte und ihr Genöle entsprechend bei mir recht zwecklos war, hat sie schnell verstanden.) Und so veranstaltete die Katze künftig vor der jeweils richtigen Tür – also jener, hinter oder vor der der Mann sich gerade aufhielt – regelmäßig einen Mordsaufstand, damit ebenjene sich von Mannhand in die eine oder andere Richtung öffnete, was dann auch – Überraschung! – ohne nennenswerte Verzögerung geschah.

Überhaupt tendiert der Mann dazu, die Katze doch sehr zu verwöhnen. Beim Einkaufen sackt er zum Beispiel regelmäßig jene Putenbrustscheiben ein, die auch er an sich zwar gern verzehrt, aber dann verfüttert er sie ebenso regelmäßig doch wieder an die Katze. Gern bei geöffneter Kühlschranktür und noch lieber ohne Schale oder Tellerchen oder irgendwatt – also direkt auf dem Fußboden. Was im Bungalow der Annehmlichkeiten bereits zu einem ehelichen Super-GAU geführt hat, weil der Fußboden dort nämlich aus feinstem Parkett bestand und die direkt darauf geparkte Wurst unschöne Fettflecken hinterließ, was wiederum mir nicht schmeckte.

Man darf ja nicht davon ausgehen, dass die Katze sofort alles aufisst: Je nach Tagesform wird die Gabe auch gern mal hochnäsig verschmäht. Oder für später erst mal links oder rechts liegen gelassen. Also quasi bis zum Dessert. Die Katze weiß es gut zu verhindern, dass wir die kleinen Grüße aus der Küche mit ihren Hauptmahlzeiten verwechseln und letztere zugunsten der ersteren vielleicht vernachlässigen.

Die sich aus der Unflätigkeit »Wurst auf Luxusparkett« ergebenen Streitgespräche müssen der Mann und ich in der Antikhütte zum Glück nicht mehr führen. In der Antikhütte liegen statt eines Parkettbodens im Wert eines gut ausgestatteten Kleinwagens nur fleckige Holzdielen, die ja auch als Kneipenboden dienen. Weshalb ich diese wohlweislich bei Einzug nicht erneuern ließ, mich mit erneutem Einölen erst gar nicht aufgehalten und mir sowieso abgeschminkt habe, sie so sauber halten zu wollen, wie es einem reinen Wohnfußboden angemessen wäre. Ein weiterer Vorteil des Downshiftings: noch ein Umstand weniger, über den man sich in der Antikhütte Sorgen machen muss.

Aber gut, dafür diskutieren wir jetzt etwas anderes. Denn der Mann hat zwar dazugelernt: Er wählt, seit ich in der hiesigen gefliesten Antikhütten-Miniküche einmal auf zwei matschigen Scheiben Kochschinken ausgerutscht bin und mir fast die Hacken gebrochen habe, doch Unterlagen wie Schälchen oder Tellerchen, um der Katze ihre Horsd'œuvres zu servieren. Nun aber stellt er diese Schälchen und Tellerchen gern im direkten Umfeld des Kühlschranks ab.

Natürlich hat die Katze eigentlich ihren festen Futterplatz, aber der Weg dorthin ist weit. Und besagte Miniküche in der Antikhütte wiederum hat nicht nur die Ausmaße einer Kombüse auf einem Gummiboot, sondern auch deren Form. Also schlauchartig. Weshalb alles, was auf dem Fußboden ungeplant hinzukommt, automatisch auf eine so lebensbedrohliche Weise im Weg steht oder liegt, wie die Berufsgenossenschaft es garantiert verbietet. Und weshalb ich zu Beginn meiner Kneipenschicht natürlich regelmäßig dagegen laufe oder darüber stolpere, woraufhin das Geschirr klirrend durch die ganze Küche segelt, die diesen Namen eigentlich nicht verdient. Es verschwindet dann – wahlweise am Stück oder in tausend Stücken – hinter irgendeiner Blende oder unter irgendeinem Schrank auf Nimmerwiedersehen, während meine körperliche Unversehrtheit doch wieder gefährdet ist.

Der Mann regt sich im Anschluss auf, weil ich mich aufrege, und am Ende beschwert er sich unter Umständen sogar noch, dass nur mehr Käse im Kühlschrank sei (»Alte Milch. Bäh.«). Wenn ich ihn darauf hinweise, dass er diesen Umstand selbst zu verantworten habe, wenn er das ganze gute Zeug – das eigentlich für ihn gedacht gewesen sei – an die Katze verfüttere, sagt er, dass man mit einer Katze halt nichts anderes machen könne, als sie nach Strich und Faden zu verwöhnen. Und dass das mit einem Dobermann alles ganz anders wäre.

Ich schweige dann nur noch und staune. Männerlogik.

Die Katze ist derweil natürlich fein raus und zu diesem Zeitpunkt in der Regel längst wieder auf Streifzug durch ihr umfangreiches Revier. Mittlerweile weiß sie nämlich sehr genau, wie das mit der Katzenklappe funktioniert: Nach Installation der Klappe in der Antikhütte brauchte es nicht mehr als drei Wochen ohne Mann (beziehungsweise Türöffner) und etwas Übung, und schon hatte sie den Dreh raus. Seit die Katze weiß, wie es geht, wechselt sie manchmal so schnell zwischen »drinnen« und »draußen«, dass einem vom Zugucken schwindlig wird. Na ja. Solange es die Katze glücklich macht, soll es mir recht sein.

Den Umzug selbst hat die Katze übrigens ungewöhnlich gut weggesteckt: Mit »Unterm-Bett-Verkriechen« oder ähnlichem katzentypisch veränderungsphobischen Verhalten war da gar nix – Smörchen ist in der Antikhütte von Anfang an auf muntere Entdeckungsreise gegangen. Trotzdem haben wir uns an die Empfehlung gehalten, sie zur Festigung des »Neue-Heimat-Gefühls« zunächst mehrere Wochen im Haus zu behalten, oder vielmehr: Wir haben es versucht.

Es ließ sich in dieser Phase nicht vollständig verhindern, Smörchen auch mal für länger als für den Sprung zum Supermarkt allein zu lassen: Zweimal standen Showtermine mit aushäusigen Übernachtungen an, zu denen der Mann sich nicht aus der großen Stadt loseisen konnte, um Kätzchen und Antikhütte zu hüten. Beide Male fuhr ich irgendwie mit ungutem Gefühl, und beide Male war die Katze weg, als ich heimkam. Trotz geschlossener Türen und noch nicht vorhandener Katzenklappe.

Beide Male brach ich natürlich in totale Panik aus, beide Male schnappte ich mir nach der Durchsuchung der Antikhütte die Taschenlampe, stolperte rufend und lockend raus in den Garten – und beide Male saß das kleine Päckchen Katze völlig verschüchtert und zitternd unter dem einzigen aufgebauten Gartenstuhl, den es bereits aus dem Bungalow der Annehmlichkeiten kannte und der ihm in all der unbekannten und bitterkalten Umgebung wohl einen Hauch Geborgenheit vermittelte.

Wie genau die Katze den Weg nach draußen gefunden hat, wissen wir bis heute nicht. Es gibt die Theorie, dass sie über den Dachboden entwischt ist; dagegen spricht jedoch die Tatsache, dass sie dafür zwei eindeutig geschlossene Türen hätte öffnen (und danach auch wieder zumachen) müssen. Insofern ist dieses Rätsel bis dato ungelöst, aber so ein alter Kasten birgt halt Geheimnisse: Dieses hier hat er bis jetzt nicht preisgegeben.

Heute ist die Katze mit ihrer Ein- und Ausgangsklappe eine geradezu symbiotische Verbindung eingegangen und eine ständige Wanderin zwischen den Welten, und auch die Kneipenbesucher amüsiert Smörchens Umtriebigkeit. Wenn sie durch die Katzenklappe, die direkt vom Gastraum abgeht, ein- oder austritt (diese führt ins Lager, aus dem eine weitere Klappe sie dann ganz nach draußen geleitet), sieht das nämlich nicht nur sehr lustig aus, sondern verursacht jedes Mal ein »klappklapp« mit sehr hohem akustischem Wiedererkennungswert.

Deshalb gehört es unter den Stammgästen mittlerweile zum guten Ton, die Katze wahlweise mit einem gemeinschaftlichen, fröhlichen »Hallo, Smöre!« oder einem ebenso engagierten, im Chor geschmetterten »Tschüs, Smöre!« zu begrüßen und zu verabschieden. Im Ernstfall auch während der Kulturveranstaltungen.

Bei diesen befindet sich die Bühne, die eigentlich gar keine ist, direkt vor der Katzenschleuse, und die Katze hat ein sensationelles Timing: Sie schafft es fast jedes Mal, sich mit einem großen Auftritt zum unpassendsten Moment mitten in der Performance ihren Extra-Applaus abzuholen. Dann macht es »klappklapp«, und sie stolziert mit hoch erhobenem Schweif zwischen den voll besetzten Tischen umher, nickt gnädig mal in diese, mal in jene Richtung, und man sieht ihr genau an, was sie denkt, was ungefähr so was ist: »Also, ihr wisst schon, eigentlich ist das hier *mein* Hoheitsgebiet. Mein Zuhause. Mein Reich allein. – Aber okay, okay, ja, ja, meinetwegen, ihr dürft noch ein bisschen bleiben. Ich gestatte es euch, obwohl ich das nicht muss. Also seid gefälligst dankbar und huldigt mir!« – Das tut das Publikum dann auch und klatscht. Und während die Katze sich ausreichend gebauchpinselt und zufrieden in die Privatgemächer zurückzieht, bleibt auf der Bühne entweder ein aus dem Konzept gebrachter Künstler zurück, der sich in seiner Verwirrung erst einmal wieder sammeln muss – oder ein souveräner Improvisationsmeister, der die spektakuläre Katzenperformance kurzerhand in seine Show einbaut und das Publikum damit noch mal so doll beeindruckt.

Mit einer toten Maus im Mäulchen kam Smöre vor Gästen dankenswerterweise bislang erst ein einziges Mal durch ihre Katzenklappe in die Deele. Die Gäste nahmen es zum Glück mit Humor; Smöre natürlich war stolz wie Bolle und legte die Beute vor den Augen aller wie einen wertvollen Schatz der Wir-Tine zu Füßen; diese wiederum griff reflexartig und augenrollend zum aus schnell gewonnener Erfahrung immer bereitliegenden Kehrblech; und die Maus hatte eh nix mehr zu melden. Happy End für fast alle in diesem Fall.

Leider geht das nicht immer so gut aus. Denn Smörchen jagt am liebsten frühmorgens, und dann sind zwar meistens keine Gäste mehr da, aber das reduziert nicht Smörchens Killerrate. Letztere ist phasenweise doch so hoch, dass man annehmen muss, die Katze rottet ganze Sippen aus. Und ich sag mal so: Mit dem nackten Fuß beim Aufstehen als Erstes auf einem Mäusekadaver zu landen ist nur mediumcool. Vor allem, wenn die quasi final geplatzte Mäuseleiche sich nach dem »Platsch« (Geräusch »nackter Fuß auf toter Maus«) dann auch noch so richtig schön in den Teppich aus Paris fräst. Welcher aus nachvollziehbaren Gründen zwar nicht mehr der Schönste ist, aber das einzige Einrichtungsstück in der Antikhütte, das in der Zeit vor Smöre mal so was wie Wert besessen hat.

Leider hat die Katze so überhaupt gar keinen Respekt davor, und der Mann nennt ebenjenen Teppich – der, wie der aufmerksame Leser aus obigen Zeilen bereits schließen kann, im Schlafzimmer vor dem Bett liegt – nur noch »den Opferteppich«.

Die Katze legt hier regelmäßig ihre Beute ab, um sie dann genüsslich zu verspeisen, was wiederum weitere Geräusche macht. Von »knackknack« bis »schlurpschlurp« ist alles dabei. Wenn der Mann bei einer seiner Wochenendvisiten während dieser Vergnügung zugegen ist, zieht er sich bis heute schnell die Bettdecke über den Kopf oder hält sich die Ohren zu. Dann schüttelt er sich und ist jedes Mal aufs Neue erschüttert, dass seine kleine, süße Smöre in Wirklichkeit eine blutrünstige Mörderin ist.

Ich hingegen bin aus Routinegründen mittlerweile nahezu immun gegen die Knusperakustik brechender Mausknöchelchen oder explodierender Miniatureingeweide unter den Füßen.

Anschließend hole ich das Kehrblech und nehme seufzend das kleine Organ auf, das Smöre immer liegen lässt und das beim etwaigen Auslaufen ganz besonders auffällige dunkle Flecken auf dem Opferteppich hinterlässt, die man nie wieder rauskriegt. Meiner Recherchen nach ist es die mäusliche Gallenblase, die wohl einfach nicht schmeckt. Die mutmaßliche Mäusegalle verhält sich auf dem Opferteppich ähnlich wie die schwarze Wimpernfarbe, die schon vor Jahren beschlossen hat, sich für immer und ewig mit den Teppichfasern zu verbinden. Ehrlich gesagt habe ich mittlerweile sogar vergessen, welche Flecken welche sind.

Vielleicht ist dieses kleine, bohnenförmige Etwas aber auch das Beste von dat Janze, und Smöre möchte einfach auch mal uns ein Geschenk machen. Und sich dafür revanchieren, dass ihr Katzenleben alles in allem doch nicht schöner sein könnte. Wenn mich dieser Gedanke streift, bedanke ich mich noch mit dem Kehrblech in der Hand bei Smörchen und sage ihr, wie stolz ich auf sie bin. Der Mann guckt dann immer so, als hätte er eine Irre geheiratet.

Nur manchmal, da frage ich mich ernsthaft, ob Choupette den Opferteppich nicht besser zu schätzen wüsste. Und was Karl Lagerfeld wohl denkt, wenn er von da oben sieht, wie Smörchen mit Designerware aus Paris umgeht. Aber wie ich schon sagte: Solange es die Katze glücklich macht – soll es mir recht sein.

Nachtrag. Nur wenige Tage nach dem Fertigstellen dieses Kapitels. Ich stelle fest, dass die Antikhütte ein weiteres Haustier hinzugewonnen hat, seit bekannt wurde, dass auf der Speisekarte des »Wohnzimmers« wegen des »Pickert Gesundspund« auch Walnüsse stehen. Das neue Haustier misst ungefähr zwei Meter mit Tendenz nach oben und ist so eine Art instinktfehlgeleitetes Trüffelschwein auf zwei Beinen mit genetischem Einschlag von Eichhörnchen, das somit statt nach Trüffeln nach Walnüssen sucht. Und zwar immer und überall, vor allem aber an den Wochenenden.

Leider findet es diese auch, und zwar völlig unbeeindruckt davon, wo ich die für den gastronomischen Betrieb benötigten Vorräte zu verstecken versuche. Die Verzweiflung ist groß, denn egal, wo ich die heiße Ware vergrabe: Der Walnuss-Trüffelschwein-Mann spürt sie auf und knuspert innerhalb von Minuten ganze Beutel weg. Ich finde das zwar faszinierend, da der Mann doch sonst noch nicht mal die Butter im Kühlschrank orten kann, und denke dann so was wie: Donnerwetter, was die Natur alles möglich macht! Aber so langsam gehen mir die Versteckideen aus.

Nachtrag 2. April 2020. Um nicht mehr so oft über halsbrecherisch platziertes Katzenfutter auf dem Fußboden zu stolpern, hatte ich den grandiosen Einfall, dem Mann und der Katze zu Weihnachten ein ferngesteuertes Spielzeugauto mit Ladefläche zu schenken – den sogenannten »Schinkenlaster«. Ich fand die Idee super, weil ich dachte, der Mann und die Katze könnten damit eine Menge Spaß haben und zudem mich vor dem vermutlich nicht mehr lange auf sich warten lassenden Knöchelbruch bewahren.

Leider jedoch hat die Katze vor dem Schinkenlaster Angst, und zwar völlig unabhängig davon, welche Leckereien man – Achtung, Wortwitz! – damit auffährt. Was irgendwie ein bisschen absurd ist bei einem Katzentier, das sogar einen Rottweiler anfällt, aber na ja.

Der Mann hat dem Schinkenlaster deshalb von Anfang an keine Chance gegeben und boykottiert ihn leider bis heute, angestachelt von der Katze, die sich ihr Futter weiterhin sehr gern an den unmöglichsten und für mich gefährlichsten Stellen kredenzen lässt.

Damit er überhaupt für was gut ist und nicht nur in der Ecke rumsteht (also der Schinkenlaster, nicht der Mann), benutze ich ihn nun zum possierlichen Transport von Klopapierrollen. Corona hat damit natürlich überhaupt nichts zu tun.

Nachtrag 3. Es hat aber sehr wohl mit Corona zu tun, dass das Walnussproblem entschärft werden konnte: Da es keine warme Küche mehr gibt, entfällt auch die Notwendigkeit eines Walnussvorrates. Manchmal bringe ich vom Einkaufen trotzdem noch Walnüsse mit, obwohl gar keine gebraucht werden, und verstecke sie nur so zum Spaß. Der guten alten Zeiten zuliebe.

Wie Sie hör'n, hör'n Sie nix

Über die Faszination einer mucksmäuschenstillen Nacht und weshalb einem die Nachtigall plötzlich wie eine fliegende Disco vorkommt

Wann haben Sie zum letzten Mal nichts gehört? Also so richtig GAR NICHTS? Sodass Sie dachten, die Welt um Sie herum habe plötzlich aufgehört zu existieren?

Ich kann mich gut an jenen denkwürdigen Moment erinnern, als ich im »Jabel der Welt« zum ersten Mal dieser allumfassenden Stille in die Arme fiel. Es war die dritte postumzüglerische dezembertrübe Nacht in der Antikhütte, und ich hatte bis zum Umfallen geräumt und hantiert, bis ich schließlich völlig erschöpft auf die viel zu kalte Matratze kippte (damals hatte ich noch keine Heizdecke aus dem Teleshop).

Im ersten Moment war mir diese Stille regelrecht unheimlich; plötzlich hörte ich nur noch meinen eigenen Atem. Den habe ich dann vor lauter Schreck erst mal angehalten. Nur, um sicherzugehen, dass es nicht doch irgendwelche Geräusche gab, die mein Atem lediglich übertönt hatte. Aber da war – nichts.

Selbst der Wind pfiff plötzlich nur noch lautlos durch die unzähligen Ritzen rund um die Ostwand, und ich dachte, hui!, genau so muss es klingen, wenn man erst mal tot ist. Ich atmete dann aus verständlichen Gründen lieber schnell weiter und lauschte nur noch kurz in das eisige Schwarz, bevor ich für viele, viele Stunden in einen regelrecht komatösen Zustand hinüberglitt.

Mittlerweile habe ich mich an die stillen Nächte gewöhnt, die einen so erholsamen und tiefen Schlaf hervorbringen, wie ich es zuvor nicht für möglich gehalten hatte. Und bin für alle Zeiten komplett versaut, was das Nächtigen anderswo betrifft!

Selbst mein kleines Reisekopfkissen – treuer Begleiter schon seit vielen, vielen Reise- und Bühnenjahren – hilft mir nicht mehr dabei, auf Tour in Hotelzimmern verlässlich die Augen zuzukriegen. Deshalb habe ich vor Hotelzimmern mittlerweile nicht nur regelrecht Angst, sondern verspüre auf Reisen regelmäßig so ein diffuses Ziehen im Herzen, das nur die Sehnsucht nach Zuhause hervorbringen kann. Und das schon beginnt, noch bevor ich im Hotel an der Rezeption überhaupt meinen Eincheckzettel unterschrieben habe.

Bis zu meiner Stadtflucht in den »Jabel der Welt« war ich nie Heimwehkandidatin. Im Gegenteil: Während meine Mit-Austauschschüler während eines Highschool-Jahres in den USA – um und bei 16 Jahre alt waren wir – oft wochenlang in ihre Bettwäsche flennten, wunderte ich mich nur darüber und schrieb Jubelbriefe an die Daheimgebliebenen. (So behauptet es im Nachhinein jedenfalls die Erinnerung. Ich werde meine Frau Mutter bei Gelegenheit fragen müssen, ob es wirklich so war oder ob mir in diesem Kasus lediglich die nostalgische Verklärung einen Streich spielt. Was ja vorkommen soll, wenn man erst mal die vierzig überschritten hat.)

Auch der sich in meinen Zwanzigern anschließende Studienaufenthalt in Großbritannien war kein Anlass, sich ausufernd nach daheim zu verzehren. Im Gegenteil, ich heulte Rotz und Wasser, als die Altvorderen nach einem aufregenden Jahr, das mir eine sehr große Liebe und so viele Erkenntnisse beschert hatte, schließlich kamen, um mich wieder aufs deutsche Festland zu holen. Und dachte allen Ernstes, ich könne hier nie wieder glücklich werden.

Aber all das ist lange her. Heute hingegen ertappe ich mich dabei, wie ich mich schon wieder auf die Antikhütte freue, noch bevor ich überhaupt losgefahren bin. Der Abschied fällt mir immer schwerer, und mittlerweile scheint es bei jedem bevorstehenden, mich zum Aufbruch nötigenden Tourneeabschnitt länger zu dauern, bis ich im Auto dann doch endlich wieder unbeschwert vor mich hin singe und mich auf die bevorstehenden Auftritte und Bühnen freue und darauf, was und wen ich in den kommenden Tagen kennenlernen und erleben darf.

Apropos Auto: Manchmal führe ich im »Jabel der Welt«, entspannt in der Grot Dör oder direkt hinter den großen Fensterscheiben am sogenannten Familientisch sitzend (der so heißt, weil hieran alle langen Abende in großer, fröhlicher Runde enden, und wer einmal an diesem Tisch bis zum bitteren Ende geblieben ist, der ist quasi adoptiert), eine Verkehrszählung durch. Nur so. Weil ich's kann, jaja.

Ja, doch, zählen geht noch. Nur rechnen ist manchmal schwierig. Wie jeder Kneipengast bestätigen kann, der mich schon mal geduldig eine Viertelstunde dabei beobachten musste, wie ich nach einer längeren Schicht verwirrt seinen Deckel zusammenzukalkulieren versuchte, auf dem ich meine eigene Handschrift nicht mehr erkennen konnte. Ich bin dann immer froh, wenn ich glaubhaft machen kann, dass ich doch ein sehr ehrlicher Mensch bin und dass mir nichts ferner liegt als Bescheißen. Sondern dass intellektuelle Grenzen früher oder später halt jeden mal treffen. Mit der Gabel schreibe ich die Striche wirklich nur, wenn ich jemanden so überhaupt nicht leiden kann. Und das kommt hier zum Glück und Wohle aller Beteiligten doch recht selten vor.

Aber zurück zum Thema, also zum dörflichen Soundtrack und zur ebenjenen beeinflussenden Verkehrsdichte. Das Ergebnis meiner oben erwähnten infrastrukturellen Studien im »Jabel der Welt« ist nämlich ebenso erquicklich wie jeder korrekt abgerechnete Deckel: Bei mehr als vier Autos pro Stunde ist hier quasi Verkehrsinfarkt; da muss man sich schon fragen, ob irgendwas ist. Das gilt natürlich nur für Zeiten, zu denen das »Wohnzimmer« geschlossen ist. Bei ausverkauften Kulturveranstaltungen in der Antikhütte kann es schon mal zu regelrechten Staus kommen, aber das ist dann ja auch schnell wieder vorbei und hebt den alltäglichen ruralen Lärmpegel zum Glück nur geringfügig.

Die einzige Einschränkung ist die Erntezeit; die trübt die Idylle beträchtlich (und wer ländlich lebt, der weiß, dass Erntezeit eigentlich fast immer ist). Dann brettern schwere Landmaschinen in geradezu fluxkompensatorischem Tempo am Grundstück vorbei und lassen die großen Fensterscheiben in der Grot Dör erzittern, und durch die Trockenheit der vergangenen Sommer hüllen sie die Antikhütte regelmäßig in eine staubige Wolke, die einen glauben lässt, gegenüber bei Schulzens sei kurz entschlossen ein lang vergessener Vulkan ausgebrochen und würde sandige Asche speien.

Das Fensterputzen habe ich deshalb grundsätzlich so gut wie eingestellt; damit verhält es sich ähnlich wie mit dem Spinnwebenentfernen. Oder, um mal wieder den Mann mit seinem liebsten Bonmot in Erinnerung zu rufen: »Da kannste auch Wasser schippen an der Elbe.« Sic.

Eine Stammgästin und Familientischabonnentin der ersten Stunde schenkte mir kürzlich eine Schiefertafel, auf der steht: »Fensterputzen ist nur was für Menschen mit hübschen Nachbarn«. Die Tafel sorgt durch ihre prominente Platzierung direkt an den großen Scheiben der Grot Dör seither regelmäßig für großes Amüsement unter den Gästen. Sie folgte auf ein wenige Monate zuvor überreichtes Blechschild mit dem schönen Text: »Das sind keine Spinnweben. Das sind Öko-Traumfänger«, welches ebenfalls gut sichtbar in der Deele prangt.

Beide, Schiefertafel und Blechschild, sind im Antikhüttenalltag willkommener Balsam für meine Seele. Denn wann immer ich von mir selbst enttäuscht bin, weil ich weder Fensterreinheit noch Spinnwebenfreiheit in den Griff bekomme, sind sie mir gern gesehener Trost in meiner mich frustrierenden Unzulänglichkeit, bei der bis auf Weiteres auch keine Besserung in Sicht ist. Denn an den Fensterscheiben pappt in Form zahlreicher mühsam zusammengesammelter Plakate von innen das Programm der nächsten anderthalb Kulturspielzeiten. Und die Vorstellung, die Klebefilmstreifen all dieser sorgfältig angebrachten Druckwerke wieder vom Glas knibbeln zu müssen, und zwar so, dass das wertvolle Papier heile runterkommt, um es nach dem Putzen erneut heile anzubringen, macht mich doch etwas nervös. Beziehungsweise erstickt etwaige rudimentär vorhandene Fensterputzmotivation von vornherein im Keim.

Ich muss mich meinem konzeptuellen Ausgangspunkt – Sie erinnern sich vielleicht: der Darstellung der auditiven Gegebenheiten im ländlichen Raum – auf Umwegen wieder annähern. In diesem Fall am besten durch die Anwendung eines Kunstgriffes, wie zum Beispiel des Schlagens eines eleganten Bogens vom vorherigen Kapitel zum Jetzt. Und da Tiere ja bekanntlich immer gehen, versuche ich dies wie folgt:

Bezüglich der wendländischen Lautmalerei gibt es hier Phasen, da denkt man, alle menschlichen Bewohner seien kurzerhand ausgewandert und stattdessen hätten die Viecher endlich wieder die alleinige Herrschaft übernommen. Frühmorgens zum Beispiel. Also so richtig früh, wenn sich selbst unter den bettflüchtigsten Jabelern noch nicht viel rührt.

Das ist jene nachtschlafende Zeit, zu der auch ich mich irgendwann zur Ruhe begebe; sagen wir mal so ganz grob die Stunden zwischen zwei und fünf. Dann sitze ich für eine letzte Zigarette in der Grot Dör oder liege ermattet auf meinem Pappbett, lausche und fühle mich wie der einzige Mensch auf der Welt. Oft denke ich dann: Aha! So in etwa muss es sich angehört haben, ganz, ganz früher, als noch keine Zweibeiner aufrecht und lärmend über die Erde trampelten; und, ganz ehrlich, so schlecht klingt das nicht.

Im Winter sind es fast ausschließlich die durchdringenden Rufe der Käuzchen, die die Stille der Nacht zerteilen und einen gedanklich in die filmreife Kulisse des zappendusteren Waldes in einem Gruselfilm beamen, da, wo es raschelt und knackt und man wohlig-bange erschauert.

Ähnlich wie wir Menschen scheinen die Käuze feste Wohnsitze zu haben; größtenteils geführt als Singlehaushalte, vermute ich. Die in und um Jabel ansässigen Exemplare jedenfalls plaudern und flirten mit ihren kauzigen Nachbarn – vorzugsweise natürlich des anderen Geschlechts – gern über den imaginären Gartenzaun. Weshalb es ein ausdauerndes Hin und Her gibt zwischen dem weiblichen »Kiwitt« und dem männlichen »Uuuuuh«, und dieser nächtliche Schlagabtausch der Sehnsucht kann Stunden andauern, während in den Dialogpausen der Lauf der Welt auf der Bremse zu stehen scheint und die Stille so intensiv ist, dass man den eigenen Herzschlag hört.

Nur ganz manchmal, da wird es den Galloway-Rindern vom Hof Stamer am anderen Ende des Dorfes zu viel an »Kiwitt« und »Uuuuuuh«, weil sie sich im Schlafe gestört fühlen. Dann brüllen sie ein beherztes »Wööööööh!« in die fernmündlichen Unterhaltungen der Käuze, was ich mal frei mit »Ruhe jetzt, verdammt noch mal!« übersetze.

Und ehrlich, ich schwöre: Die Käuzchen verstummen dann tatsächlich ganz verdutzt! Aber nur für einen kleinen Moment. Dann ruft einer der männlichen Käuze mit seinem nächsten mutigen »Uuuuuuh!« wahrscheinlich so was wie »Lasst die Rindviecher doch die Bullen rufen! Hahahahahaha!!!«, und dann kichern alle Käuzinnen im Umfeld von fünf Kilometern amüsiert, und weiter geht die wilde Fahrt.

Im Sommer hingegen ist es die Nachtigall, die den nächtlichen Jabeler Soundtrack – Achtung, Wortwitz! – federführend bestimmt. Das ist zwar an sich erst mal ganz schön, kann aber irgendwann, in der x-ten lauen, frühen Morgenstunde, in der die Wirtin nach anstrengendem Nachtwerk denkt: Oooch, jetz ma kurz Ruhe, bidde, nur zum Einschlafen!, tatsächlich auch recht enervierend sein.

Denn die männlichen Nachtigallen halten es ähnlich wie die Käuze: Sie suchen, sofern sie noch keine abgekriegt haben, nachtein, nachtaus nach einer neuen Freundin (wussten Sie, dass tatsächlich nur die Männchen singen?) und trällern sich dabei die Seele aus dem Leib. Sehr kunstvoll, aber eben auch sehr ausdauernd. Und so laut, dass man beim Verursacher ordentlich Resonanzkörper vermutet.

Ich hatte diese Vermutung ebenfalls und dachte, Mannomann, so 'ne Nachtigall muss ja 'n ganz schöner Klopper sein! Bis ich eines Morgens, als ich mal wieder nicht einschlafen konnte, weil »le Nachtigall« total durchdrehte, bei Wikipedia nachsah.

Und dort las, dass die gemeine Nachtigall eine Größe von etwa 16,5 Zentimetern hat und 18 bis 27 Gramm wiegt. Ich war daraufhin erst fassungslos und dann – wie so oft, seit ich hier im »Jabel der Welt« lebe – schwer beeindruckt davon, was die Natur so auf dem Kasten hat.

Als der Mann und ich bei nächster Gelegenheit zu später beziehungsweise früher Stunde im Garten saßen und uns mal wieder anbrüllten, weil wegen »le Nachtigall« keine andere Art der Gesprächsführung möglich war, gab ich die erstaunliche Information über die körperliche Konstitution des Vogels natürlich sofort an den Mann weiter. Auch dieser machte große Augen und konstatierte dann trocken: »Krass. Wat wär denn, wenn die 'n Kilo hätt? Dann wär dat 'ne fliegende Disco oder watt?!«

Wikipedia klärte uns übrigens auch darüber auf, dass ab Mai eigentlich nur noch unverpaarte Männchen nachts singen, weil das Trällern mit erfolgter Paarbildung eingestellt wird – während das frühmorgendliche Singen vor allem zur Verteidigung des Reviers gegen andere Männchen dient.

Mit dieser Information in der Hinterhand müssen wir leider befürchten, dass in Jabel Nr. 20 ein bedauernswertes männliches Nachtigallenexemplar lebt, das seit mindestens zwei Jahren Single ist und einfach immer den Kürzeren zieht, wenn es um die erfolgreiche Partnersuche geht. Jener Kollege, der im Garten von Jabel Nr. 20 über Monate von der gleichen Stelle im selben Baum aus operiert, performt nämlich den ganzen Sommer über und noch Anfang September ohne erkennenswerte Ruhetage die ganze Nacht lang bis über die Morgendämmerung hinaus eine Liveshow, dass einem die Ohren klingeln.

Wikipedia beschreibt das so: »Der Gesang (der männlichen Nachtigall) ist überaus komplex, verschiedenartig, unvorhersehbar und ›fantasievoll‹ […]. Auch die Dynamik ist sehr variabel und wechselt von leisen zu lauten Passagen, manchmal auch in Crescendo-Effekten.«*

Das mit dem Crescendo kann ich nur bestätigen: Ein in fünfzig Zentimetern Entfernung an Ihnen vorbeijagendes Martinshorn ist nichts gegen die akustische Eskalation unseres unermüdlichen Superbarden. Dabei unterhält sich »le Nachtigall« meistens mit sich selbst; Antworten bekommt der tirilierende Troubadix so gut wie nie.

»Das muss doch total frustrierend sein!«, rief der Mann aus, als wir mal wieder die Wahl zwischen »Ohrenstöpseln« oder »Wachbleiben« hatten. »Ständig Selbstgespräche zu führen. Kein Wunder, dass der Amok pfeift, wenn da nie 'ne Rückmeldung kommt. Der muss sich ja fühlen wie der letzte Nachtigallkerl auf der Welt. Der Arme!«

Und weil der Mann wirklich sehr tierlieb ist und ihm das Leid anderer immer zu Herzen geht, hatte er eine grandiose Idee: Er griff zu seinem Telefon, auf dem er flugs eine Vogelstimmen-App installierte. Der Mann hat seither großen Spaß daran, sich stundenlang via Smartphone mit seinem gefiederten Sangesbruder zu unterhalten. Das sorgt zwar nicht unbedingt dafür, dass sein Dialogpartner die Lautstärke drosselt oder gar vermehrt verstummt. Im Gegenteil, ich meine sogar, festgestellt zu haben, dass das Gequengel von »le Nachtigall« noch einen Tick aggressiver worden ist. Aber der Mann fühlt sich seitdem besser und behauptet sogar, dass er sich mit »le

* Quelle: Wikipedia (https://de.wikipedia.org/wiki/Nachtigall)

Nachtigall« recht gut austauschen könne. Über Jungssachen und so. Na ja. Mir soll es recht sein.

Ich kann on top zu diesem Thema noch berichten, dass die Sirene auf dem Dach des Hofes gegenüber, die allmonatlich – genauer gesagt: jeden ersten Samstag im Monat um und bei zwölf Uhr mittags – probeweise einen Feueralarm simuliert, in ihrer akustischen Wucht im Vergleich zur physischen Erscheinung nicht minder beeindruckend ist als »le Nachtigall«.

Diese Sirene steht auf einem Dach, welches direkt gegenüber von Jabel Nr. 20 und somit nur wenige Meter von der Ostwand der Antikhütte entfernt liegt, hinter jener sich wiederum das Schlafzimmer sowie das private Badezimmer befinden. Sie sieht nicht anders aus als ein unscheinbares Stöckchen mit einem unschuldigen, pilzähnlichen Köpfchen. Wobei der Schein trügt, denn dieses Stöckchen mit Pilzkopf entwickelt selbst auf eine gewisse Distanz die gellende Lautstärke eines heulenden Rauchmelders, den man sich direkt an die Radartüten hält. Und wenn auch nur *eine* Brandmeldeanlage in Niedersachsen den Namen »Sirene« wirklich verdient – dann diese. Wenn ihr durchdringender Alarm losplärrt, zucke ich bis heute mit schöner Regelmäßigkeit so zusammen, dass mir schon manches Mal der Föhn aus der Hand gefallen ist, und Smörchen hält sich mit ihren süßen Pfötchen erschüttert die empfindlichen Öhrchen zu.

Wir wissen natürlich, dass dieser Probealarm nur zu unserem Allerbesten ist. Aber trotzdem. Wenn ich direkt da drunter wohnen müsste – ich hätte das Ding längst zu Kleinholz geschlagen.

Nachtrag. Und ich hatte *doch* Heimweh. Wenigstens ein bisschen. Die Frau Mama hat extra die vielen Briefe geflöht, die ich damals über den Großen Teich in die Heimat schickte. Aus diesen geht eindeutig hervor, dass ich mich hier und da doch wieder nach Hause gewünscht habe. Vorzugsweise, wenn meine damalige Gastschwester Ainslie (Gott hab sie selig; leider starb sie nur wenige Monate nach meinem Abschied aus Florida bei einem Autounfall) in ihrem Zimmer, welches direkt gegenüber von meinem lag, mal wieder laut und leidenschaftlich Hardrock hörte.

Hardrock – das war etwas, was ich als sechzehnjähriges ostwestfälisches Landmädchen noch nicht so gut verarbeiten konnte; erst recht nicht in einem Haus der amerikanischen Leichtbauweise mit entsprechender Hellhörigkeit.

Heute sieht das natürlich anders aus, insbesondere nach reinen Büro- und Buchhaltungstagen. Die sind manchmal nicht vermeidbar, machen mich aber echt fertig und deshalb richtig schlechte Laune, welche sich wiederum nur durch AC/DC und Alice Cooper bekämpfen lässt. Natürlich in einer Lautstärke, dass in der Antikhütte die Scheiben wackeln und Schulzens die Jüngeren von gegenüber das Geschirr auf dem Tisch festhalten müssen.

Nur Wurm freut sich, wenn er hört, dass die Wittlerin ihren »Schlechte-Laune-Ordner« aktiviert hat (»Schlechte-Laune-Playlist« ist im »Jabel der Welt« mittlerweile ein feststehender Begriff). Zwar liegen zwischen Wurms Gehöft und der Antikhütte ein ziemlich großer Garten, das alte Spritzenhaus, eine dicht bewachsene, kleine Sumpffläche und ein großes Gemüsebeet, aber das in Jabel Nr. 20 installierte Soundsystem schafft diese Distanz spielend. Manchmal kommt Wurm, wenn die Gitarren nur ausreichend kreischen, noch spontan auf einen Trostsambuca vorbei. Wir sitzen dann in der Antikhütte und fühlen uns wie früher, als man sich einfach nur zum Musikhören traf und nicht viele Worte brauchte, um der schlechten Laune die Stirn zu bieten. Das ist schön.

Verkehrsberuhigung

Von fehlenden Transportmitteln, Autobahnen in weiter Ferne und warum man beim Einkaufen trotzdem irgendwie schneller ist als in der Stadt

Wenn Städter mich im verrückten Dorf besuchen, sind sie nach ihrer Ankunft oft zunächst sehr besorgt um mein Wohlergehen. Sie gucken mich dann so an, wie man ein kleines Kind oder eine Verrückte anguckt, und sagen kopfschüttelnd Sachen wie: »Herrje, ist das hier weit draußen! Also, für mich wär das ja nix. Allein schon wegen der Sache mit dem Einkaufen. Mal eben los und was besorgen, das ist hier ja wohl nicht.«

Ich erkläre dann umgehend und bestimmt, dass es sich bei dieser Sorge um eine absolute Fehleinschätzung handele, die vollkommen unnötig sei. Denn nur, weil einem hier nicht wie in der Stadt alle zwei Meter ein weiterer Shop mit Produkten, von denen man noch gar nicht wusste, dass man sie überhaupt braucht, das Geld aus der Tasche ziehen will, bedeutet das ja nicht, dass man nicht auch auf dem Lande alles bekommt, was man so zum Leben benötigt.

Im Gegenteil: Das Einkaufen im nahe gelegenen Stadtkern des kleinen Fachwerkstädtchens Lüchow bereitet mir sehr viel mehr Vergnügen als das Shoppen in der großen Stadt. Es ist persönlicher, es ist freundlicher, es ist irgendwie – einfacher. Und, Überraschung: Es geht schneller!

Ja, richtig gelesen: Es geht SCHNELLER. Ha! Klar, ich muss für Besorgungen ins Auto steigen und, ja, es sind knappe sechs Kilometer bis zum nächsten, gut sortierten Supermarkt. Aber wenn mir auf dem Weg dorthin mehr als vier andere Wagen begegnen, dann murmele ich schon so was wie »Was ist denn heute los? Verkehrsinfarkt im Wendland!!« in meinen imaginären Bart. »Dichten Stadtverkehr« im herkömmlichen Sinne gibt es nicht, geschweige denn so etwas wie einen »Stau«. Lediglich ein Blitzer, eine Ampel und ein Kreisverkehr sind zu überwinden (vgl. Kapitel 14: »Wie Sie hör'n, hör'n Sie nix«).

Ersterer hat mich noch immer nicht erwischt, zweitere steht meistens auf Grün und der Kreisverkehr – ähm, ja. An dieser Stelle noch einmal eine aufrichtige Entschuldigung an die beiden Damen, denen ich neulich in ebenjenem fast die Vorfahrt genommen hätte. Es tut mir sehr, sehr leid. Und ich habe ob dieser Begebenheit noch immer ein schlechtes Gewissen.

Als Entschuldigung mag vielleicht durchgehen, dass ich an diesem Tag tief versunken in Sorge um meine Ohren war: Mich plagte ein vermeintlicher Hörsturz, der sich durch fachkompetente medizinische Diagnose zum Glück nur wenig später am gleichen Tage als gut behandelbare Infektion herausstellte. Auf der Fahrt zum Hals-Nasen-Ohren-Arzt hingegen – welche mich eben durch besagten Kreisverkehr führte – war ich noch fest davon überzeugt, dass ich meine Karriere als Bühnenkünstlerin wohl demnächst an den Nagel würde hängen müssen: Eine halb taube Vorleserin, Chansonsängerin und Schauspielerin ist ja nicht unbedingt das Nonplusultra; das muss sogar ein Zirkuspferd wie ich einsehen.

Deshalb hatte ich doch ein wenig Kummer, welcher mich wohl ge*hör*ig ablenkte. Und so wäre – schwups! – meine bis heute personenschadenfreie Autofahrerlaufbahn fast beendet worden. Zum Glück war die Fahrerin des eindeutig vorfahrtsberechtigten Fahrzeugs auf Zack, und wir konnten in gemeinsamer Kraftanstrengung durch zeitgleichen beherzten Tritt auf die jeweiligen Bremsen das Schlimmste verhindern. Schwein gehabt! Sorry noch mal.

Wer sich jetzt fragt, wie ich und vor allem all die anderen 25 Jahre Stadtverkehr in Hamburg unter Beteiligung des Wittlers überlebt haben, dem kann ich nur sagen: Ich frage mich das ebenfalls. Es dauerte nach dem Umzug ins verrückte Dorf keinen Monat, bis meine Synapsen sämtliche einstmals überlebenswichtige Erinnerung an den »dichten Stadtverkehr« sowie das kognitive Wissen darüber als nunmehr überflüssigen, nicht mehr benötigten Ballast jubelnd über Bord geworfen hatten. Und bis aus meinen Nervenbahnen und Hirnwindungen alles getilgt war, was es mir zuvor ermöglicht hatte, mich mit einem Pkw in der Innenstadt von A nach B zu bewegen, selbst lebendig am Zielort anzukommen und derweil auch niemand anderem Blessuren zugefügt zu haben.

Seit dem Umzug bin ich schon auf einer zweispurigen Einfallstraße in die Hansestadt hinein ausdauernd überfordert, bekomme Schweißausbrüche, wenn ich an einer Ampelkreuzung mit Rad- und Fußgängerüberweg rechts abbiegen muss, und schiebe regelrecht Panik, wenn ich rückwärts einparken soll. »Rückwärts einparken müssen« ist seit dem Wechsel ins Wendland von meiner Mindmap komplett gestrichen; das ist hier so gut wie nie erforderlich. Und so etwas wie einen Spurwechsel gilt es zwischen Lüchow und dem »Jabel der Welt« auch nur sehr selten bis gar nicht zu bewältigen.

Kurzum: Im Hamburger Stadtverkehr fühle ich mich mittlerweile so fremd wie ein Süßwasserfisch in der Nordsee. Und verfluche bei meinen notgedrungenen Stadtausflügen den Umstand, dass mein treues Gefährt, das mich seit nunmehr 14 Jahren tapfer durch die ganze Republik gondelt, bis heute ein Hamburger Kennzeichen trägt. Ich glaube fest daran, dass die hanseatischen Verkehrsteilnehmer mir meine Eskapaden eher nachsähen, trüge mein Bolide nur eine auswärtige Identifikation – und erst recht eine aus dem Landkreis Lüchow-Dannenberg.

Die Abkürzung »DAN« auf dem Nummernschild ist dem Rest der Republik eh schon als »Depp aus Niedersachsen« geläufig, und da es sich mit ruiniertem Ruf ja bekanntermaßen viel freier lebt, wird sich mein Abschiedsschmerz vom Hamburger Kennzeichen bei der demnächst erforderlichen Anschaffung eines neuen Tourmobils in Grenzen halten.

Die Wendländer selbst nehmen den verkehrstechnisch fragwürdigen Leumund, der ihnen landauf, landab vorauseilt, übrigens mit besonders viel Humor: Den Spruch »Siehst du ›DAN‹ – fahr rechts ran. Ist dir dieses nicht gelungen, zahlen die Versicherungen« hörte ich bislang – dargeboten mit jener Süffisanz, die immer dann entsteht, wenn man sich bewusst ist, dass eine zugespitzte Äußerung einen wahren Kern hat – ausschließlich von Wendländern selbst.

Viel Humor hatte übrigens auch der Hals-Nasen-Ohren-Arzt syrischer Abstammung, der mir nur kurz nach der Fast-Karambolage im Kreisverkehr die Befürchtung nehmen konnte, ein Hörsturz würde mich künftig dauerhaft von den Kleinkunstbühnen der Republik fernhalten. Als er nach einem kurzen kundigen Blick in meine Ohrmuschel die beruhigende Diagnose überbracht hatte, dass es sich bei meinem vorübergehenden Hörverlust lediglich um behebbare Folgen jener bereits erwähnten Infektion handele, trat er noch einmal einen Schritt vom Behandlungsstuhl zurück, musterte mich spitzbübisch und sagte dann sehr charmant: »Also, Frau Wittler. Sind Sie gut gewachsen, das muss man sagen. Aber für Ihre Ohren, da hat nicht mehr gereicht. Sind die so klein! Oh, ist das alles sooooo klein bei Ihnen! Die Gehörgänge. Und alles!«

Meine Erleichterung können Sie sich vorstellen, und so brach ich in fröhliches Gelächter aus und wünsche mir seitdem, ich könnte einfach mit allem, was so anfällt, nur noch zum Hals-Nasen-Ohren-Arzt gehen. Das Beste: Es dauerte danach nur weitere drei Tage, bis ich wieder richtig hören konnte. Worüber ich sehr froh war, denn der Mann hatte bereits angekündigt, mir demnächst ein Hörrohr kaufen zu wollen. Er fand das lustig, mein Amüsement hingegen hielt sich in Grenzen.

Ich habe dann trotzdem für alle Fälle schon mal im Internet nachgeschaut, ob man so etwas wie antiquierte Hörrohre überhaupt noch kaufen kann. Ja, kann man! Das Modell, das ich mir prophylaktisch aussuchte, war allerdings ausdrücklich nicht als medizinische Hörhilfe verwendbar. Stattdessen ist irgendein Witzbold auf die Idee gekommen, es mithilfe eines zusätzlichen Mundstückes so auszustaffieren, dass man es als Tröte nutzen kann. Nach meiner Heilung fand ich es somit fast schon wieder schade, dass ich den Mann nicht damit überraschen konnte, ihm mit dem fürsorglich überreichten Hörrohr zum Dank eine ordentliche Fanfare zu tröten.

Er hat dann stattdessen von mir zum letzten Geburtstag die lauteste Fahrradhupe der Welt geschenkt bekommen, die mit Druckluft funktioniert. Und offiziell für den Straßenverkehr nicht zugelassen ist, was man der Beschreibung im Internet natürlich *nicht* entnehmen konnte. Bei manchen Produkten muss man sich wirklich fragen, worin ihre Daseinsberechtigung überhaupt besteht; da bin ich doch nur ein weiteres Mal froh, dass Lüchow so wenige Geschäfte mit sinnbefreiten Produkten hat. Aber immerhin schließt sich hier der Kreis, und wir kehren wohlbehalten zum Eingangsthema zurück: zum Einkaufen und zum wendländischen Straßenverkehr.

Also: Wenn ich behaupte, dass das mit dem Einkaufen hier schneller geht als in der großen Stadt, dann ist dies eine gesicherte Erkenntnis. Ich habe neulich die Zeit gestoppt: Vom »Jabel der Welt« zum Supermarkt und zurück brauchte ich sechsunddreißig Minuten, Wocheneinkauf für die Gastronomie inklusive. Und das trotz folgender besonderer Herausforderungen:

a) An der Kreuzung zur Hauptstraße am Lüchower Ortseingang, aus Satemin und Reetze kommend, musste ich fünf Autos passieren lassen (Verkehrsinfarkt!).
b) Den Zebrastreifen links vom Kreisverkehr überquerten zwei Seniorinnen mit Gehwagen, was mich zu einer weiteren Zwangspause nötigte.

c) Am Supermarkt angekommen, war es erstaunlich voll, weshalb ich – anders als an den meisten anderen Tagen – ziemlich weit entfernt vom Eingang parken musste.
d) An der Einkaufswagenstation stellte ich fest, dass ich keine passende Münze dabeihatte, und musste erst rein, um eine ebensolche an der Kasse einzuwechseln. Danach wieder rauslatschen an die Wagenstation. Und halt wieder rein.
e) Ich hatte ein neues Produkt auf der Einkaufsliste, von dem ich wusste, dass der Supermarkt es (noch) nicht führt. Also hielt ich im Laden selbst auch noch einen Schnack mit einer Verkäuferin, die sich geduldig den Produktnamen notierte. Samt meiner Telefonnummer, damit man am nächsten Tag Bescheid geben könne, ob man das Produkt demnächst ins Sortiment aufzunehmen in der Lage sei. Der Anruf kam übrigens prompt und zuverlässig, gleich am nächsten Tag gegen neun. Zwar leider mit negativer Nachricht, aber der darauffolgende Gegencheck in mehreren Hamburger Supermärkten ergab, dass auch diese die gewünschte Ware nicht vorhalten können. Sollte sich daran in der Zwischenzeit etwas geändert haben und jemand in der Tiefkühlabteilung seines Stammsupermarktes die vegetarische Variante des schwedischen Teigsnacks »Billys« entdecken (grüne Verpackung!): Ich bitte umgehend um Nachricht. Das Produkt wird im »Jabel der Welt« von meinen Gästen und mir sehnsüchtigst erwartet!
f) Es war ein regnerischer und sehr stürmischer Tag, weshalb der Einkaufswagen beim Entladen immer vom Kofferraum des Boliden wegrollte und ich ihn mehrfach wieder einfangen musste. Aufgrund dieser Widrigkeit sind mindestens weitere drei Minuten ungewöhnlicher Verzögerung einzurechnen.
g) Die Ampel, die einen vom Supermarkt wieder auf die Hauptstraße entlässt, war rot (wie bereits erwähnt: sonst fast immer grün).

h) Zwischen Lüchow-Ortsausgang und Abzweig Richtung Reetze und Satemin musste ich einen Trecker überholen, was aufgrund des Gegenverkehrs (schon wieder Verkehrsinfarkt!) eine gefühlte Ewigkeit dauerte.

So. Und trotzdem, noch mal zum Mitschreiben: 36 Minuten. Von Tür zu Tür. Das ist krass! Im Hamburger Bungalow der Annehmlichkeiten war der nächste Supermarkt nur etwa einen Kilometer entfernt, aber in weniger als einer Dreiviertelstunde habe ich dort auch den kleinsten Wocheneinkauf nicht geschafft. Stattdessen bin ich bezüglich des angepeilten Zeitmanagements wahlweise am Rückwärts-einparken-Müssen oder an der zum Supermarkt gehörigen sehr, sehr engen Tiefgarage gescheitert.

Einmal wurden der Mann und ich in letzterer sogar eingesperrt, weil wir zu spät dran und erst kurz vor Geschäftsschluss in den Betonbunker gerollt waren, während der zuständige Mitarbeiter die Garage bereits leer wähnte und frohen Mutes das Rolltor herunterließ. Das war gar nicht schön. Hier hingegen gibt es weit und breit keine Tiefgaragen, und ich kann nicht behaupten, dass ich sie vermisse.

Im Gegensatz zu einer Autobahn; die vermisse ich schon ab und zu. Wenn man viel unterwegs ist, ist es ja doch praktisch, eine ebensolche in der Nähe zu haben. Das ist hier allerdings tatsächlich bislang nur ein frommer Wunsch.

Über 70 Kilometer sind es vom »Jabel der Welt« bis zur nächsten Autobahnauffahrt bei Lüneburg, und das von hier etwa 20 Kilometer entfernte sachsen-anhaltinische Salzwedel gilt tatsächlich als jener Ort Deutschlands, der mit knapp 100 Kilometern weiter entfernt ist von der Autobahn als jeder andere Ort der Republik. Zugfahren scheidet übrigens zusätzlich aus, jedenfalls, wenn man mit mehr Gepäck als dem kleinen Weekender reist – da müssten Bühnenbild und Co. leider zu Hause bleiben. Nach Lüchow fahren eh nur Busse; im ehemaligen Bahnhofsgebäude ist heute die Lüchower »Tafel« beheimatet.

Zugegeben: Das Touren erleichtert dieser Umstand nicht. Aber so ist es nun mal, man kann nicht alles haben. Also versuche ich, es sportlich zu sehen und das Beste draus zu machen. Die Entfernung zur Autobahn spart zum Beispiel echt viel Geld!

Denn wenn man weiß, dass man bis zur nächsten Raststätte mindestens zwei Stunden unterwegs ist, dann lernt man wieder, sich Stullen zu schmieren, Lunchpakete zu schnüren, selbst gemischte Apfelschorle in Pfandflaschen und Kaffee in Thermoskannen zu füllen. Und irgendwie ist es dann schon cool, wenn man mal wieder eine Raststätte rechts liegen lassen kann, an seiner Schorle nuckelt, sich noch eine Scheibe Salatgurke reinschiebt und zufrieden denkt: »Siehste. Früher wärste jetze schon wieder 'nen Zehner los gewesen. Für ein labbriges Sandwich und 'nen Kaffee, der wie von vor drei Monaten schmeckt.« Dann bin ich stolz wie Bolle, recke – sofern es der Verkehr zulässt – die Faust in die Höhe und rufe laut: »Konsumterror? Ohne mich!«

Wenn ich doch mal an einer Raststätte haltmachen muss, dann nur widerwillig und wegen Pipi. Weshalb ich den Mann eines Tages zu einem romantischen, fürstlichen Fünf-Gänge-Dinner an der Autobahn einladen und dafür mit einer ganzen Handtasche voller »Sanifair«-Bons bezahlen werde. Mann, halt dich fest: Das wird super! Und der Bonsammlung nach zu urteilen, die sich mittlerweile überall im Boliden verteilt hat, kann es bis dahin nicht mehr lange dauern.

Natürlich nimmt die regelmäßige Landstraßengondelei viel Zeit in Anspruch, aber ich sage mir dann immer, dass ich von Hamburg aus auch nicht viel schneller gewesen wäre, weil ich mich da nämlich bis zum Elbtunnel oder den -brücken erst mal nur im Schneckentempo bewegt hätte. Da steckt viel Wahres drin, und wer sich dafür entscheidet, dass seine Uhren ab sofort anders ticken, der darf sich halt auch nicht beschweren, wenn es mal später wird.

Ach ja, Stichwort »Zeit«: Sogar während der kürzlich zu Testzwecken absolvierten »36-Minuten-Einkaufstour mit Stoppuhr« hatte ich auf meinem Weg über die Dörfer ausreichend Muße, mit offenen Augen die Umgebung anzusehen. Dabei fiel mir auf, dass es in der Schafherde, die derzeit zwischen Reetze und Satemin Station macht, zwischen lauter weißen Schafen tatsächlich ein einziges schwarzes gibt. Überall woanders könnte das Zufall sein – aber bestimmt nicht im Wendland. Hier ist das schwarze Schaf mindestens ein politisches Statement. Und ein weiteres Zeichen jenes wendländischen Humors, der selbst vor Hals-Nasen-Ohren-Ärzten aus Syrien nicht haltmacht.

Fashion Victim, deloaded

Der Abschied vom Modekorsett und weshalb die Ankleide der Wittlerin diesen Namen nicht mehr verdient

Damals, im Bungalow voller Annehmlichkeiten, gab es eine Ankleide. Der an das Schlafgemach angrenzende Zauberraum war der wahr gewordene Traum eines jeden Fashion Victims: mit riesigen Spiegeln, einem Schminkbereich von den Ausmaßen der Lackierstraße in einer Autowerkstatt sowie Töpfchen, Tiegelchen und Pinselchen mindestens in einer Anzahl, wie sie auch die Spontaninventur in der nächstgelegenen Douglas-Filiale ergeben hätte. Und mit so viel Stauraum, dass darin locker der Inhalt von etwa vier bis fünf Seecontainern Platz fand, ohne dass man diese Massen auch nur annähernd in den sargtiefen Einbauschränken, Schubladen und Regalen vermutet hätte.

Der Raum hatte tatsächlich etwas Magisches. Oder vielleicht doch eher was von einer hoch technisierten, nach geheimen Patenten und Rezepturen funktionierenden Produktionsanlage einer Vorher-nachher-Fabrik für morgenmuffelige, zerknitterte und alles andere als telegene Trolle. »Troll«, haha: So nennt der Mann mich immer, wenn ich aus dem Bett krieche, was meist von ausuferndem Genörgel flankiert wird (meinerseits. Also, sowohl das Aus-dem-Bett-Kriechen als auch das Als-Troll-bezeichnet-Werden).

Wobei der Mann – rein optisch betrachtet – wie so oft mal wieder recht hat: Gegen die Post-Matratzen-Frise, mit der ich mich nach genossener Bettruhe widerwillig in die Senkrechte zu bewegen versuche, ist das viel bemühte explodierte Sofakissen eine sorgfältig ondulierte Pracht. Dabei ist es gleich, ob ich nur ein halbstündiges Nickerchen gemacht oder eine komatöse Neun-Stunden-Schicht auf der Heizdecke verbracht habe: Für die Anzahl der Vogelfamilien, die nach dem Aufstehen in meinem Zottelschopf nisten könnten, hätte man mir eigentlich längst den blauen Umweltengel auf die Stirn tätowieren müssen, und seit dem Umzug in die Antikhütte hat sich an dieser Problematik wenig verbessert.

Eher im Gegenteil: Die bereits umfassend besungene Schlafmütze ist leider wenig geeignet, um den maladen optischen Gesamteindruck des Wittlers zur Erwachenszeit zu verbessern. Schwerer noch als die Schlafmütz wiegt jedoch die Tatsache, dass die Zeiten des »Zauberraums für Trolle« in der Antikhütte unwiederbringlich vorbei sind. Und dass damit auch die einstmals verblüffenden Verwandlungen (vorn Troll rein, hinten Diva raus) zwar nicht völlig unmöglich, aber doch selten geworden sind.

Der Wille, den bisher als adäquat empfundenen Standard in Sachen Styling & Outfit aufrechtzuerhalten, war zwar durchaus da. Und, ja, am Anfang dachte ich tatsächlich noch, ich würde diesen ganzen Kram, der sich im Zauberraum über zehn lange Jahre Fernseharbeit angesammelt hatte, weiterhin irgendwie benutzen. Also packte ich ihn tapfer ein. Tagelang. Den ganzen Rotz: Wagenladungen voller Make-up. Zweitfrisuren, für die ich zwanzig Köpfe gebraucht hätte, falsche Wimpern für Dutzende von Augen und Handtaschen für mindestens vierzig Arme. Allein die Wintermäntel brauchten für den Transport vier mannshohe Kleiderboxen, und ich behaupte kühn, dass das Ausräumen des Zauberraums das Anstrengendste am ganzen Ortswechsel war.

Das Umzugsunternehmen, das wir beauftragt hatten (danke, Stefan!), ist zwar Kummer gewöhnt: Zu dessen Kunden zählen nämlich gern auch Fußballspieler samt den dazugehörigen Damen, und dass Spielerfrauen hier und da ebenfalls einen Hang zu ausufernder äußerer Selbstoptimierung und der entsprechend umfangreichen Munitionierung haben, ist ja hinlänglich bekannt. In diesem Fall allerdings blieb in der kurzen Straße mit dem langen Namen beim Beladen des riesigen Lkws, der fast stecken blieb in der schmalen Zuwegung, selbst den hartgesottensten Kistenprofis der Mund offen stehen, nachdem sie gewahr wurden, was da alles so rauskam aus dem Zauberraum. Und zwar noch *nach* gnadenlosem Ausmisten.

Heute, gut zwei Jahre später, ist die eigentlich geplante Ankleide in der Antikhütte längst den immer weiterwachsenden Raumanforderungen des Kneipenbetriebes gewichen und zu einem umfangreichen Warenlager für Ausschankmaterialien aller Art geworden, die anderswo halt keinen Platz finden. Klamotten sind in der Kammer zwar auch noch drin, aber ich komme schlicht nicht mehr dran, weil ich mir, um sie zu erreichen, erst den Weg durch mannshoch gestapelte Lagerboxen freikämpfen müsste. Außerdem könnte es sein, dass ich dabei die Katze störe, denn diese hat die Kammer zum bevorzugten Rückzugsort erkoren und baut sich dort regelmäßig modische Ruhelager aus von Kleiderbügeln gezogenen einstigen Trendstücken, was ich großmütig akzeptiere und ihr das Refugium lasse. Auch, um nicht aus schmalen, genervten Katzenaugen mit diesem »Was-willst-du-denn-hier-lass-mich-gefälligst-in-Ruhe-Blick« torpediert zu werden, der einen zum unwillkommenen Gast in der eigenen Antikhütte macht. Na ja, und außerdem – Überraschung: *I don't miss a thing!*

Stattdessen lebe ich mit einem übersichtlichen Kleiderständer im Schlafzimmer, der Lieblingsteile und Bühnenoutfits beherbergt. Und komme prima damit aus. Nachgekauft wird tatsächlich nur noch, was nicht mehr zu retten ist, und so hat die deutsche Mode- und Kosmetikindustrie eine ihrer besten Kundinnen wohl final ans Downshifting verloren. Bemerkenswert für eine ehemalige Fashionista, die selbst mal ein Modeatelier betrieben hat und gar nicht genug kriegen konnte von ungewöhnlichen Schnitten, Volants und ausgeklügelten Details.

Volants – insbesondere solche an Ärmelbündchen – liebe ich zwar immer noch, aber für den Wirtinnenalltag eignen sich diese so gar nicht. Volantärmelabschlüsse gehören an manikürte, für den Abend fein gemachte Freizeitfinger, die maximal nach Sektglas und Handtasche greifen müssen, aber nicht (mehr) an die Spülhände der WirTine. Und auch nicht in die damit einhergehenden Bierpfützen.

Insofern ist mein Abgang aus der Couture zwar tragisch für die Modewirtschaft, hat aber sonst nur Vorteile: Flecken, Pfützen, volle Aschenbecher und Teller mit Essensresten können mich nicht ins Bockshorn jagen, und ich kann sie ohne Rücksicht auf etwaige textile Kollateralschäden mit einer Gelassenheit wegarbeiten, wie sie jenen Menschen zu eigen ist, die friedlich akzeptiert haben, dass nun mal Späne fallen, wo gehobelt wird.

Parallel kann ich nach Feierabend mehr Geld in Bücher investieren und habe sogar die Zeit, sie zu lesen, denn fürs Lesen muss man sich nicht schminken, und was man beim Schmökern anhat, ist dem Buch auch egal. Manchmal kann es so einfach sein!

Die einzigen textilen Gelüste, die ich noch habe, sind die nach Schwammtüchern, und zwar stapelweise. Davon jage ich in einer Woche Kneipenbetrieb locker zwei Pakete durch. Ach ja, und – Kapuzenjacken mit Taschen. Zugegeben, damit kriegt man mich immer noch. Weil sie so verdammt praktisch sind: Reserveteelichter, Bierdeckel, Kugelschreiber, Flaschenöffner – all das kann ich während der Kneipenschichten hervorragend in den Kapuzenjackentaschen herumtragen wie ein Känguru seinen Nachwuchs.

Die Kapuze ist ein zusätzliches Pfund, mit dem eine solche Jacke wuchern kann, denn schließlich kommt das Holz für die Öfen nicht von allein ins Haus spaziert. Deshalb heißt es hier – auch und vor allem bei Wind und Wetter – immer mal wieder: raus aus der Antikhütte, ab auf die Wiese und durch die Pfützen, rein in den Holzschuppen. Da ist so eine Kapuze obenrum der Kracher. Und im Ernstfall kann man in dieser sogar noch zwei, drei Scheite extra transportieren, wenn die kleinen Hände schon voll sind.

Untenrum hingegen musste ich umfassender umdisponieren. In den ersten Wochen habe ich noch versucht, das vorhandene Schuh- und Stiefelwerk unabhängig von Absatzhöhe und Besohlung seiner Bestimmung zuzuführen, sprich: zu tragen. Was ein völlig sinnloses, ja, teilweise sogar lebensgefährliches Unterfangen war. Denn wer innerhalb des Hauses mit einer halsbrecherischen Treppe gesegnet ist, vor der Grot Dör Feldsteinpflaster liegen hat und an allen anderen Hauseingängen bei entsprechenden Witterungsverhältnissen regelmäßig in Schlammgruben oder kunstvoll aufgetürmten Maulwurfshügeln versackt – es kann auch mal ein bisschen Hühnerschiet dabei sein –, der sollte auf Absätze lieber verzichten. Und auf offene Pumps sowieso.

Die Erkenntnis kam relativ schnell; ich brauchte dafür lediglich einen am Feldsteinpflaster gescheiterten Knöchel sowie nur wenige Tage später einen zusätzlich auf Kürbisgröße angeschwollenen Fuß (nachdem im Holzschuppen drei außerordentlich schwere Scheite draufgefallen waren).

Umso leidenschaftlicher trage ich auf meinen Streifzügen rund ums Haus nunmehr die Gummistiefel vom Mann. Die haben zwar Schuhgröße 47 und schlackern an mir rum, wie ich es aufgrund meines Körpervolumens sonst nur selten erleben darf, aber dafür kann ich an kalten Tagen vier Paar Socken anziehen, und sie passen immer noch.

Getrennt habe ich mich von meiner städtischen Schuh- und Stiefelsammlung noch nicht – ich bringe es einfach nicht übers Herz. Wer weiß, vielleicht kommt ja doch noch mal die Gelegenheit, auf einigen Exemplaren aus der Kollektion durch die Deele zu stöckeln. Zum Glück hat sich auch die »Stadtbereifung«, wie der Mann die Sammlung nennt, mittlerweile meinem Blickfeld entzogen, sodass mir dieser Verlust im Alltag ebenso wenig zu schaffen macht wie der Fashionverzicht. Momentan ist das Gesamtkonvolut gut getarnt hinter dem weißen Plastiktannenbaum verschwunden, den ich nach Weihnachten auf die Schnelle abbauen musste und dann zu gesundheitsbewusst dafür war, ihn auf den Dachboden zu bringen (wie gesagt, die Treppe ist lebensgefährlich).

Falls Sie sich in diesem Zusammenhang fragen, wie es ein weißer Plastiktannenbaum in die Weihnachtsdekoration einer ehemaligen »Wohnexpertin« schaffen kann, und dann auch noch in einer Antikhütte: Kontraste, Leute. Kontraste sind das A und O! Grün und echt kann jeder; außerdem gibt es davon hier schon genug, und wegen mir soll kein Baum sterben.

Na gut. Die Wahrheit ist, dass das Ding mal von einem Gastspiel im schleswig-holsteinischen »Weihnachtsdorf Wanderup« übrig geblieben ist, wo es im Dunkeln Trinkern und Kulturkennern den Weg zu unserem Stand und der kleinen Bühne wies. Trotz nicht gerade liebevoller Behandlung beim Auf- und Abbau hat das weiße Plastiktannenbäumchen die Chose überlebt. Und warum sollte ich wegwerfen, was noch tut? – Seh'n Se. Wer nachhaltig leben und downshiften will, muss eben hier und da auch mal Abstriche machen. Das gilt dann nicht nur für die Mode.

Ich jedenfalls fand meine weiße Plastiktanne ganz schön toll, nachdem ich sie erst mal mit allem behängt hatte, was die Weihnachtskiste hergab. Nachbar Shreki hat sich zwar schier totgelacht, als er dem Ding zum ersten Mal Aug in Aug gegenüberstand, und wie ich ihn kenne, werde ich mir sein dröhnendes Weihnachtsbaumgelächter noch jahrelang bei jeder sich bietenden Gelegenheit anhören dürfen. Aber so ist das eben, wenn man echter Trendsetter ist; da braucht man manchmal ein dickes Fell. Also, die Plastiktanne bleibt. Und wartet jetzt gut aufgehoben in direkter Nachbarschaft zur »Stadtbereifung« auf ihren nächsten großen Auftritt. In nur elf Monaten ist es wieder so weit.

Die Zeit, die ich bis dahin erneut einsparen werde, weil ich so viel weniger davon am Schminktisch und in der Ankleide verbringe als noch vor zwei oder drei Jahren, kann ich nicht nur gut zum Lesen nutzen, sondern auch zum Schreiben (Sie wollen übrigens ganz bestimmt nicht wissen, wie ich aussehe, während ich diese Zeilen zu Papier bringe). Die bereits umgesetzten Downshiftingmaßnahmen machen mich zwar einigermaßen optimistisch, was den vereinbarten Abgabetermin fürs Manuskript betrifft, aber trotzdem kann es nicht schaden, durch weitere kluge Schachzüge noch ein wenig mehr Zeit hinzuzugewinnen.

Ich bin deshalb kürzlich dazu übergegangen, meine Haare nicht mehr täglich zu waschen. Was gar nicht so schlimm ist, wie ich befürchtet hatte. Im Gegenteil, ich habe sogar das Gefühl, dass weniger von ihnen abbrechen oder in der Bürste stecken bleiben, und komisch angeguckt hat mich deshalb auch noch niemand. Hoffe ich jedenfalls. Ganz auf Körperpflege oder auf die Übung des Make-up-und-Puder-Auftragens zu verzichten ist allerdings nicht ratsam: Man kann das nämlich auch verlernen. Behauptet jedenfalls der Mann, der kürzlich, als ich mich in der Kombüse der Antikhütte zu ihm umdrehte, in ganz ähnliches Gelächter verfiel wie zuvor im Advent Shreki. Nur dass es in diesem Fall nicht um den Plastiktannenbaum ging, sondern um mein Gesicht, das ich just abzupudern versucht hatte.

Dabei war wohl was schiefgelaufen; jedenfalls hatten die Puderteilchen – vielleicht aus Altersgründen; die entsprechende Puderdose befand sich schon in meinem Besitz, als die Antikhütte noch in fremden Händen war – überhaupt nicht mehr die Konsistenz von Puderteilchen, sondern mehr so von – hm – Flocken, vielleicht?, und sie waren außerdem weiß statt hautfarben, weshalb der Mann mich, nachdem er endlich wieder Luft bekam, prustend fragte, ob ich mich mit dem Salzstreuer gepudert hätte. Und ausnahmsweise mal nicht mit dem Klammerbeutel, haha.

Sehr witzig. Ich habe dann festgestellt, dass es nicht der Puder selbst war, der in meinem Gesicht so seltsam unpudrig aussah, sondern die Quaste, die aufgrund der langen Nichtnutzung just im Begriff war, sich aufzulösen und dem finalen Verwesungsprozess hinzugeben. Downshifting hin oder her, so weit darf es natürlich nicht kommen, das ist dann schon Verwahrlosung. Ich habe mir am nächsten Tag selbstverständlich sofort eine neue Puderdose samt hochwertiger Quaste gekauft und somit mein knapp bemessenes Kosmetikbudget für gleich drei Monate ausgeschöpft, weshalb der Mann mir das ebenfalls auf der Anschaffungsliste stehende Nachfüllfläschchen Parfüm, welches ich nun leider, leider nicht mehr selbst erwerben konnte, schenken musste.

Nur dieser Umstand wusste es zu verhindern, dass mich nach der Lachattacke des Mannes noch monatelang eine Posttraumatische Belastungsstörung quälte. Der Mann hat das sofort verstanden und kaufte das Parfüm deshalb umgehend, konnte es sich aber nicht verkneifen, es mir mit den Worten »Hier, Frau. Du duschst ja jetzt seltener« in die Hand zu drücken. Irgendwann tu ich ihm was ins Essen.

Dorfzoologie

Von Monstermaulwürfen, Hennenrennen und anderen tierischen Besonderheiten im »verrückten Dorf«

Das Mit- und Nebeneinander von Mensch und Tier hier im verrückten Dorf ist faszinierend. Neben Smörchen leben im »Jabel der Welt« weitere zahlreiche Vierbeiner, und die sind, was ihre individuellen Persönlichkeitsstrukturen betrifft, mindestens ebenso illuster und mitunter kurios wie ihre dörflichen menschlichen Pendants.

Da ist Benny, der chronisch unterforderte Border Collie vom verrückten Professor, vor dem ich meine Gäste regelmäßig warnen muss. Also, vor dem Hund, nicht vor dem Professor. Obwohl, wenn ich es genau bedenke, muss man auch bei letzterem ziemlich auf der Hut sein. Denn der Professor wiederum hat so viel zu erzählen, dass, wer sich auf eine kleine Plauderei einlässt, selten unter einer Stunde rauskommt. Diese Zeit zu investieren lohnt sich jedoch immer, denn der Professor ist ein weit gereister Mann, der eine Menge kluger und interessanter Dinge zu berichten hat, und Gespräche mit ihm sind so, als würde man ein Knöpfchen drücken und direkt in andere Welten gebeamt werden: nach Südamerika, nach Marokko, zu aufregenden archäologischen Ausgrabungen oder in verrauchte Berliner Studentenkneipen der 1960er-Jahre.

Einen durchgetakteten Terminkalender kann eine zufällige Begegnung mit der selbstverständlich fließend mehrsprachigen Lexikothek in Menschengestalt zwar schon mal durcheinanderbringen, aber man ist hinterher immer ein bisschen schlauer, und das kann man ja heutzutage nicht mehr von allzu vielen Begegnungen behaupten. Der Professore hat in »Wittlerins

Wohnzimmer« schon zu »Vampiren im Wendland« und zur »Musik der Karibik« unterhaltsame Vorträge gestaltet, und sein Repertoire an historischem Wissen, erstaunlichen Anekdoten und Weltenkenntnis ist schier unerschöpflich, was ihn zu einem gefragten Referenten macht. Jedenfalls, solange man – so wie glücklicherweise meine Wenigkeit – eine durchdringende Tischklingel auf dem Tresen stehen hat, mit der man im Ernstfall den eigentlich vorgesehenen abendlichen Zeit- und Programmplan zwischendurch mal so ganz, ganz vorsichtig in Erinnerung rufen kann.

Bei des verrückten Professors treuem Gefährten namens Benny ist der Fall, was den Faktor »Zeit« betrifft, durchaus ähnlich gelagert. Denn die oben erwähnten Warnungen spreche ich natürlich nicht aus, weil dieses agile, sehr intelligente Exemplar von Hund jemals Menschen angehen würde. Im Gegenteil, Benny hat allen Zweibeinern gegenüber ein sehr freundliches, ja, geradezu anhängliches Wesen (was gegenüber anderen Hunden je nach Stimmungslage auch schon mal anders aussehen kann).

Aber Benny ist auch ein sehr, sehr fleißiger Hund, der nicht nur arbeiten, sondern noch dazu am liebsten laufend unbezahlte Überstunden schieben will. Mangels einer zu bewachenden Schafherde gehören Stöckchen im Maul somit zu seiner Grundausstattung, und diese wollen selbstverständlich geworfen werden. Am liebsten rund um die Uhr.

Diese »Stöckchen« sind zwischen streichholz- und baumstammgroß – je nach Verfügbarkeit. Irgendwas findet Benny immer, wobei er dahingehend zwischen »drinnen« und »draußen« leider ebenso wenig unterscheidet wie zwischen »sauberem, angenehm zu werfendem Hölzchen« und »total zugesabbertem, triefendem, sich bereits in seiner finalen Verwesungsphase befindlichem Modertrumm«. Sowohl das eine als auch das andere legt er treuherzig all jenen in den Schoß, die die Nachtigall (vgl. Kapitel 14: »Wie Sie hör'n, hör'n Sie nix«) nicht rechtzeitig genug trapsen hören. Und wer das Stöckchen einmal wirft, der hat verloren, denn Benny – wird weitermachen. Stundenlang. Tagelang. Über Wochen. Und selbst wenn der mittlerweile völlig ausgelaugte Stöckchenwerfer vor Erschöpfung am Tisch zusammenbricht, Benny wird es nicht akzeptieren und den armen Tropf mit dem aktuellen Folterinstrument seiner Wahl so lange piesacken, bis dieser in einer Art verzweifeltem Automatismus doch wieder blind den Arm ausstreckt. Und halt weiterwirft.

Das Einzige, was hilft – wenn man zum Beispiel als Wirtin Dinge zu tun hat –, ist schlichte Ignoranz. Auch wenn diese schwerfällt. Denn natürlich hat Benny den hündischen Bettelblick ganz besonders gut drauf, und wenn er dann das außerordentlich hübsche Köpfchen so schief legt und seine Ohren dabei herzerweichend nach außen klappt, dann – ja, dann bedarf es schon einer gehörigen Portion Durchhaltekraft, sich nicht doch auf die so entzückend dargebotene Spielaufforderung einzulassen.

Mir gelingt das mittlerweile – je nach noch offener To-do-Liste – ganz gut; der Mann hingegen kann während seiner Landwochenenden kaum widerstehen. Und legt bei Bennys Spontanbesuchen auf unserem Grundstück eine solche stöckchenwerferische Hingabe an den Tag, dass ich bereits ernsthaft die Möglichkeit in Betracht gezogen habe, mich zur rein prophylaktischen Unmutsandeutung der vorsichtigen Äußerung eines Quäntchens Eifersucht zu bedienen. Ausnahmsweise sind die Katze und ich uns in diesem Punkt absolut einig; Smörchen findet es auch gar nicht soooo toll, dass der Hund mittlerweile sogar Türen öffnen kann und so immer einen Weg findet, sich auch bei geschlossenen Pforten aufs Grundstück zu katapultieren.

Benny wiederum schwelgt an diesen Wochenendtagen, die ihm durch einen Zweimetermann mit quasi nonstop rotierenden Armen versüßt werden, im totalen Glück. Was dazu führt, dass er dem Professore mittlerweile auch unter der Woche ab und an ausbüxt und dann wie ein Liebeskranker in Jabel Nr. 20 jaulend nach dem Mann sucht: in der Deele, im Garten, im Schuppen, im Unterstand. Gern auch mal in meinem Büro. Welches nicht sehr groß ist. Weshalb die dort durchaus vorhandene, aber sehr fragile Ordnung durch ein kurzes Schwanzwedeln dermaßen durcheinandergebracht werden kann, dass ich – bei aller Liebe – mit Benny schimpfen muss. Die Katze feixt sich dann immer einen und zeigt Benny die lange Nase, der beleidigt heulend von dannen zieht und vermutlich so was in sich rein brummelt wie: »Ich sag's dem Professor. Das sag ich dem Professor! Oder dem großen Mann!«

Schimpfen muss ich manchmal auch mit Baldo. Das ist der Golden-Retriever-Labrador-Mischling von Didi, und Baldo fühlt sich – wie auch sein Herrchen – in »Wittlerins Wohnzimmer« ziemlich regelmäßig sehr wohl. Das allein kann man Baldo natürlich kaum vorwerfen, und ich habe zudem eine gewisse Mitschuld daran, denn Baldo luchst mir immer wieder eine Scheibe Kochschinken ab. Oder auch zwei. Na ja, und jetzt denkt Baldo halt, die Deele wäre auch sein Zuhause, da will er natürlich ein besonders guter Hund sein – folglich bellt er laut und ausdauernd, wenn sich Besuch ankündigt.

Was sich wiederum für Gäste, die ihn noch nicht kennen, durchaus ein bisschen bedrohlich anhören kann. Und die Katze auf die Palme bringt. Beziehungsweise auf die Idee, sich gleich mal buckelnd und fauchend in Position zu bringen, um den Hund aktiv in die Schranken zu weisen. Zur Not auch mit Gewalt. Heißa! Man kann sich vorstellen, dass da dann gleich Stimmung in der Bude ist.

Richtig lustig wird's, wenn dorffremde Hunde entgegen der Weisung der Wirtin frei in der Deele verkehren (noch mal für alle: Ja, Hunde sind willkommen. Aber bitte lasst sie angeleint!) und es wagen, sich der »magischen Grenze« rund um das Sofa vor dem Kamin zu nähern. Dann flippt die Katze nämlich richtig aus – und wo Smöre hinschlägt, da wächst auf der Hundenase kein Haar mehr.

Einen kleinen Terrier hat die Katze mal so verprügelt, dass der sich fünf Stunden lang irgendwo versteckte, wo ihn keiner wiederfand. Vier Gäste suchten im Akkord – aber das Tierchen blieb verschwunden. Frauchen fuhr gegen Mitternacht unverrichteter Dinge beziehungsweise ungefundenen Hundes ermattet und besorgt zurück nach Hause. Gegen halb zwei jaulte und kratzte es dann doch endlich an der Grot Dör – da war sie wieder, die geschundene Hundeseele, und stilgerecht in Nachtgewand und Schlafmütz konnte ich den kleinen Schieter wenig später seiner erleichterten Besitzerin in die Arme drücken.

Smöre greift übrigens nicht nur Hunde an, wenn dies ihrer hochwohlgeborenen Einschätzung nach angebracht ist, welche wiederum nur selten logischen Regeln folgt: Auch Gästen, die ihr ohne ausdrückliche Genehmigung zu nahe kommen oder sonst wie Missfallen auf sich ziehen, zeigt die Katze sehr deutlich, wo der Hammer hängt. Beziehungsweise die Mittelkralle. Ein paar wenige Handvoll purer, sehniger Kampfeslust!

Wer es als Nichtfamilienmitglied wagt, die Antikhütte über den falschen Zugang aufzusuchen – also über den Eingang im hinteren Teil des Privattraktes, an dem tatsächlich nur besonders enge Freunde des Hauses empfangen werden, was wiederum Smörchen sehr schnell sehr, sehr gut verstanden hat –, der wird angeknurrt, und wer nicht hören will, der muss dann halt ganz klassisch fühlen. Smörchens Revier ist dank ihres nahezu fanatischen Engagements mittlerweile besser abgesichert als die EU-Außengrenze im Osten der Slowakei! Da ist die Katze eine echte Zicke und mit ihren Powerpfoten noch dazu flinker als Susi Kentikian, die mit bis zu 400 Schlägen pro Minute als schnellste Boxerin der Welt gilt. Auch bei Artgenossen kennt Smörchen kein Pardon, selbst wenn diese ihr haushoch unterlegen sind. Wie zum Beispiel Katerchen Kalli, der kleine schwarz-weiße Neuzugang von Nachbarin Bettina.

Kalli war als Baby ziemlich krank, und davon hat er leider einen kleinen Spätschaden zurückbehalten, der sich vor allem in seinem hinteren Bewegungsapparat zeigt: Wenn Kalli läuft und springt, dann bricht ihm eben jener immer mal wieder weg. Dann fällt Kalli kurz und bündig einfach um: Bupp!, liegt er da – und guckt verdutzt, weil von allen ihn selbst das jedes Mal am meisten überrascht.

»Der muss noch ausgewuchtet werden«, pflegt Wurm diese kleine Besonderheit auf die ihm eigene Art zu beschreiben, und mit seinem unbedingten Willen, das Leben trotzdem in vollen Zügen zu genießen, erobert Kalli alle Herzen im Sturm. Denn seine Einschränkung ficht das kleine Bündel nicht weiter an: In Sekundenschnelle rappelt Kalli sich wieder auf und springt und spielt weiter; ein Ausbund an Lebensfreude und Agilität. Wenn im »Wohnzimmer« richtig was los ist, findet Kalli das super; er sucht dann regelmäßig Gesellschaft und begrüßt die Gäste vor der Grot Dör mit einer eigens inszenierten kleinen Show, während Smörchen sauertöpfisch auf dem Sofa thront und mit unbewegtem Gesichtsausdruck schon wieder darüber nachsinnt, wann sie Kalli endlich das nächste Mal unbeobachtet verkloppen kann.*

Nun. Hunde- und Katzengeschichten ließen sich an dieser Stelle ohne Ende erzählen, aber von diesen gibt es auch in der Stadt ausreichend; da will ich Sie nicht länger ausgerechnet damit zutexten. Kommen wir lieber zu den tatsächlich landspezifischen Lebewesen. Zu Hühnern zum Beispiel.

Schulzens die Jüngeren von gegenüber haben davon einige. Und auch die büxen manchmal aus. Überraschung! Dann begeben sie sich in einer von der resoluten Leithenne angeführten Reisegruppe auf den allen Mut erfordernden Weg über die Dorfstraße, um in Jabel Nr. 20 einzukehren. Je nach Reiseziel

* Zum Zeitpunkt der Drucklegung dieses Werkes ist Kalli leider schon seit mehreren Wochen verschwunden. Smörchen hat damit nichts zu tun, ich schwör!

muss man halt auch mal ein Risiko in Kauf nehmen, und ein ebensolches geht die fröhliche Truppe in diesem Fall gern ein. Schließlich ist das Gras in Nachbars Garten immer ein bisschen grüner. Und auch, wenn das in diesem Fall nur bedingt stimmt, lohnt sich die Anstrengung offenbar: Ziel der Kolonne ist der (von der Dorfstraße aus gesehen) rechte Gartenteil. Dieser scheint für die Glucken nahezu ein Paradies zu sein und hat sich somit zu einem touristischen Hendl-Hotspot entwickelt.

Der Grund dafür liegt auf der Hand beziehungsweise in der Erde. Denn dieses Teilterrain zwischen Dorfplatzzuwegung und Antikhütte ist von gestalterischer Menschenhand bislang weitgehend unberührt geblieben; vor allem, weil bis heute der überaus unansehnliche Flüssiggastank auf ihm herumsteht und das Gesamtbild so verschandelt, dass man das mit dem Dekorativen gleich sein lassen kann. Statt eines gepflegten Beet- und Rasenensembles (haha!, siehe weiter unten, Stichwort »Monstermaulwurf«) finden sich hier alter Baumbestand, ein wenig Gestrüpp, der Klärgrubendeckel, ein baufälliger Unterstand, der einstmals als Schafstall genutzt wurde, ein kleiner Lieferpfad – und davon abgesehen nichts als wunderbarer, locker-matschiger Humus unter einer löchrigen Grasnarbe. In diesem lässt es sich wunderbar picken und wühlen, und so beheimatet dieser Flecken Erde an manchen Tagen ein begeistertes Hennengeschwader, das es sich gut gehen lässt und genießerisch das Beste rausholt.

Manche von Ihnen stutzen jetzt vielleicht und fragen sich verwundert: Nanu! Und wo ist der Hahn? Zu einer Gluckengruppe gehört doch auch ein Hahn?! – Ja, das ist richtig. Ein Hahn muss bei, und das trifft natürlich auch auf diesen Hühnerhaufen zu. Nun ist besagter Hahn von seiner körperlichen Konstitution her aber ausladender gestaltet als sein Harem, und somit stößt er an besagten Ausflugstagen nicht nur sprichwörtlich an Grenzen.

Denn die kleine Pforte am Garteneingang, deren Riegel sich so verzogen hat, dass er nicht mehr richtig schließt, habe ich mithilfe einer Lichterkette zu sichern versucht. Zumindest so, dass allzu Neugierige ahnen: Hier lieber nicht durch. Gesperrtes Gelände! Die kurzurlaubshungrigen Hennen hält das nicht auf, denn sie sind klein genug, um durch den lichtschlauchverknödelten Pfortenspalt hindurchzuschlüpfen; der Hahn hingegen würde kläglich stecken bleiben, und weil er das trotz seiner sonst eher beschränkten intellektuellen Fähigkeiten vermutlich ahnt, bleibt ihm nichts, als außen vor zu bleiben.

Das tut er dann auch und kräht sich vor der Grot Dör über Stunden die gockelige Seele aus dem Leib, während seine Mädels nur ein paar Dezimeter weiter aus ihrer Wellnessoase voller Schadenfreude »Ätschi-Bätschi« machen, sich vor Lachen schier weggackern und ihren gockelfreien Mädelstag so richtig abfeiern. Ich kann Ihnen sagen: Jedes Mal eine kinoähnliche Darbietung.

Und hier noch eine erfreuliche Information für am Dorfbild Interessierte: Der örtliche Gasnetzbetreiber hat angekündigt, demnächst endlich auch im »Jabel der Welt« Gasleitungen verlegen zu wollen. Was eine schöne Möglichkeit wäre, den Flüssiggastank final loszuwerden und sich doch noch der dorfseitigen Gartengestaltung zuzuwenden – auch wenn dies die Hühner auf lange Sicht um ihr Wellnessressort bringen würde. Aber da müssen sie dann halt durch. Man kann auch nicht auf alles Rücksicht nehmen.

Das mit der Rücksicht hat sich im Tierreich sowieso nie so richtig durchgesetzt. Ich meine, da ist das ganze Wendland voll von Flora und Fauna und Wiesen und Feldern. Und ausgerechnet wo zieht der monströseste Maulwurf der nördlichen Hemisphäre ein und macht es sich so richtig kommod? Korrekt: Natürlich im »Jabel der Welt«, genauer gesagt, in Jabel Nr. 20. Selbstverständlich genau in jenem Gartenteil, in dem ich es in den warmen Sommermonaten meinen Gästen so schön wie eben möglich zu machen versuche. Insofern nimmt der Monstermaulwurf zwar Rücksicht auf die Hühner, aber mitnichten auf den Mann, und damit auch nicht auf mich.

Mit welch geradezu aufopferungsvoller Hingabe hat der Mann in den vergangenen beiden Sommern versucht, der grundstückseigenen Wiese zu hügel- und fleckenlosem, sattem, dichtem Grün zu verhelfen! Er hat gemacht, getan, gesät, gesprengt, gemäht – und geflucht. Immer dann, wenn ein neuer Maulwurfshaufen auftauchte. Also so ungefähr jeden Tag mehrfach.

Der Mann hat eben mal durchgezählt; momentan sind es 158 Haufen (kein Scherz!). Es ist Winter, und es sind teilweise echt große Haufen. SEHR große Haufen. Mehr kunstvoller Turmbau zu Babel als schlichtes maulwürflerisches Schaufeln. Der Monstermaulwurf leistet ganze Arbeit, und es kann kein Zufall sein, dass der Maulwurf das »Tier des Jahres 2020« ist. Damit können die nur den Monstermaulwurf aus Jabel meinen. Dieser ist nämlich nicht nur im Garten aktiv, sondern hat auch schon versucht, panzerknackermäßig über geheime Bodengänge in die Antikhütte einzubrechen. Und auch das ist kein Scherz!

Es war im Winter 2018/2019, als ich eines Morgens, noch verschlafen und dösig, in die Deele kam und im vorderen Bereich – neben der Schwelle zur Lagertür, genau da, wo die Centerbox steht, die die Antikhütte im Knopfumdrehen zum Rockklub macht – einen Erdhügel entdeckte. Er war fein säuberlich rund um den Boxenständer aufgeworfen, und ich rieb mir die Augen und wunderte mich. Sehr. Zwar bin ich Erdanhäufungen auf dem Deelenfußboden mittlerweile durchaus gewohnt, Benny und dem Mann sei Dank; aber diese sind doch in der Regel nicht höher als ein, zwei Zentimeter, und sie haben weder den Durchmesser eines Frühstückstellers noch die spitz zulaufende Form einer Pyramide noch die Gesamthöhe einer kleinen Stehlampe. Das hier war kein kleiner Haufen, es war im Vergleich ein Berg! Ein Zweitausender, sozusagen. Mindestens. Und das, obwohl nirgendwo ein Loch im Boden sichtbar war, das die Entstehung eines solchen Konstruktes überhaupt hätte begünstigen können. Da war nur der Spalt zwischen den Holzdielen und der Fachwerkwand, die die Deele vom alten Schweinestall und heutigen Lager trennt. Aber dieser Spalt reichte unserem Kunstwühler offenbar, um gekonnt abzuliefern.

Wenige Stunden nach meiner Entdeckung kam Shreki rüber, um, wie so oft, handwerkliche Heldentaten zu verrichten. Als ich ihm meine Theorie vom wild gewordenen Monstermaulwurf erläuterte, der versuche, die Antikhütte auszurauben, lachte er zunächst sein dröhnendes Shreki-Lachen und wollte mir kein Wort glauben. Dann aber sagte ich: »Schau doch selbst!«, zeigte empört auf den Zweitausender und ergänzte, dass die Katze ganz bestimmt kein Interesse daran und sowieso viel zu wenig Zeit dafür habe, in ihrem eigenen Wohnzimmer architektonische Wunderwerke aus wendländischem Bodensatz aufzutürmen. »Gilt natürlich auch für mich«, ergänzte ich. Nur für alle Fälle. »Oder warst du das?!«

Da wurde Shreki ganz still, starrte noch etwa dreißig Sekunden auf das Maulwurfsmonument und sagte: »Gib mal 'n Zollstock«; eine Aufforderung, der ich umgehend nachkam und meine wohlgehütete St.-Pauli-Messlatte aus der Schublade kramte. Die klappte Shreki fachmännisch auf und versenkte sie dann gekonnt im Spalt zwischen Holzboden und Wand. Erst bei ungefähr 40 Zentimetern war Schluss. Fachwerkunkundigen hilft hierzu vielleicht noch die Information weiter, dass niedersächsische Hallenhäuser in der Regel nicht unterkellert sind und auch keine undurchlässige Bodenplatte im modernen Sinne besitzen.

»Alles klar«, sagte Shreki, dabei hatte sein Gesichtsausdruck fast etwas Anerkennendes, und klappte den Zollstock wieder zu, »öfter mal was Neues. Sieh's positiv, immerhin graben Maulwürfe nur da, wo der Erdboden eine besonders gute Qualität hat.« Hahaha. Ich habe den Turmbau zu Babel dann einfach, ohne weiter drüber nachzudenken, beseitigt; bis heute ist er nicht wieder aufgetaucht.

Ich bin trotzdem fest davon überzeugt, dass der Monstermaulwurf in kalten Nächten nicht mehr im Garten, sondern unter dem Deelenboden wohnt und dort insbesondere jene späten Stunden genießt, in denen ich die Centerbox noch mal aufdrehe, um den Abend gebührend abzuschließen. Maulwürfe sind nämlich nicht nur fast blind, ihre Ohren sind auch noch im Fell versteckt, damit keine Erde reinfällt. Den somit nur schwach ausgeprägten Hörsinn gleichen stattdessen ihre Haare aus: Diese nehmen Erschütterungen und Schwingungen auf und leiten sie als Information über das Geschehen in der näheren Umgebung an das Gehirn weiter. Insofern muss man wohl einfach davon ausgehen, dass neben den Hühnern auch der Maulwurf Jabel Nr. 20 als Wellnesstempel entdeckt hat und sich direkt unter der Centerbox immer mal wieder eine Akustikmassage abholt, die seine Hörhaare so richtig knallhart durchwalkt.

Der Mann behauptet, er habe den Monstermaulwurf im vergangenen Sommer tatsächlich gesehen, von Angesicht zu Angesicht, und dass dieser mindestens so groß sei wie ein Riesendackel. Wikipedia hingegen sagt, dass ausgewachsene Maulwürfe maximal um die 17 Zentimeter lang sind und zwischen 60 und 120 Gramm wiegen. Da hätten wir nach der Aussage des Mannes in Jabel Nr. 20 tatsächlich ein sehr besonderes Exemplar, das die Bezeichnung »Tier des Jahres 2020« wirklich verdient und eigentlich eine wissenschaftliche Sensation ist. Hm.

Ich weiß, dass Maulwürfe unter Naturschutz stehen und dass man sie nicht umbringen darf. Aber nehmen wir mal an, der

Monstermaulwurf steckt doch noch mal seinen Kopf durch diese bestimmte Stelle an der Schwelle von der Deele zum Lager. Zum Beispiel, während ich gerade die Kneipenschicht vorbereite und eines der kleinen Bierfässer vom Lager in die Kombüse trage. Wenn mir dieses schwer zu fassende Fass dann zuuufällig aus den Händen rutscht und runterfällt, genau auf den Monstermaulwurf, dann – dann kann ich nichts dafür. Echt nicht.

Tja. Sagt nun eine, die sich neuerdings sogar bei Spinnen entschuldigt, wenn sie auf einer ihrer seltenen Reinemachetouren durch die Antikhütte deren Häuser zerstört. Vermutlich kommt also eher der Monstermaulwurf zu meiner Beerdigung, als dass ich seine bewirke. Aber man wird ja wohl noch träumen dürfen.

Dass der Mann und ich in Sachen »Tierliebe« bei aller Einvernehmlichkeit doch am Ende irgendwie unterschiedlich ticken, zeigt übrigens der folgende Dialog. Er fand kürzlich draußen statt, an einem noch frischen, aber schon verheißungsvollen Frühlingstag.

Der Mann und ich hatten uns am Terrassentisch für einen Pausenkaffee verabredet, den wir zufrieden vor uns hin schlürften, während ich Smörchen hinterhersah, die mal wieder zu einem ihrer ausufernden Streifzüge durch das Dorf und weit darüber hinaus aufbrach. Die dementsprechend bevorstehende tierische Leere im Garten brachte mich dazu, einen Stoßseufzer von mir zu geben und dann folgenden Satz: »Also, irgendwie fehlt hier noch was Kleines, das durch den Garten purzelt.« Ich dachte dabei in erster Linie an – nein, nicht an ein Kind; aus dem Alter bin ich definitiv raus und plane meinen Status als biologische Blindgängerin in diesem Leben auch keinesfalls mehr zu ändern –, also, ich dachte an so etwas wie ein Huhn, ein Zwergpony oder einen Mini-Esel.

Der Mann hingegen antwortete sehr prompt und sehr trocken: »Ja, genau. Der Mähroboter.«

Ich bekam daraufhin einen Lachkrampf, der in etwa so lange andauerte, wie ein Mähroboter vermutlich braucht, um das ganze Grundstück umzupflügen und dabei quasi im Vorbeirattern dem Monstermaulwurf endgültig den Garaus zu machen. Mit dem Mähroboter liegt der Mann mir schon seit Monaten in den Ohren, und ich glaube, der gute Witz ist es mir wert, dass ich nächste Woche tatsächlich einen kaufe. Wie *das* endet, können Sie mit etwas Glück dann im nächsten Buch nachlesen.

Eben mal nach Kamerun

Über drollige Dorfnamen, das »Doppelte Lottchen« und ein Pferd auf dem Rücksitz

Das erste Geschenk, das ich im »Jabel der Welt« erhielt, war ein Geschirrtuch: weiß mit rotem Rand, leinenähnlich, darauf in Schwarz die Abbildung eines Hahnes und einer Henne, die sich gegenüberstehen – plus, als sich fast über das ganze Tuch erstreckende Auflistung, der in Rot gehaltene Abdruck von sage und schreibe 181 Ortschafts- beziehungsweise Dorfnamen des Wendlands. (Ich habe sie soeben gezählt. Einmal musste ich kurz unterbrechen, weil Smörchen wieder eine tote Maus auf dem Opferteppich parken wollte. Sollte ich mich also um einen, zwei, maximal drei Namen verzählt haben, sehen Sie es mir bitte nach!)

Überbringer des lieben Willkommensgrußes waren Volker und Bettina, vom ersten Tag an gern gesehene Gäste in Jabel Nr. 20, und sie überreichten mir das Tuch zusammen mit einem Pass der »Freien Republik Wendland«, den ich in der Deele bis heute stolz in einer der Glasvitrinen präsentiere.

Auch das Tuch hat einen Ehrenplatz: Es liegt auf meinem Spirituosentresen und wird maximal zum Polieren von Gläsern verwendet, um die vielen erstaunlichen Dorfnamen (deren Schriftzüge trotz aller Schonung am Rand doch ganz langsam zu verblassen beginnen) nicht durch übermäßige Gebrauchsbelastung zu gefährden. Bettina erklärte mir, dass die Liste auf dem Geschirrtuch mitnichten alle Dorfnamen der Region vereinen würde, aber ein Anfang für meine wendländische Ortskenntnis war damit immerhin gemacht.

Trotzdem liest sich die Auflistung für mich teilweise noch immer nicht wie niedersächsische, sondern mindestens wie böhmische Dörfer oder besser noch wie Quenya, Tolkiens Sprache der Elben: Breustian, Corvin, Krummasel. Kussebode, Mammoißel, Meuchefitz. Middefeitz, Penkefitz, Pudripp. Salderatzen, Schreyahn, Simander. Trabuhn, Tüschau, Wussegel. All diese Worte klingen so gar nicht nach norddeutscher Provinz, sondern nach geheimnisvollen Flecken in Mittelerde: Vor meinem geistigen Auge sehe ich, wann immer mir diese Ortsnamen begegnen, Nebel aufsteigen und den kleinen Hobbit durch die Wälder streifen.

Mit den Namen ist das hier überhaupt so eine Sache. Als Wirtin, die es familiär mag, gebe ich mir natürlich große Mühe, mir so viele Namen wie möglich zu merken – im Idealfall auch jene von nur selten einkehrenden Gästen. Die wendländische Gepflogenheit, bei gegenseitiger Sympathie ohne großes Aufsehen direkt zum Du überzugehen, hilft dabei immens.

Den Rest erledigt meine Angewohnheit, sämtliche verfügbare Vornamen gleich auf Bierdeckeln zu notieren, welche zunächst zur Verzehrszählung und Buchführung dienen und dann im ambitionierten wittlerschen Kunstprojekt »Epiloge vom Bierdeckelrand der Gesellschaft« weiterverarbeitet werden (an der ersten Werkschau arbeite ich noch. Erwarten Sie Großes, haha! Und melden Sie sich gern, falls Sie ein Galerist mit dem Gespür für das »gewisse Etwas« sind).

Insgesamt kann ich berichten, dass mein »Vornamenmemory« so weit recht erfolgreich ist – aber ganz zu Anfang hat Jabel es mir nicht leicht gemacht. Jedenfalls, was die Damen betrifft! Denn im »Jabel der Welt« ist sozusagen gleich mehrfach das »Doppelte Lottchen« beheimatet: Trotz der sehr geringen Einwohnerzahl von knapp sechzig (auf diese erstaunliche Zahl kommt man allerdings, wie eingangs meiner Erinnerung nach bereits erwähnt, nur dann, wenn man die Ferienhausbesitzer mitzählt) und der damit zusammenhängenden eigentlich geringen Wahrscheinlichkeit solcher Dopplungen gibt es zwei Bettinas (Bettina 1: die mit dem Geschirrtuch; Bettina 2: die mit dem Katerchen namens Kalli) und zwei Christianes (Christiane 1, von mir liebevoll »Christianchen« genannt, aus der Dorfmitte; Christiane 2: vom Hof Stamer am Dorfrand, Herrin der Galloways). Da kann man als Neue schon mal ins Schlingern kommen.*

Die Jabeler Herren der Schöpfung sind namenstechnisch zwar pflegeleichter, aber auch unter ihnen gibt es eine eklatante Quelle der Verwirrung, die mich zumindest in den ersten Wochen immer wieder durcheinandergebracht hat. Denn da sind noch Didi und Dieter, die – um die Konfusion komplett zu machen – auf derselben Hofstelle leben** und dementsprechend zu geselligen Anlässen gern im Doppelpack auflaufen.

Bis ich allerdings geschnallt hatte, wer denn nun »Didi«, wer »Dietmar« und wer »Dieter« ist, war längst ordentlich Bier den Zapfhahn runtergelaufen. Aber mittlerweile hab ich's im Griff: Didi ist Dietmar, und Dieter ist Dieter. Eigentlich recht einfach, aber man muss es halt einmal kapiert haben.

Was solcherlei unübersichtliche Duplikationen betrifft, machen es einem auch die wendländischen Ortsnamen zeitweise schwer, und zwar völlig unabhängig davon, ob man ein Geschirrtuch zum Üben hat oder nicht: Es gibt Grabau und Grabow. Dazu Reitze, Reetze und Ritze (wobei letzteres bereits in Sachsen-Anhalt liegt). Jabel ist natürlich nicht zu verwechseln mit dem nur wenige Kilometer entfernten Jameln (Achtung am Telefon bei schlechter Sprachqualität!). Und auch nicht mit dem Jabel in Brandenburg; da hilft beim Navi im Ernstfall nur die Postleitzahl weiter.

Diese Erfahrung machten jedenfalls liebe, aber etwas ver-

* Christiane Stamers Mann Hans klärte mich zwischenzeitlich darüber auf, dass es genau genommen sogar drei Christianes sind. Wobei die Dritte im Bunde nach ihrem Einzug ins verrückte Dorf etwaige Komplikationen vorausschauend zu umschiffen beschloss und sich lieber gleich überall als »Christl« vorstellte. Christl, ich danke dir dafür.

** Dieter hat den »Jabel der Welt« zwischenzeitlich als Wohnort verlassen, und auch Didi plant einen Umzug.

peilte Freunde, die eigentlich an einem sommerlichen Sonntag spontan zu einem kleinen Grilli vorbeischauen wollten. Sie waren, wie immer, knapp in der Zeit und etwas chaotisch in der Organisation – und beschlossen nach Eingabe des Reiseziels in den Routenplaner, doch lieber nicht mehr loszufahren, weil ihnen das »für 'ne Wurst doch echt zu weit« sei.

Unglücklicherweise hatten sie als Reiseziel tatsächlich das Jabel in Brandenburg eingegeben, und das war von ihrem Startpunkt aus nicht in den von mir angegebenen knapp zwei, sondern über vier Stunden zu erreichen. Bis sich die Sache aufgeklärt hatte, war die Grillkohle leider schon wieder kalt, und um die Restwurst hatten sich längst Baldo und Benny gekümmert.

Sind Sie dank Ihres Navigationsgerätes und der örtlichen übersichtlichen Landstraßen erst einmal wohlbehalten und hoffentlich stressfrei im Wendland angekommen – vielleicht mit etwas Verspätung, weil Sie zwanzig Kilometer hinter einem Kartoffellaster hingen und sich nicht zu überholen trauten, während zahlreiche Fahrzeuge mit hiesigem Kennzeichen in selbstmörderischer Geschwindigkeit an Ihnen vorbeirauschten – und möchten zu kleinen Streifzügen aufbrechen, um die sehenswerte Gegend zu erkunden: Seien Sie auf dem Weg zu Ihrer nächsten Destination weiterhin auf der Hut! Viele Flecken gibt es dann nämlich erneut in mehrfacher Ausführung zu entdecken.

Vorzugsweise in »klein« und in »groß«: Klein Witzeetze und Großwitzeetze. Klein Heide und Groß Heide. Klein Breese und Groß Breese. Klein Gaddau und Groß Gaddau. Und zu allem Überfluss noch Groß Gusborn, Klein Gusborn und manchmal auch einfach nur Gusborn – spätestens das bringt jeden, der sich mit Logik zu nähern versucht, endgültig an den Rand des Wahnsinns. Eine gewisse Extravaganz ist dem Wendland, was seine geografische Semantik betrifft, nicht abzusprechen, und auch Sie haben bestimmt mindestens ein Lächeln auf den Lippen, wenn Sie im Zuge Ihrer Entdeckungsreise durch den

Landkreis Lüchow-Dannenberg erst mal das Dorfschild von »Kröte« passieren.

Der hiesig exotischste Name von allen dürfte aber vermutlich »Kamerun« sein. Kamerun findet sich auf dem Wendländische-Dorfnamen-Geschirrtuch leider nicht, was vermutlich damit zusammenhängt, dass Kamerun noch nicht einmal nach wendländischen Maßstäben »Dorfgröße« erreicht hat. Meiner rudimentären Recherche nach war Kamerun ursprünglich nicht viel mehr als eine Hofstelle, die dem Ortsteil Sarenseck der Gemeinde Göhrde zugeschrieben wurde; und bis heute ist Kamerun so wenig gewachsen, dass kein gelbes Ortsschild, sondern lediglich eine »Ortshinweistafel« (so heißen die kleinen grünen Schilder mit dem gelben Rand, wieder was gelernt!) auf die Siedlung aufmerksam macht.

Laut meiner Information kann man dort aber trotzdem oder vielleicht gerade deshalb gut urlauben – sogar mit eigenem Pferd, sollten Sie eines besitzen. Und weil wir schon so schön beim Tohuwabohu der Konnotationsklone sind und der Teufel ja immer auf den dicksten Haufen schietert – hier noch eine Kleinigkeit, um die Irritation zu perfektionieren: Auch in Schleswig-Holstein gibt es ein Kamerun (in diesem Fall mit der Postleitzahl 24802 statt mit der 29473), und auch in diesem Kamerun wiederum gibt es – einen Pferdehof.

Passen Sie also gut auf, wenn Sie Ihren Zossen auf der Rückbank festbinden und frohen Mutes losgondeln wollen: Prüfen Sie bei der Eingabe Ihres Ziels im Navigationsgerät auf jeden Fall die Postleitzahl! Und überlassen Sie es bloß nicht dem Pferd, Ihnen die Faltkarte vorzulesen! Das lotst Sie am Ende vielleicht noch ganz woandershin, und Sie lernen das Wendland nie kennen, weil Ihr Gaul lieber in Andalusien mal schicken spanischen Stuten auf den Hintern schielen will.

Das Kamerun der Gemeinde Göhrde heißt laut Überlieferung vermutlich deshalb Kamerun, weil im vorletzten Jahrhundert die dort schuftenden Ziegeleiarbeiter seltsam geformte

Strohhüte trugen, um sich gegen die Hitze der Brennöfen zu schützen. Den Einheimischen kam das komisch vor, und deshalb tauften sie die wunderlichen Hutträger aus der Nachbarschaft »die Kameruner«.

Von Jabel Nr. 20 nach Kamerun sind es gerade einmal 25 Kilometer; eine Strecke also, die in einer knappen halben Stunde zu schaffen sein sollte, wenn einem nicht gerade oben genannter Kartoffellaster in die Quere beziehungsweise vor die Vorderreifen kommt. Ich glaube, ich fahr da die Tage mal hin. Nur, um mich auf eine Bank zu setzen, falls Kamerun eine hat. Und zu warten, bis mich jemand anruft. Sofern man in Kamerun Empfang hat. Wenn dann hoffentlich irgendwann das Telefon klingelt und mein Gesprächspartner mich fragt, wo ich sei, was ja in Zeiten der Mobiltelefoniererei immer wieder vorkommt, dann kann ich ganz nonchalant – und um es auf die Spitze zu treiben, vielleicht mit so einem ganz leicht gelangweilten Unterton – sagen: »Och, ich bin in Kamerun. Ganz schön hier, eigentlich. Bisschen wenig los vielleicht. Und du?«

Ich finde, das klingt ziemlich verlockend. Vielleicht auch ein Tipp für Sie? Probieren Sie's doch aus! Und besuchen Sie mich bei der Gelegenheit gleich mal in »Wittlerins Wohnzimmer« (sofern ich von meinem Kurzurlaub in Kamerun bis dahin zurück bin). Dann kann ich Sie nach Ihrem Vornamen fragen, und im Jahr drauf können Sie noch mal wiederkommen und mich namenserinnerungstechnisch auf die Probe stellen. Solange Sie nicht Dieter, Didi oder Dietmar heißen. Dahingehend ist mein Speicher leider voll, und die gesamten Kapazitäten werden für die bereits vorliegenden beziehungsweise am Stammtisch sitzenden Präzedenzfälle benötigt. Aber ansonsten wäre es mir ein Fest.

Endlich wieder ankneipen

Vom Zauber des Gestern im Heute

Geschichte? – Eigentlich kein Lieblingsfach der Wittlerin. Zwar beinhaltete meine Universitätslaufbahn im zweiten Hauptfach tatsächlich »Sozial- und Kulturgeschichte«, aber das war der Preis dafür, mich im ersten Hauptfach auf den Bereich »Sprache und Kommunikation« konzentrieren zu dürfen. So sah es die Studienordnung vor, und so musste es dann halt sein. Euphorisch war ich bezüglich des Geschichtsstudiums keinesfalls, und ich studierte zwar mit dem möglichst minimalen Aufwand weg, was erforderlich war, aber Leidenschaft sieht wohl anders aus. Insofern war es bezüglich der späteren Berufswahl von Anfang an nur logisch, dass ich mir als Autorin bis heute eher lustiges Neues ausdenke, als Vergangenes zu dokumentieren oder Historisches zu erforschen. Und trotzdem ist, seit es die Antikhütte gibt, doch mal wieder alles ein bisschen anders.

Denn sich mit jedem Schritt plötzlich so unmittelbar durch die Geschichte verstrichener Jahrhunderte zu bewegen, in und mit ihr zu leben, ja, sie mit jedem Atemzug geradezu automatisch einzusaugen, ohne dass man es verhindern könnte – das kitzelt dann doch irgendwie die Neugier wach. Und den Wunsch, Vergangenes zumindest nachvollziehen, vielleicht sogar verstehen zu können.

In der Antikhütte vergeht seit Einzug nämlich kein einziger Tag, ohne dass es irgendwann »plingpling« macht – also, in meinem Kopf – und die Fragezeichen aufploppen. Ich kann mich nicht dagegen wehren. Das passiert einfach! Zum Beispiel, wenn ich doch mal die mörderische Treppe zum Dachboden raufkraxel, weil es sich schlicht nicht vermeiden lässt. Und mich auf der mittleren Stufe plötzlich frage: Wer ist hier wohl schon alles hochgeklettert? Warum überhaupt? Und sind alle lebend wieder runtergekommen?!

Oder ich öffne, eigentlich mit ganz anderem beschäftigt (vermutlich: voll beladen mit zu verstauendem Krempel, für den mir mal wieder der richtige Ort fehlt), die Tür zur Abstellbutze im Privattrakt – und grübele von einem Moment auf den anderen nur noch darüber nach, wer hier vor hundertfünfzig Jahren nach der harten Feldarbeit wohl Erholung gesucht hat beziehungsweise ob und wie es überhaupt möglich war, diese auf der vorhandenen Miniaturpritsche auch zu finden. Tatsächlich muss das Kämmerchen damals so eine Art Alkoven gewesen sein: Hiervon zeugt bis heute diese hölzerne, kleine, fest eingebaute Bank oder Liegefläche, die alles andere als bequem aussieht, die aber trotzdem vermutlich viele, viele lange und kurze Nächte lang, sommers wie winters, nach erschöpfendem Tagwerk als Lagerstatt diente.

Die Vergangenheit von Jabel Nr. 20 ist bewegt. Das zeigt sich nicht nur am Kurvenschlag des ächzenden Dachstuhls. Der Balkenspruch über der Grot Dör, typisches Merkmal der niedersächsischen Hallenhäuser, weist bezüglich der Geburtsstunde der heutigen Antikhütte auf einen großen Brand hin, der das ursprüngliche Haus zerstörte und im Jahr 1838 einen kompletten Wiederaufbau notwendig machte. In Gelb und Blau prangt der von Gottesehrfurcht und Dankbarkeit zeugende Schriftzug bis heute gut lesbar im langen Mittelbalken der Hausfront:

Gott nahm mein Haus, ich weinthe heisse Thränen,
ach, Alles hatte Feuers Gluht verzehrt.
Doch sah der Vater seines Kindes Sehnen
und gab mir wieder, was die Gluht verzehrt.
Des dank ich seiner Güte. Amen.

Jochen-Heinrich und Anna-Dorothea Schulze hießen die zuversichtlichen und tapferen Bauherren damals, und bis heute ist Jabel Nr. 20 unter Einheimischen der näheren Umgebung als »Ecken-Schulze« bekannt.

Große Brände waren in den Rundlingsdörfern des 19. Jahrhunderts keine Seltenheit: Auch Jabels Nachbarrundling Satemin brannte im August 1850 nahezu vollständig ab. In manchen Rundlingen findet sich deshalb im Balkenspruch vieler Gebäude dasselbe Jahr der Errichtung: Die Dorfbewohner bauten die abgebrannten Häuser, nachdem sie zunächst alles verloren hatten, in gemeinsamer, harter Arbeit wieder auf – einer für alle, alle für einen. Was im Grunde bedeutet, dass Jabel oder Satemin, ihrer bisherigen Geschichte zum Trotz, auf einen Schlag fast wieder so etwas wie lupenreine Neubaugebiete wurden; ein Gedanke, der zwar auf den ersten Blick etwas schräg, aber doch tröstlich ist und mich mit dem heutigen »Würfelhusten« in modernen Siedlungen irgendwie ein bisschen versöhnt.

Das Dasein als Dorfkneipe ist der Antikhütte nicht unbekannt: Schon in den ersten Jahrzehnten des 20. Jahrhunderts wurde in Jabel Nr. 20 (damals noch Jabel Nr. 6 und von 1962 bis zur Postleitzahlenreform des Jahres 1993 mit der Postleitzahl 3131) getrunken, gefeiert und getratscht; vor allem wohl unter den Gastgeberfittichen der Eigentümerfamilien Röker und Niebuhr. Eine unserer Dorfältesten berichtet davon, dass es in der damaligen Dorfgaststätte durchaus hoch herging: Arbeiter aus einem nahe gelegenen Kalistock sollen hier bestens gelaunt, lärmend und tanzend ihre Wochenlöhne in Bier und Zerstreuung investiert haben. Später waren auch Streichhölzer und Eis im Angebot; eine Warenkombination, die insbesondere unter den Stöpseln des Dorfes begehrt war.

Anfang der 1970er-Jahre zog die Dorfkneipe dann ins Haus gegenüber, und in der Antikhütte kehrte zunächst Ruhe ein – zumindest, was den gastronomischen Betrieb betraf. Die Bauakte sagt aus, dass am Haus ab August 1976 Umbauarbeiten vorgenommen und in diesem Zuge auch die ehemaligen Wirtschaftsbereiche reinen Wohnzwecken zugeführt wurden. Die Antikhütte diente nach Beendigung dieser Umbauarbeiten (die Dachpfannen lassen grüßen!) zunächst für viele Jahre einem Berliner Ehepaar als Sommerhaus.

Der Ehemann war wohl Kriminalbeamter, so erzählt man es sich jedenfalls. Was meine blühende Autorenfantasie natürlich gleich verrücktspielen ließ; aber – tja, Wendlandkrimis gibt's zwischenzeitlich leider schon. Rolf Dieckmann – ehemaliger »Stern«- und mehrfacher Buchautor, mittlerweile beheimatet im benachbarten Dörfchen Satemin – hat sich der Sache angenommen und die entsprechende Lücke auf der Krimilandkarte endlich geschlossen.

Erwähnenswerte Anekdote hierzu: Rolf Dieckmann und seine Frau haben die Antikhütte auf der Suche nach einer neuen Heimat im Wendland selbst einmal besichtigt. Damals stand Jabel Nr. 20 schon einmal zum Verkauf, doch das Ehepaar Dieckmann hat sich gegen den Erwerb entschieden, worüber ich heute wirklich sehr glücklich sein muss. Denn sonst säße jetzt vielleicht der Herr Dieckmann hier in der Antikhütte und würde an seinem nächsten Wendlandkrimi schreiben, während ich noch immer nah am Nervenzusammenbruch in der Stadt leben müsste oder vielleicht sogar schon mit Burn-out in einem hübschen Sanatorium vor mich hin therapiert würde und zum Schreiben gar nicht erst käme. Das wäre tragisch. Weshalb ich sehr dankbar dafür bin, dass alles genau so kam, wie es nun mal gekommen ist.

Dankbarkeit für genau das, was ist, lernt man übrigens ganz automatisch, wenn man ständig von so viel Historischem umgeben ist (damit meine ich jetzt natürlich nicht Rolf Dieckmann, auch wenn er älter ist als ich).

Es ist ganz erstaunlich, aber selbst im größten Alltagsgehassel, zum Beispiel, wenn ich vor der Grot Dör das aktuelle Kulturprogramm aushänge oder das gelbe Kreuz umdrehe, um dem Dorf zu signalisieren, dass am Abend geöffnet sein wird, bleibt mein Blick immer mal wieder am oben zitierten Balkenspruch hängen. Dann halte ich für ein paar Momente ganz automatisch inne in dem, was ich gerade tue, und bin mir plötzlich sehr klar darüber, wie schön für mich und gleichsam unbedeutend für den Lauf der Welt mein Leben doch ist, und dann fühle ich mich immer sehr zufrieden und irgendwie auch ruhig und gelassen genug, um mich allem zu stellen, was noch kommen mag. Neudeutsch würde man das vielleicht »Achtsamkeit« nennen. Manch andere müssen Seminare buchen oder Coaches, um diese zu entdecken, aber ich habe die Antikhütte und ihre Geschichte und komme dadurch von ganz allein drauf. Grandios, oder?!

Die Gastronomie kehrte etwa im Jahr 2011 ins Haus Jabel Nr. 20 zurück, wenn auch nicht mehr in Form einer Dorfkneipe: Die Eigentümerin betrieb nun in der Antikhütte vielmehr ein kleines Café.

Wieder gut für mich, denn dies bedeutete – wie zuvor schon einmal angemerkt – auch, dass einige der behördlichen Erforderlichkeiten wie Fluchtwege und Kücheneinbauten bereits durchgekaut worden waren. Wer schon mal eine Gastronomie eröffnen wollte, der weiß, dass man bei einem solchen Umstand von geradezu unverschämtem Glück sprechen muss! Auf die Idee, das Café Café bleiben zu lassen, bin ich allerdings nicht eine Sekunde lang gekommen, was seine guten Gründe hat (vgl. Kapitel 6: »Kuchenkonflikt«).

Apropos Glück: Mir fiel eben auf, dass der 200. Geburtstag der Antikhütte im Jahr 2038 auch das 20-jährige Bestehen von »Wittlerins Wohnzimmer« wäre. Jedenfalls, sofern die Antikhütte und ich es bei laufendem Betrieb so lange miteinander aushalten. So oder so ist das ein Ziel, auf das man ja mal hinarbeiten kann, selbst wenn man zusätzlich eben auch noch ein paar Quäntchen Glück dazu braucht. Die Antikhütte macht so weit mit; sie empfängt die Gäste meist freundlich und umfängt sie mit ihrem Zauber und ihrem Charme, sodass viele von ihnen gern wiederkommen.

Ich bin übrigens überzeugt davon, dass auch alte Häuser ein Gedächtnis haben und dass die Antikhütte sich noch ziemlich genau daran erinnern kann, wie das damals alles so war: als die Arbeiter hier verkehrten, die Nacht zum Tag machten, tanzten, tranken und die kurzen Zeitfenster abseits ihrer anstrengenden Arbeitsstunden genossen. Ich glaube, das Haus ist dahingehend voller guter Erinnerungen, und zwar ganz unabhängig davon, ob hier immer nur das Glück gewohnt hat, wovon ich mal nicht ausgehe; das wäre ja nicht normal.

Um die guten Erinnerungen zu unterstützen, halte ich die Tradition mit den Streichhölzern aufrecht. Und, ja, auch heute schauen ab und an wieder Stöpsel auf kurzen Kinderbeinen vorbei, die sich über ein Eis freuen, sofern die röchelnde Tiefkühltruhe eines bereithält. Streichhölzer hingegen werden heutzutage von den Kindern weniger nachgefragt. Vermutlich sind Streichhölzer out, weil die Produktentwicklung zu sehr stagniert.

Am Prinzip »Streichholz« hat sich ja seit den 1950er-Jahren wenig geändert; noch nicht mal an ihrer Verpackung wurden seitdem meines Wissens entscheidende Veränderungen vorgenommen. Auf dem Speiseeismarkt hingegen gibt es doch immer wieder Neuerungen, und das hält die Marketingabteilungen auf Trab, die Kunden bei Kauflaune und die Kids eisbegeistert. So gab es zum Beispiel beim Lieferanten meines Vertrauens im vergangenen Jahr eine neue Sorte, bei der das Eis nicht mehr am Holzstielchen gereicht wird, sondern in Form von kleinen Häppchen – in einem Plastikbecher.

Ich weiß nicht mehr, was mein Hirn so umnebelt hat, dass ich genau diese Sorte testweise bestellte. War am Vorabend eine Party? – Keine Ahnung. Vielleicht; ich kann mich nicht erinnern. Im Zweifelsfall ist die Bestellung wohl schlicht auf einen sehr begabten Vertreter zurückzuführen (wobei ich dann wiederum sehr froh sein muss, dass es nur um Eis im Plastikbecher ging und nicht um eine Nebelmaschine oder ähnlich sperriges und kostspieliges Gut).

Jedenfalls orderte ich tatsächlich eine Fuhre »Eishäppchen im Plastikbecher« – obwohl mir hätte klar sein müssen, dass das totaler Schwachsinn ist. Nicht nur wegen des Müllaufkommens, das hier völlig unnötig erhöht wird. Sondern auch, weil es einen Grund dafür geben muss, dass Eis insbesondere für Kinder seit vielen, vielen Jahren am Stiel serviert wird oder in einer Waffel. Und nicht häppchenweise in einem Plastikbecher.

Via Stiel und Waffel lernen die Kinder nämlich, dass Eis schmilzt, wenn man es zu langsam isst. Das erklärt auch, weshalb Kinder nach erfolgter Erstindoktrinierung ihr Eis eher panikartig verschlingen, als sich so viel Zeit zu lassen, dass die wertvolle Ware vor ihren Augen und über ihren Fingern zerrinnt.

Nun. Es kam, wie es kommen musste: Eines Tages, kurz nach Ankunft der Testbestellung, die ich leider nicht mehr rückgängig machen konnte, entschied sich ein Mädchenstöpsel im Alter von vielleicht vier Jahren freudestrahlend für das Häppcheneis im Plastikbecher. Und ließ sich beim Genießen desselbigen Zeit, weil es in der Antikhütte und drum herum so viel zu entdecken gab.

Etwa zwanzig Minuten nach dem Überreichen des Bechers kehrte die Lütte zum Papa sowie dem auf dem Tisch in der Sonne geparkten Becher zurück. Die angeblichen Eishäppchen waren zwischenzeitlich natürlich zu einer undefinierbaren Masse miteinander verschmolzen, und weil das Mädchen die allgemeinen Verbraucherrechte offenbar schon sehr früh beigebracht bekommen hatte, trat es nun – recht selbstbewusst – zur Beschwerdeführung an.

Die Beschwerde erreichte nicht mich, sondern den Mann, der auf der Jagd nach dem Monstermaulwurf (vgl. Kapitel 17: »Dorfzoologie«) just durch den Garten der Antikhütte mäanderte. Und weil der Mann nicht nur ein großes Herz hat, sondern auch weiß, wie unerlässlich die prompte Befriedung weiblicher Unmutsäußerungen für die häusliche Ruhe ist, durfte die Kleine sich auf Kosten des Hauses ein neues Eis aussuchen.

Selbstverständlich entschied sie sich im zweiten Anlauf ganz altmodisch für ein Eis am Stiel, und so nimmt die Geschichte doch ein gutes Ende: Auf diese Art haben zum guten Schluss beide Seiten daraus gelernt, denn ich habe das Häppcheneis im Plastikbecher natürlich nie wieder bestellt. Schließlich könnte es bei einer Häufung von Vorkommnissen wie dem oben beschriebenen dazu kommen, dass die Antikhütte und ich aus betriebswirtschaftlichen Gründen vielleicht doch nicht bis 2038 durchhalten.

Danke, Datenloch – Teil 1: Digitale Diät

Über digitale Entzugserscheinungen und schlechten Empfang auf allen Kanälen

Meine Gäste aus der Stadt haben es nicht leicht. Zum Beispiel dann, wenn sie feststellen, dass in der Antikhütte tatsächlich noch großteils mit Holz geheizt wird und dass dies bedeutet, dass man sich für Wärme entweder zum Holzschuppen bewegen oder dick einmummeln muss (am besten natürlich beides, denn der Weg zum Holzschuppen ist auch nicht gerade wohltemperiert). Das finden die meisten ja noch recht putzig, wenn auch erstaunlich.

Schlimm aber wird es, wenn sie feststellen, dass sie hier keinen Empfang haben. Weder telefonisch noch internetzig. Während der Rest der Welt schon von »5G« spricht, bringen wir hier mit »4G« noch immer ein »Ganz Gewaltig Großes Getränk« in Verbindung. Und selbst wenn die Erlangung eines letzteren manchmal sehr viel sinnvoller und auch dringlicher erscheinen mag als ausreichender Ausschlag bezüglich der Empfangsanzeige am Mobilfunkgerät, wird der eine oder andere bei seiner Ankunft in Jabel Nr. 20 erst mal zum nervösen Geist. Und schleicht durch die Hütte wie der eingesperrte Panther im berühmten Gedicht von Rilke.

Das dauert so zwei, drei Stunden; dies ist die Zeitspanne, die ich »die Entzugsphase« nenne. In diesem Stadium ist mit den Neuankömmlingen noch kein vernünftiges Gespräch möglich: Sie sind dann in Gedanken zunächst weiterhin bei dem, was sie eigentlich nachschauen, posten, aktualisieren oder in Erfahrung bringen »müssten«. Erst nach dieser Entzugsphase kommen sie wirklich hier an – und verbringen im Anschluss oft die erholsamsten Stunden seit Langem. Ich amüsiere mich dann immer sehr und freue mich insgeheim darüber, dass ich die Entzugsphase von Anfang an doch ganz passabel meistern konnte.

Dem Mann fiel das nicht ganz so leicht, aber trotzdem ist an dieser Stelle einmal ein Lob angebracht: Eigentlich hat er das Digitaldilemma im »Jabel der Welt« ganz gut weggesteckt. Also, auf jeden Fall viel besser, als ich erwartet hatte! Man muss dazu wissen, dass der Mann iTunes- und Apple-TV-süchtig ist: Er kann tagelang Serien am Stück gucken, ohne sich auch nur einmal umzudrehen, und zum Einschlafen sind Hörspiele und Podcasts unabdingbar. Letztere hört er über seine riesigen Kopfhörer, die ihn aussehen lassen wie eine etwa zwei Meter und zwei Zentimeter zu groß geratene Stubenfliege, welcher der liebe Gott die Augen einfach mal – aus reiner Experimentierfreude – an die falsche Stelle montiert hat. Wenn das Guthaben aufgebraucht, aber die Serie noch nicht zu Ende ist, fährt der Mann für eine iTunes-Karte zur Not nachts auch noch mal los, und wenn man ihm spontan eine Freude machen möchte, dann ist ein digital übersandter iTunes-Gutschein immer eine gute Wahl. Natürlich nur, wenn das mit dem digitalen Versand auch funktioniert; sonst läuft es halt eben doch auf die Karte von der Tanke raus.

Im »Jabel der Welt« ist ein direkter Konsum von digitalen Diensten wie Apple-TV oder iTunes-Podcasts bis heute leider nicht möglich – was bedeutet, dass der Mann seiner Leidenschaft hier nur dann frönen kann, wenn er die Inhalte vor seinem wochenendlichen Aufenthalt in der Antikhütte vorausschauend auf sein Endgerät geladen hat. In der Eingewöhnungsphase ging das manches Mal schief. Dann hat der Mann sich gezwungenermaßen mit dem normalen Fernsehprogramm begnügen müssen, was seiner Laune nur so medium zuträglich war und ab und an sogar zu kleinen Auseinandersetzungen zwischen ihm und der geliebten Ehefrau führte.

Denn während der Mann Filme mag und ein wandelndes Kinolexikon ist (probieren Sie es ruhig mal aus und stellen Sie ihm eine cineastische Frage, falls Sie ihn in »Wittlerins Wohnzimmer« ausfindig machen!), finde ich nichts schöner, als mich wochentags von öffentlich-rechtlichen Talkshows wie »Hart aber fair« und »Maischberger« oder von Politmagazinen wie »Frontal« und »Plusminus« sanft und unaufgeregt in den Schlaf wiegen zu lassen; wochenends darf es gern mal eine Tier-, Natur- oder Weltraumdoku sein und am Sonntag dann natürlich »Anne Will«; allesamt grandiose Garanten für zuverlässiges Hinübergleiten in die REM-Phase.

Es ist leider so: Meine Aufmerksamkeitsspanne am Ende eines langen Tages reicht in der Regel für einen ganzen Film mit einem zu verfolgenden roten Faden schlicht nicht mehr aus, und selbst wenn der Mann mit viel Hingabe einen ebensolchen heraussucht, von dem er denkt, dass auch ich ihn bestimmt mögen müsste, röchele ich mich, fröhlich in die Armbeuge des Mannes sabbernd, schon längst durchs Reich der Träume, noch bevor die Geschichte überhaupt ansatzweise Fahrt aufgenommen hat.

Leider hat einer der Frühjahrsstürme im Jahr 2018 die Satellitenschüssel beschädigt, weshalb in der Antikhütte viele Monate lang nur noch Shopping-Channels und Arte zu empfangen waren. Für mich war das nicht schlimm; schließlich gibt es Bücher, und ich habe in dieser Phase so viel gelesen wie seit meiner Jugend nicht mehr. Weshalb ich mir mit der Reparatur der Satellitenschüssel ganz bewusst viel Zeit ließ und diese erst etwa ein Dreivierteljahr später beauftragte – als ich eh einen entsprechend kompetenten Techniker brauchte, um die technische Installation für unsere anstehenden »Puschenkino«-Veranstaltungen zu veranlassen.

Erstaunlicherweise hat auch der Mann die fernsehlose Zeit extrem gelassen hingenommen. Nur manchmal verschwand er in jenen Tagen sang- und klanglos von der Bildfläche. Samt dem Antikfahrzeug, obwohl es doch weit und breit nichts gab, wo man um die Zeit im Wendland überhaupt noch hätte hinfahren können. Oder wollen. Woraufhin ich mich zwar wunderte, aber in der Regel wegen des laufenden Gastrobetriebes oder anderer Verpflichtungen nicht die Zeit hatte, ihm hinterherzutelefonieren oder sonstige genauere Recherchen zu betreiben.

Heute weiß ich, dass er auf einem Feld janz weit draußen eine ganz besondere Stelle gefunden hat, an der man tatsächlich ausreichend Empfang hat, um doch noch flugs – also über ein Stündchen oder auch zwei – einen Einschlafpodcast runterzuladen. Und gleichzeitig Sterne zu gucken. Bis heute sucht er diese Stelle regelmäßig auf – und hat wegen des Weitblicks quer über die Wiesen an diesem neu gefundenen Lieblingsort mittlerweile sogar Freude daran.

Ich habe Ähnliches dann mal mit jenem Uralt-iPad versucht, das mir bei zwei meiner Bühnenshows bis heute als unkaputtbare Playbackquelle dient. Natürlich bin ich dabei grandios gescheitert! Nicht, weil das iPad nicht gekonnt oder gar gewollt hätte. Sondern weil ich eingeschlafen bin, noch bevor der Download auch nur zur Hälfte abgeschlossen war. Tja. Der Mann ist halt geduldig – ich bin es nicht, und ich vertraue weder auf das hiesige WLAN noch auf G4.

Analog ist mir einfach lieber, weshalb ich bis heute Platten und Bücher horte, auf Synchronisierungen zwischen einzelnen Geräten bewusst verzichte und meine heiß geliebte, über Jahrzehnte leidenschaftlich zusammengetragene Musiksammlung stattdessen händisch auf mehreren Festplatten verwalte, deren Ordnungssystem und Playlisten nur ich allein wirklich verstehe (in lichten Momenten).

Ich bin mittlerweile der festen Überzeugung, dass mir diese sorgsame Bewahrung der relativen Unabhängigkeit von technischen Updates beim Zurechtfinden im »Jabel der Welt« immens geholfen hat. Und dass ich als renitente Smartphonehasserin – die bis heute mit einem etwa zwanzig Jahre alten Klapphandymodell unterwegs ist, welches nichts anderes kann als telefonieren oder simsen – im Vergleich zu einem digitalen Junkie wahrscheinlich einen nicht unerheblichen Vorteil hatte. Überhaupt bin ich bezüglich netzbasierter Präsenz immer recht sparsam gewesen, das kam mir in meiner ersten Zeit im wendländischen Datenloch zugute. Und eigentlich tut es das heute noch.

Bei Facebook beispielsweise wurde ich erst aktiv, nachdem mich ein Bekannter darauf hinwies, dass dort eine Seite in meinem Namen existiere, die fast 70 000 Likes habe. Krass! Nun sind 70 000 ja kein Pappenstiel. Die nimmt man dann doch ganz gern mal mit, allein schon, um für schlechte Zeiten vorzusorgen. Weshalb mir die Idee der Übernahme dieser (vielleicht von einem Fan, vielleicht von einem Algorithmus erstellten; so genau erinnere ich das nicht mehr) Seite kam. Tatsächlich konnte ich mir diese schließlich – nach einer kurzen, aber heftigen Diskussion zwischen den kalifornischen Kollegen und einem sehr begabten Medienanwalt, von dem noch zu berichten sein wird (vgl. Kapitel 23: »Wendlandleaks«) – einverleiben, und so sondere seitdem auch ich über meine offizielle Facebook-Seite immer mal wieder vermutlich recht Überflüssiges, aber manchmal auch ganz Drolliges ab.

Gar nicht überflüssig ist hingegen die Facebook-Seite zu »Wittlerins Wohnzimmer«: Für eine Gastronomie und Kleinkunstbühne mit wechselnden Öffnungstagen und vielen Veranstaltungen ist diese Plattform tatsächlich sehr bereichernd und ein wichtiges Instrument zur Bekanntmachung des Programms. Den Kanal laufend zu füttern und aktuell zu halten braucht zwar unter den hiesigen Bedingungen unfassbar viel Zeit – aber diese zu investieren lohnt sich in diesem Fall wirklich, und Facebook ist für »Wittlerins Wohnzimmer« ein wichtiger Kommunikationskanal. Da setzt man sich halt hin, tippt den Text, und noch während man das zu postende Foto auswählt, zündet man sich ein Pfeifchen an und weiß ganz genau: Das dauert jetzt.

Von den Aktivitäten fürs »Wohnzimmer« abgesehen, sehe ich für mich persönlich in ausufernder Social-Media-Betriebsamkeit wenig Sinn und beschränke diese in der Regel auf die Ankündigung von Tourterminen. Oder auf »Wenn ich mal richtig Bock hab« (also aufs Posten. Nicht, was Sie jetzt vielleicht denken, außerdem würde man dafür wohl eher zu Tinder gehen). Denn jedes Engagement darüber hinaus – das zeigt mittlerweile die Erfahrung – nimmt mir kreative Energie, die ich besser in ein neues Buch, ein neues Bühnenprogramm oder einen neuen Liedtext investiere; und ich hoffe darauf, dass das Publikum, das ich mir zwischenzeitlich erarbeitet habe, mehr an meinem künstlerischen Output interessiert ist als daran, welchen Lippenstift ich benutze oder wo ich gerade Kaffee trinke.

Meinen Twitter-Account hatte ich demzufolge ursprünglich ganz pragmatisch mit dem Facebook-Konto verknüpft, um gleich zwei Fliegen mit einer Klappe zu schlagen und möglichst wenig Zeit mit dem Posten von Sinn und Unsinn verbringen zu müssen. Leider hat sich diese Verknüpfung seit dem Umzug in den »Jabel der Welt« irgendwie in Luft aufgelöst; vermutlich wegen der hiesig unzuverlässigen Datenrate – oder auch einfach nur wegen Bodennebels. Dies wiederum habe ich erst vor einigen Tagen gemerkt, also etwa zwei Jahre danach. Und zwischenzeitlich nichts vermisst. Ich habe deshalb dieser Tage beschlossen, Twitter endgültig ruhen zu lassen. Portale, die hauptsächlich auf Postings mit einer Länge von 140 Zeichen beruhen, sind nichts für mich, wie auch dieser lange Satz zweifelsfrei belegt, der immerhin schon 210 Zeichen hat (Leerzeichen inklusive).

Ebenfalls aufgegeben habe ich den Versuch, meinen Eintrag bei Wikipedia korrekt und fehlerfrei zu halten. Vor einigen Jahren wurde dieser Eintrag immer wieder durch Trolle torpediert; die dort verbreiteten Fehlinformationen waren teilweise hanebüchen. Zu lesen war zum Beispiel, ich hätte mein Studium der Kulturwissenschaften abgebrochen; jeder Versuch, dies richtigzustellen, scheiterte – bis auch hier erneut der viel beschäftigte Medienanwalt einschreiten musste.

Aber ich habe daraus gelernt: Bezüglich biografischer Angaben taugt Wikipedia nicht unbedingt als zuverlässige Quelle für zitierfähige Recherche – und da sich noch heute zahlreiche Fehler in »meinem« Eintrag verstecken (ich verrate jetzt natürlich nicht, welche; sonst mache ich mir ja mein mühsam erarbeitetes Pressewarnsystem selbst kaputt), erkenne ich sofort, wie ein Journalist gearbeitet hat, der über mich berichtet. Sei's drum – für mehr als Abschreiben bleibt halt keine Zeit mehr in der blinkenden und kreischenden Onlineära, und da auch ich in diesem Œuvre mehrfach auf das Onlinelexikon zurückgreife, halte ich jetzt lieber die Klappe. Alles halb so wild, wenn man erst mal erkannt hat, dass auch falsche Wikipedia-Einträge keinen Einfluss auf das echte Leben haben.

Jenes echte Leben hat zum Beispiel neulich dazu geführt, dass die Altvorderen mich zu einem von meiner Seite aus nur zögerlich angetretenen Rundgang durch das ostwestfälische Haus baten: um jene Dinge zu benennen, die ich ab einem sich in Bälde nähernden Zeitpunkt gern in meinem Besitz hätte, bevor sie auf dem Müll landen oder im Spendencontainer.

Die Eltern meinten damit jenen Zeitpunkt, zu dem sie das große Haus gegen einen pflegeleichteren, kleineren Wohnsitz eintauschen würden. Schwer genug, das – aber ich habe mich letztendlich entschieden: für die gute alte »Bertelsmann Lexikothek«, ein Konvolut märchenfilmtauglicher Wälzer, die in unzähligen riesengroßen und schweren Bänden – gefüllt mit unfassbar kleiner Schrift – einen kleinen Wissensteil der Welt zum Zeitpunkt etwa meiner Geburt umfassen.

Ich habe zwar keine Ahnung, wo ich diese Trümmer hinstellen soll, die in Reihe aufgestellt mehrere Meter lang sind und mindestens so schwer wie mein größter Kühlschrank, wenn er bis oben hin gestopft ist mit vollen Flaschen. Sowohl der Transport als auch die Suche nach einem geeigneten Präsentationsort in der eh schon völlig überfüllten Antikhütte werden einiges an Flüchen provozieren, aber egal. Das muss einfach sein!

Denn wenn ich diese dunkelroten Bände sehe mit ihrer hier und da längst abgerubbelten, goldenen Schrift auf den Buchrücken, dann sehe ich auch mich selbst: als kleines Mädchen, mit einem dieser aufgeschlagenen und schwer wiegenden Bücher auf den Knien, wie es einfach nicht anders kann und die Buchstaben inhaliert und in ihnen versinkt, mit einer Neugier und einer Hingabe, die bis heute kein Onlineposting in mir zu wecken vermag.

Und jetzt: Schluss mit der Retrorezitation und zurück in die Zukunft. Oder zumindest ins Jahr 2020. In diesem bin ich seit einigen Wochen sogar bei Instagram! Weil, Sie ahnen es vermutlich, ein Freund mich darauf hingewiesen hat, dass auch dort ein Fakeprofil unter meinem Namen existiere. So ungefähr einmal die Woche surf ich da vorbei, meistens nachts – aber natürlich nicht mit einem Smartphone, sondern vom Desktop aus. – Ja doch, das geht! Man muss nur in die Entwicklereinstellungen des Browsers eingreifen und in ebenjenen einige minimale Veränderungen vornehmen, dann funktioniert das. Jedenfalls beim Mac. Der Mann nennt mich übrigens manchmal auch »Hackerbraut«. So ganz unrecht hat er damit nicht (wie immer, haha), jedenfalls, wenn man damit auch einfach nur den unbändigen Willen bezeichnen will, in einer digitalwahnsinnigen Welt ohne Smartphone überleben zu wollen.

Falls Sie sich fragen, wie das funktioniert, wenn ich – als Person mit ausgeprägt unausgeprägtem Orientierungssinn – auf Tour bin: Ich frage mich das auch! Das A und O ist aber, wie so oft, die – zumindest gefühlt – richtige Vorbereitung: Bevor ich aufbreche, gebe ich die Zielanschrift im antiken Navi meines ebenso antiken Fahrzeugs ein. Beide sind beim Erscheinen dieses Buches 15 Jahre alt, weshalb oftmals Straßen oder Hausnummern in der Navigation des Wagens noch nicht erfasst sind. Stelle ich Letzteres fest, dann heißt es: Ab an den Rechner, den Routenplaner angeworfen, einen Umgebungsplan der Zielanschrift ausgedruckt und die nächste größere Kreuzung auf dem Ausdruck markiert – zack, kann ich im Dashboard des Wagens eine Alternativadresse eingeben.

Das ist schon mal ein erster Schritt in Richtung einer weitestgehend problemlosen Anfahrt, aber zugegeben mitnichten eine Garantie für eine ebensolche: Mittlerweile sind es ganze Autobahnabschnitte, die das Navi noch nicht kennt; auch neue Umgehungsstraßen oder unerwartet aufploppende Kreisverkehre können zum Problem werden, und bei Autobahnsperrungen ohne ausgeschilderte Umleitungen greift sowieso regelmäßig große Verzweiflung um sich. Dies umso mehr, seit zu Beginn dieses Jahres die Verkehrsmeldungen im Deutschlandfunk abgeschafft wurden. Das bedaure ich tatsächlich sehr!

Im Ernstfall habe ich aber zum Glück fast immer ein Ass im Ärmel. Dieses Ass heißt Papa, der liebt Kartenlesen, und seit er in Rente ist, stehen die Chancen ganz gut, dass ich ihn zwecks fernmündlicher Eskorte auch erreiche. Manchmal, wenn ich seiner nicht habhaft werden kann, rufe ich notgedrungen jemand ganz anderen an; dann stoße ich, sobald die Person rangegangen ist, atemlos aus: »Sag jetzt bitte nichts, und plaudern können wir später, aber hast du dein Smartphone mit Navifunktion in der Nähe und kannst mich lotsen?« – Diese Praxis hat schon Bekanntschaften wiederbelebt, die eigentlich längst zu den Akten gelegt waren, und Freundschaften begründet, die nie zustande gekommen wären, hätte ich in dieser Situation so etwas wie ein Smartphone mit Onlinezugang und entsprechendem Empfang besessen.

Gern nutze ich die Gelegenheit, auch die Verlagsmitarbeiter von Droemer Knaur hierauf hinzuweisen: Wenn ich demnächst mit diesem Buch auf Lesereise gehe, kann es gut sein, dass ich irgendwann verzweifelt Kontakt suche. Das kann alle betreffen – vom Pförtner über den Vertrieb über das Lektorat bis hin zur Presseabteilung. Gleiches gilt natürlich auch für Veranstalter; mir fallen auf Anhieb vier ebensolche innerhalb des letzten Jahres ein, die eine nah am Zusammenbruch stehende Künstlerin mit letzter Kraft in die richtige Richtung bugsieren mussten, damit die lang geplante Show reibungslos verlaufen konnte. Ich kann aber stolz sagen: Bislang hat jede Veranstaltung stattgefunden. JEDE. IRGENDWIE. Und zwar zu 99 Prozent auf die Minute pünktlich. Und wenn sie bei Ankunft röchelnd vom Fahrersitz fällt: Die Wittlerin ist da.

Gut, das mit dem Telefonieren aus dem Auto während der Fahrt ist natürlich nicht ganz unaufwendig; schließlich muss ich dafür erst mal irgendwo rechts ranfahren, die naturgemäß recht kleine SIM-Karte aus dem Klapphandy friemeln und diese dann ins antike Autofon reinoperieren. (Ja, Sie lesen richtig: Mein Antikauto hat noch ein Antikautotelefon – sogar mit Schnur und Hörer, das muss man sich mal vorstellen!; aber natürlich kann man auch die Freisprechanlage aktivieren, was im hier beschriebenen Fall selbstverständlich unerlässlich ist für regelkonformes Verhalten.) Aus- und Wiedereinbau der SIM-Karte kosten jedes Mal Zeit und Nerven, und ich erinnere mich nur ungern an jenen Tag, an dem ich eh schon zu spät dran war und die minikleine SIM-Karte in den schmalen Schlitz zwischen Beifahrersitz und Mittelkonsole fiel. Ich konnte sie nur mithilfe eines Astes aus dem Schlitz rausfummeln, welchen ich wiederum erst nach einem etwa zehnminütigen Spaziergang vom Rastplatz in den angrenzenden Wald fand. Das war bezüglich des vereinbarten Ankunftszeitpunktes zusätzlich hinderlich, und damals kam ich zum ersten Mal EVER zehn Minuten zu spät (nur zum Soundcheck, natürlich!), obwohl die Entfernung zum Auftrittsort weniger als 200 Kilometer betrug und ich den üblichen Puffer von mindestens einer Stunde eingeplant hatte.

Ich überlege deshalb, ob ich wagemutig in eine zweite Prepaid-SIM-Karte investiere, die dann fest im Antikauto verbleiben kann.

Das Klapphandy kann ich ja nicht benutzen, ohne gesetzeswidrig zu agieren: Sein Modellalter bedeutet auch, dass die in ihm verbaute »Freisprecheinrichtung« diese Bezeichnung eigentlich nicht verdient – und dass diese es mitnichten schafft, die Fahrgeräusche so ausreichend zu überwinden, dass ein Gespräch in normaler Lautstärke überhaupt möglich wäre. Und trotzdem: I love my Klapphandy. Weshalb ich diesem gleich doch noch ein paar zusätzliche Zeilen widmen will.

Danke, Datenloch – Teil 2: Digitale Revolution

Von analogen Reliquien in einer algorithmischen Welt, warum die digitale Wüste auch von Vorteil sein kann und wie der Fortschritt im Wendland sowieso nur häppchenweise ankommt

Mein mittlerweile museumsreifes Klapphandy ist ein Phänomen: Ich kann es überall liegen lassen, ohne dass es gestohlen wird, weil kein zivilisierter Mensch es mehr für ein Handy hält. Die meisten denken, es sei mein Kompaktpuder, ohne den ich ja selten irgendwo zu sehen bin. Praktisch! Bei einer Fernsehpreisverleihung vor einigen Jahren saß ich neben dem Moderator Jochen Schropp, und der machte ein schönes Foto von dem Klapphandy und mir und postete es mit einer äußerst gelungenen Bildunterschrift, die ungefähr so lautete: »Tine Wittler präsentiert stolz ihr neues iPhone S11.« Ach, was hatten wir einen Spaß!

»Motorola PEBL« heißt das Modell, das längst nicht mehr hergestellt wird, in Wirklichkeit. Ich konnte vor zweieinhalb Jahren noch drei Secondhand-Geräte aus Großbritannien beziehen; mittlerweile ist der Markt recht ausgedünnt. Sollten Sie also noch ein altes, funktionsfähiges PEBL in der Schublade liegen haben – Sie würden mich damit sehr, sehr glücklich machen! Mittlerweile habe ich nämlich nur noch ein Ersatzexemplar auf Halde beziehungsweise in der Schublade, und mir graut schon jetzt vor dem Moment, in dem ich das PEBL final aufgeben und mich an neumodischen Kram gewöhnen muss.

Um mich auf Letzteres vorzubereiten und nicht irgendwann total eingefahren zu sein und nur noch voller Ticks und Marotten, habe ich mir vor einiger Zeit immerhin ein Seniorenhandy bei Rossmann gekauft. Neunzehn Euro hat es gekostet, und es hat ein integriertes Radio UND einen Alarmknopf. Man weiß ja nie!

Aber das PEBL ist mir trotzdem lieber. Schicken Sie mir Ihr altes PEBL bitte auch, wenn der Weichmacher schon den Geist aufgegeben hat und es nur noch klebt! Damit habe ich bereits Erfahrung: Man muss es dann bloß laufend in unaufgeräumten Handtaschen mit sich herumtragen. Dann setzen sich Staub und sonstige kleine Partikel – zum Beispiel explodierter Kompaktpuder – auf der klebrigen Oberfläche ab, bis es wieder ganz geschmeidig ist und wunderbar in der Hand liegt. Und auch wenn Ihr altes PEBL kein Ladegerät mehr oder einen defekten Akku hat – her damit! Ich habe durch den mittlerweile zwanzigjährigen Gebrauch dieses Modells so viele Ladekabel und Ersatzakkus dafür, dass ich in jedem Koffer und an fast jeder Steckdose des Hauses ebensolche vorrätig halten kann. Und ich sage Ihnen, diese Akkus sind fan-tas-tisch!!! Dafür würde ich sogar noch mal eine Teleshoppingsendung moderieren. Denn: Der aktuelle Akku hält bei moderatem Gebrauch des Gerätes etwa zwölf bis vierzehn Tage.

Das hat schon meine teilweise geradezu smartphone-leibeigene Tresenmannschaft in der ehemaligen Hamburger »Parallelwelt Kulturbar« gewurmt. Denn natürlich hatte ich auch im Tresen der Bar ein Ladegerät versteckt, und wenn ich die Kollegen bat, mein Antikfon daran anzuschließen, hieß es schnippisch: »Ach. Sind die zwei Wochen schon wieder rum?« – Sie wollten natürlich cool sein, aber ich glaube, in Wirklichkeit waren sie einfach nur neidisch.

Wobei mein »moderater Gebrauch des Gerätes« mit Sicherheit nicht vergleichbar ist mit der heute üblichen Nutzungsfrequenz von Mobiltelefonen. Seit ich im »Jabel der Welt« die Faszination des Festnetztelefones wiederentdeckt habe, verlege ich mein Gerät auch ganz gern mal; es kommt vor, dass ich es drei, vier Tage gar nicht zur Hand nehme. Eine SIM-Karte mit

Datenvolumen besitze ich nicht mehr, und meinen langjährigen Vodafone-Vertrag (der seit 1997 bestand) habe ich gekündigt. Ich war Premiumkundin, und Vodafone hat geweint. Aber was nicht mehr geht, das geht nicht mehr. Das habe ich dann auch den freundlichen Mitarbeitern gesagt, die mich monatelang mit immer fantasievolleren Kundenbindungsanrufen umzustimmen versuchten. Zum Glück waren mir meine ambitionierten Sparpläne am Ende wichtiger als die Vodafone-Mitarbeiter, und deshalb telefoniere ich jetzt mobil nur noch mit einer Prepaidkarte. Und nur dann, wenn es denn unbedingt sein muss.

Das verblüffende Ergebnis: Von November 2019 bis heute (5. März 2020; dieses Datum wird auch später in diesem Kapitel noch eine Rolle spielen, also merken Sie es sich am besten gleich) habe ich genau 50 Euro für mein Mobiltelefon ausgegeben. Zwei Aufladungen in Höhe von jeweils 25 Euro, aktueller Guthabenstand: 24,10 Euro. Gerade frisch aufgestockt, weil ich morgen auf Tour muss, da will ich doch auf Nummer sicher gehen. Haha!

Eben hab ich noch ein paar SMSen an die Frau Mama geschickt, die sich schon Sorgen macht um ihre rückständige Tochter. Erst neulich meinte sie leicht tadelnd zu mir, dass es doch wohl langsam an der Zeit wäre, dass auch ich ein Smartphone besäße. Verkehrte Welt, irgendwie.

Aber ich bin ja nicht so. Immerhin habe ich zwischenzeitlich ein – jetzt auch schon wieder recht altes – Smartphone reaktiviert, das ich vor ein paar Jahren bei einer Vodafone-Vertragsverlängerung erhielt und das bislang völlig nutzlos in einer meiner Schreibtischschubladen herummäanderte. Eine SIM-Karte ist nicht drin, und ich nehme dieses Smartphone auch nie mit, wenn ich das Haus verlasse; da hat das PEBL einfach die älteren Rechte. Insofern hat dieses Smartphone an seiner Nutzlosigkeit nicht viel eingebüßt; es liegt weiterhin größtenteils gelangweilt rum und schockiert mich mit seiner absurd geringen

Akkuleistung. Obwohl ich so gut wie nichts damit mache, schreit es alle 48 Stunden nach Strom!

Am Anfang hat es noch tapfer versucht, mit allen möglichen Benachrichtigungen, den Aufforderungen nach Updates und weiterem Quatsch meine Aufmerksamkeit zu erlangen, mich in seine Gewalt zu bringen und vom wahren Leben fernzuhalten. Ich habe mir dann zähneknirschend einmal eine halbe Stunde Zeit genommen, mich durch die Menüs der unzähligen vorinstallierten Apps gewühlt und alles ausgeschaltet, was auszuschalten war. Jetzt ist Ruhe im Karton. Bis auf darauf, dass mich das Gerät regelmäßig maßregelt, weil halt keine SIM-Karte drin ist. Daran habe ich mich mittlerweile gewöhnt, und somit leben das Smartphone, das PEBL, das triumphierende, etwa zehn Jahre alte Festnetztelefon und ich mittlerweile in friedlicher Koexistenz.

Das Smartphone nutze ich ausschließlich, um die Stammgäste von »Wittlerins Wohnzimmer«, die meinen WhatsApp-Service bestellt haben, über die anstehenden Öffnungstage und Veranstaltungen zu informieren. Wussten Sie überhaupt, dass man WhatsApp auch mit einer Festnetznummer einrichten und nutzen kann? – Das funktioniert tatsächlich, weshalb diese Gäste in den Genuss mundgerecht servierter Zusendung des Anstehenden kommen. Dass ich ihnen diesen zusätzlichen Dienst anbiete und dafür meine jahrelang hingebungsvoll gepflegte Smartphone-Allergie überwinde, will einiges heißen: Es muss wohl Liebe sein.

Ich mach das gern, denn auf eines kann ich mich hier verlassen, ohne es laufend anmahnen zu müssen: Im hiesigen Kneipenbetrieb hängt kaum jemand nur abgelenkt über seinem Smartphone und vergisst darüber, dass man eigentlich ausgeht, um Menschen zu treffen, mal was anderes zu sehen oder sich zu unterhalten.

Mittlerweile hat es sich auch herumgesprochen, dass ich es weder sehr schätze, wenn man mir auf dem Smartphone Fotos oder Videos zeigen will – es ist doch viel schöner, wenn die Gäste mit ihren eigenen Worten und Beschreibungen wiedergeben, was sie sagen oder zeigen möchten! –, noch in Begeisterungsstürme ausbreche, wenn man ein Foto mit mir machen will. Letzteres kommt nach 22 Uhr sowie mit Blitzlicht schon mal gar nicht infrage (sowohl »nach 22 Uhr« als auch »mit Blitzlicht« machen alt und hässlich, was wie bereits erwähnt gleichsam für »allein trinken« gilt). Und überhaupt finde ich, dass wir alle lieber mal wieder unsere innere Vorstellungskraft und unser mentales Erinnerungsvermögen trainieren sollten, als ständig nur auf visuell Fassbares zurückzugreifen, das uns möglichst wenig intellektuelle Eigenleistung abverlangt.

Da ist zum Beispiel die in den letzten Jahren um sich greifende Substitution des guten alten Autogrammes durch Grußvideos: Immer öfter fordern sogenannte »Fans« Videobotschaften statt einer mit viel Liebe eigenhändig signierten Fotokarte. Zu den banalsten und ausgefallensten Anlässen soll die mehr oder weniger prominente Persönlichkeit heutzutage per Kameraaufzeichnung grüßen: zur goldenen Hochzeit (»Line und Erwin haben sich immer gestritten, wenn Ihre Sendung ›Einsatz in 4 Wänden‹ gegen Fußball lief, und trotzdem sind sie bis heute ein glückliches Paar«), zum Einzug ins neue Heim (»Vielleicht können Sie uns bei der Gelegenheit gleich noch ein paar Tipps zur Raumgestaltung beifügen; das Badezimmer ist doch sehr klein«) oder zum Kauf des neuen Autos (»Der Ralf rast immer so. Sagen Sie ihm mal, dass das gar nicht so gut ist; auf Sie hört er vielleicht«).

Ich habe ja schon die Sache mit den Autogrammkarten nie so richtig verstanden, aber das mit den Videos kapiere ich noch viel weniger. Und weil ich mich aus allem rauszuhalten versuche, zu dem ich nichts Substanzielles beizutragen habe, mache ich da grundsätzlich nicht mit: Videogrußanfragen werden im Wittlerschen Büro freundlich, aber bestimmt abgelehnt. Ohne Ausnahmen, denn die Erfahrung zeigt, dass es einen, wenn man einmal eine ebensolche macht, weil die Anfrage besonders rührselig oder besonders originell war, später reut.

Videogrußbotschaftenabspeicherer sind nämlich ähnlich gut vernetzt wie Autogrammkartensammler: Haste einen erhört, wollen alle anderen auch. Und irgendwann sitzt man dann da und spricht mit eigentlich längst erschlafftem Dauergrinsen die immer gleichen, sinnlosen Ansprachen, bei denen sich nur die Vornamen der Adressaten unterscheiden, in einen kleinen Kasten, während man ganz viel um sich rum verpasst oder gar – noch schlimmer! – die Gäste nichts zu trinken kriegen.

Das Grandiose ist: Seit ich im verrückten Dorf lebe, brauche ich als Videogrußtotalverweigerin noch nicht mal mehr ein schlechtes Gewissen zu haben. Im Gegenteil: Dass ich weder in einen Selfiestick noch in sonstige aufwendige und teure technische Vorrichtungen investiert habe, um Grußvideos von mir selbst produzieren zu können für Leute, die ich gar nicht kenne (gibt es eine deprimierendere Vorstellung?), stellt sich im Nachhinein als kluger Schachzug heraus, der meinen guten Vorsätzen in Sachen »sparsam leben« sehr entgegenkommt. Und selbst wenn ich diese Investitionen getätigt *hätte* – würde das noch immer nicht weiterhelfen. Denn: Das Versenden von Videos ist von hier schlichtweg – unmöglich. Die Leitung bekommt schon Schnappatmung, wenn sie eine Datei mit einer Größe von mehr als zwei Megabyte herunterladen soll, und das gilt natürlich umgekehrt genauso für Uploads jeglicher Natur.

Gerade gestern zum Beispiel – um es ganz genau zu sagen: am 5. März 2020, vgl. auch den Datumshinweis im ersten Teil dieses Kapitels – habe ich versucht, mir im iTunes-Store einen Reinhard-Mey-Song zu besorgen, der beim letzten Musiktransfer von der einen auf die andere Festplatte irgendwie verloren ging (für alle, die es interessiert: der Titel heißt »Ich bin Klempner von Beruf« und ist absolut spek-ta-ku-lär!).

Ich fand, dieser Titel sei eine passende Vorbereitung für den Klempnerbesuch, der mir am nächsten Morgen ins Haus stand. Wegen der Dusche, die ich im September 2019 bestellt hatte in der Hoffnung, sie noch vor Weihnachten einduschen zu können, haha.

Es sollte laut Ladeanzeige nur zwölf Minuten dauern, bis der Track schließlich abspielfertig zur Verfügung gestanden hätte, aber in der Zwischenzeit hatte ich die Lust auf Laut-Musik-Hören dann schon verloren und bin lieber schnell ins Bett gegangen, um am nächsten Morgen nicht zu verschlafen und am Ende noch viel länger ohne neue Dusche dazustehen. Das war dann auch ganz schön, und ich konnte den nächsten Morgen nicht nur voller Freude mit der munteren Handwerkerhymne beginnen, sondern die sehr engagierten Klempner meines Vertrauens auch gut ausgeschlafen mit einem strahlenden Lächeln, einem liebevoll bereitgelegten schokoladigen Gruß und frisch aufgebrühtem Kaffee begrüßen.

Für die späte Lieferung der Dusche konnten ebenjene in Jabel Nr. 20 montierenden Kollegen übrigens nichts: Es war der Hersteller selbst, der sich zwischenzeitlich überlegt hatte, die Duschenproduktion für eine Zeit lang zu unterbrechen. Heute kann ich sagen, dass sich das Warten gelohnt hat; ich dusche jetzt noch mal so gern. Mit Corona kann die verspätete Lieferung eigentlich noch nichts zu tun gehabt haben; aber wer weiß, vielleicht haben die zwischenzeitlich alle Duschen in dem neuen Krankenhaus in Wuhan verbaut. Das ist nicht weiter schlimm, im Gegenteil; man hilft ja gern. Aber es führt einem dann doch wieder mal vor Augen, dass das mit dieser globalen Vernetzung nicht immer für alle Beteiligten nur Vorteile hat.

Nehmen wir zum Beispiel die E-Mail. An sich eine praktische Erfindung, sicher; aber nichtsdestotrotz problematisch. Denn wenn Sie an einem normalen Briefkasten stehen und feststellen, dass Ihre Sendung zu groß für den Schlitz ist, dann werden Sie vermutlich ein Einsehen haben und die Post umleiten, indem Sie sie als Päckchen oder gar als Paket auf den Weg bringen. Eine E-Mail hingegen schicken Sie einfach los, egal, ob sie 56 kB hat oder 33 MB. Und da liegt der Hase im Pfeffer beziehungsweise die Internetverbindung im Argen! Letzteres zum Beispiel – also eine Mail von 33 MB oder gar mehr – würde meinen derzeitigen Datenverkehr im »Jabel der Welt« dermaßen lahmlegen, dass ich mehrere Tage lang für weitere elektronische Post nicht erreichbar wäre. Schon mit einem Mailanhang von etwa 4 MB ist mein elektronischer Posteingang gern mal einen halben Vormittag beschäftigt, und Sie können sich vorstellen, dass dies meine alltägliche Büroarbeit nicht gerade erleichtert, wenn zum Beispiel ein Foto aus einem Shooting oder ein Plakat für das nächste Bühnenprogramm »zeitnah« (frei übersetzt von: »Dein Okay brauchen wir am besten bis vorgestern!«) freigegeben werden muss.

Auf der anderen Seite: Auch okay, denke ich mir immer, wenn der blaue Balken sich mal wieder ganz langsam von links nach rechts bewegt; dann kommt in der Zwischenzeit wenigstens nichts anderes durch, das mich am Ende zusätzlich stressen würde. Bis ich via Download den Produktkatalog eines Warenlieferanten heruntergeladen habe, ist der entsprechende Anbieter längst pleite; und wenn ich beim Tiefkühlhändler meines Vertrauens online bestellen muss, dann plane ich dafür im Tagesablauf vom Aufrufen der Website bis zum Eingang der Bestellbestätigung etwa zwei Stunden ein.

Ähnliches gilt eben auch für die Nutzung sämtlicher Social-Media-Kanäle: Das »mal schnell nebenbei« zu machen ist halt nicht. Ich komme damit mittlerweile eigentlich sehr gut klar, und selbst unter den hartnäckigsten Videogrußbotschaftenkollektoren hat sich zwischenzeitlich herumgesprochen, dass es bei der Wittlerin schlicht nichts zu holen gibt.

Lediglich mein derzeitiges Booking murmelte bis vor Kurzem immer mal wieder was von wegen »Wir brauchen noch einen Videoclip für die Website«, aber selbst die haben mittlerweile vermutlich aufgegeben. Und, was soll ich sagen: Über mangelnde Buchungen können wir uns auch ohne Video nicht beklagen. Es gibt also tatsächlich noch Menschen, die sich unter den Begriffen »Chansonprogramm«, »horstige Lesung« oder »Ein-Personen-Komödie« ganz ohne Bewegtbild, sondern nur mit einer Inhaltsangabe via Buchstaben noch etwas vorstellen können. Und dann sogar ein Ticket kaufen, um Ton und Bild live und direkt von der Bühne geliefert zu bekommen. Geht doch! Da kann man ruhig mal klatschen; ich jedenfalls bin dafür wirklich sehr, sehr dankbar.

Dankbar bin ich ebenfalls für das alte, ratternde Faxgerät, das bis heute völlig ungerührt von Bits und Bytes treue Dienste leistet. Und was den weiter oben erwähnten analogen Briefkasten für die gute alte Schneckenpost betrifft, bin ich im »Jabel der Welt« richtiggehend verwöhnt: Dieser steht nämlich fast direkt vor der Antikhütte! Bis mein Mailaccount einen Anhang verschickt hat, war ich zwischenzeitlich schon dreimal zum Briefkasten und zurück und habe sogar Leute, die eigentlich gar keine haben wollten, mit altmodischen Autogrammkarten geflutet.

Der sperrige Datenverkehr kann übrigens auch zu echten Vorteilen führen: Wenn es bei »Zeit Online« heißt: »Weiterlesen nach der Anzeige«, dann ficht mich das nicht an – denn in der Regel wird die Anzeige schlicht nicht so schnell geladen, wie ich lese, und deshalb kann ich die meisten Artikel dann doch relativ ungestört in einem Rutsch wegatmen. Durchaus amüsant ist es auch, wenn Fotos sich partout nicht aufbauen wollen, sondern stattdessen die hinterlegte Bildbeschreibung in Textform aufploppt. Und wenn da dann steht: »Frau und Berater sitzend am Tisch« (beim Besuch des Krankenkassenportals) oder »Ein Mann liegt mit einem Tablet im Bett« (beim Aufrufen des Onlinebankings), dann kann man sich wirklich sicher sein, dass man so gar nichts verpasst.

Nur ein Umstand trübt mein digitales Detox: Demnächst

soll es auch hier im Dorf angeblich Glasfaser geben. Wann genau »demnächst« sein wird, ist allerdings ähnlich unvorhersagbar wie das Wetter für das Jahr 2047. Die Vorbereitungen sind angeblich so gut wie abgeschlossen; dafür bedurfte es bis heute etwa eines halben Dutzends Termine, zwischen denen jeweils so circa ein halbes Jahr lag. Erst wurde markiert, dann wurde gebuddelt und vergraben, und schon ungefähr ein Jahr später wurde das Vergrabene – also das Kabel – ins Haus reingezogen.

In diesem Zusammenhang von »Terminen« zu sprechen ist übrigens etwas überkandidelt; Termine in diesem Sinne werden dahingehend hier nämlich mitnichten vereinbart. Bevorzugtes Verfahren im Wendland ist und bleibt das spontane »Wer da ist, hat Glück, und wer nicht, der eben nicht«-Prinzip – was für jemanden, der viel unterwegs ist, nur beschränkt alltagstauglich ist und alle Beteiligten mitunter auf eine nervenaufreibende Geduldsprobe stellt.

Ähnlich verhält es sich hier im Wendland übrigens auch mit dem Ableser für die Wasseruhr. Was habe ich gestaunt, als ebendieser plötzlich an einem frühen Samstagabend um kurz vor 18 Uhr vor der Tür stand und Einlass begehrte! Erst dachte ich ja an einen Haustürtrick, aber der Wasserableser konnte sich ausweisen, und er wollte auch tatsächlich nur an die Wasseruhr. So spontan wie er sich überlegt hatte vorbeizuschauen, so viel Geduld brauchte er dann, um seine Aufgabe zu verrichten, denn mangels Voranmeldung musste ich den Weg zum Wasserzähler erst einmal ausgiebig freiräumen. Bis der zur Kammer führende Fußboden, auf dem ich zu Testzwecken just sämtliche Plakate für die kommende Kulturspielzeit des »Wohnzimmers« ausgebreitet hatte, wieder begehbar war, dauerte es. Da kann man durchaus anregen, dass das mit einem Termin doch vielleicht schneller gegangen wäre. Wegen der dann möglichen Vorbereitung und so. Mal als Idee.

Aber zurück zur geplanten Einführung des Breitbandinternets im »Jabel der Welt«: Nur wenige Monate nach Markierung und Buddelei kam dann derjenige, der im Haus weitermachte und innen den Anschluss montierte, aber natürlich ohne den Anschlusskasten mit dem Kabel zu verbinden; hierfür kam dann nach nur wenigen weiteren Monden der Nächste. Seitdem stagniert das Ganze.

Der Mann behauptet, dass das hier so langsam vorangeht, um die Menschen gaaaanz vorsichtig an jene bahnbrechenden Veränderungen zu gewöhnen, die ihnen demnächst bevorstehen. Er ist der festen Überzeugung, dass das schnelle Internet hier nicht lange überleben wird. Weil die meisten Wendländer es aus Stressgründen nämlich einfach wieder abbestellen werden, wenn ihnen ihr Seelenfrieden lieb ist und sie erst mal erkennen, was die von einigen lauten Stimmen so lang ersehnte Innovation für die Geschwindigkeit des Lebens grundsätzlich bedeutet.

Wenn der Mann diese These äußert, klingt das interessanterweise jedes Mal gar nicht ironisch, sondern fast wie eine Wunschvorstellung. Oder zumindest so, als würde er es eigentlich bedauern, dass in Kürze auch eine der letzten analogen Bastionen dieser Welt fallen wird.

Ich halte die Theorie des Mannes – wahlweise seine stille Hoffnung – zwar für unwahrscheinlich, aber nicht für unsympathisch. Und selbst wenn es unter rein vernunftorientierten Gesichtspunkten unabdingbar ist, dass die hiesige Region im wahrsten Sinne des Wortes endlich den Anschluss erhält an den Rest der Welt: Wegen mir brauchen die sich jetzt nicht zu beeilen. Wenn man schon zweieinhalb Jahre unter den aktuellen Bedingungen überlebt und in dieser Zeit sogar ein einigermaßen funktionierendes Geschäft aufgebaut hat, dann schafft man alles.

Insofern genießen wir hier derzeit die vermutlich letzten Monate des »digitalen Detox«. Die letzten vier Schritte – finale Installation, Leitungsfreischaltung, Messung und letztliche Inbetriebnahme, unter Umständen flankiert von einem weiteren

»Termin« zwecks Lieferung, Anschluss und Einrichtung eines neuen Routers, weil der alte mit der neuen Technologie leider, leider nicht mehr kompatibel sein wird – sollten eigentlich bis Ende Januar 2020 erfolgt sein. Weshalb ich frohen Mutes meinen Telekomanschluss zum 31.1.2020 kündigte. Heute ist – siehe oben – der 5. März, und ich bin, Überraschung!, noch immer Lahmarschkundin bei der Telekom. Also rein aus der Not heraus; es handelt sich dabei um so eine Art Zwangsheirat.

Die Telekomler müssen mich nämlich mit ihrer hier zur Verfügung stehenden Datenrate vom Stand des Jahres um und bei 1998 weiter mit durchschleifen, bis der Anschluss zum neuen Anbieter steht. Das finden die wohl genauso wenig toll wie ich und haben deshalb – quasi zur Strafe, wegen der Kündigung – den eh schon maroden Internetzugang vermutlich gleich noch mal ein bisschen gedrosselt. Meinem Empfinden nach ist der momentan nämlich leistungsschwächer als jemals zuvor. Genauer gesagt ist er gerade so schwach, dass ich den heutigen versuchten Online-Bestellvorgang beim Lieferanten entnervt abgebrochen habe und die benötigte Ware für die nächste Veranstaltung lieber vor Ort einkaufen werde – auch wenn dies warenwirtschaftlich, buchhalterisch und servicetechnisch durch die erforderliche komplette Neuaufstellung der Snackkarte mit großem Aufwand verbunden sein wird.

Sollten Sie also dieses Machwerk jemals tatsächlich gedruckt in Händen halten, dann ist dies nach aktuellem Stand zwar noch der Telekom zu verdanken. Aber glauben Sie mir: Der elektronische Postweg der Texte in den Verlag war hart und steinig.

Nachtrag. Auch im August 2020 surfen alle im verrückten Dorf und drum herum, so auch ich, weiterhin mit der Geschwindigkeit von Nacktschnecken auf einer Pfütze bei Windstille. Der bereits viermal verschobene Anschlusstermin wurde vor wenigen Tagen erneut gecancelt. Heute stand in der »Wasser-Prawda«, dass es jetzt eng wird, weil zum Ende des Jahres nämlich die Förderung der Bundesregierung für die Breitbandverkabelung auslaufen wird, und nur die Landesmittel würden nicht reichen. Die Rechtfertigungsversuche der Verantwortlichen lesen sich irgendwas zwischen verzweifelt und peinlich. Für uns hier ist das natürlich richtig blöd. Corona wäre mit einer anständigen Internetverbindung vielleicht etwas weniger katastrophal, das muss sogar eine Digitalverweigerin wie ich mittlerweile zähneknirschend zugeben. Schwierig.

Willkommen, Kultur!

Von der wendländischen Logik in Sachen »Vergnügungssteuer«, den Besonderheiten des Kulturbetriebs auf dem Dorf und warum der Wendländer im Ernstfall sogar einen Stuhl mit in die Kneipe bringt

Das Wendland ist nicht nur ein Sammelbecken für alternative Daseinsformen aller Art, sondern auch gespickt mit Künstlerinnen und Künstlern: Ob darstellend oder bildend – in dem schräg-ursprünglichen Landstrich leben unzählige Freidenker und kreative Köpfe der unterschiedlichsten Sparten und Genres.

Kunsthandwerk aller Art und kleine (Hof-)Ateliers ziehen sich durch die ganze Region; Bühnenprofis und Geistesarbeiter schätzen die Ruhe sowie den lässig-freiheitlichen Lebensstil und lassen sich hier nieder: Oftmals zunächst »teilweise« in Form eines Wochenend- oder Feriensitzes – irgendwann aber erliegen viele doch ganz dem Charme der Gegend und machen sie zu ihrem Lebensmittelpunkt.

Für zahlreiche Kreative wie mich, denen die einstmals Inspiration versprechende Großstadt im Laufe der Zeit doch mehr Energie raubt als schenkt, ist das Wendland Zufluchtsstätte und Sehnsuchtsort. Und weil all diese Künstler und Kulturschaffenden als Multiplikatoren ähnlich gestrickte Gemüter nach und mit sich ziehen, wächst ihre Anzahl stetig.

Bezieht man diesen Umstand in die Betrachtung der hiesigen Kulturlandschaft ein, so mutet es zunächst unerwartet bis erstaunlich an, dass in der Kulturszene des Kreises Lüchow-Dannenberg recht wenig professionelle Bewegung herrscht. Es ist dabei keinesfalls so, dass nichts los ist – im Gegenteil: Wer suchet, der findet fast jeden Abend etwas (wenn auch teilweise sehr Spezielles!) zu tun, zu sehen, zu hören oder zu erleben.

Das gilt zumindest für all jene, die offen genug sind, nicht auf Mainstream oder bekannte Namen fixiert zu sein: Letztere findet man innerhalb des Landkreises fast ausschließlich in der einzigen größeren Spielstätte »Verdo« in Hitzacker (für Klassikfans ist Hitzacker mit der alljährlichen »Musikwoche« und den »Sommerlichen Musiktagen« übrigens ein kleines Paradies) – oder im benachbarten altmärkischen Salzwedeler »Kulturhaus«. Ansonsten heißt die Devise für erfolgreichen Livekulturkonsum in Lüchow-Dannenberg: Gib dem Unbekannten eine Chance, feiere die Improvisation, öffne dein Herz für das Andersartige! Und erlebe auf diese Art und Weise ganz besonders zauberhafte Abende, die ihresgleichen suchen.

Der »Kulturverein Platenlaase« bietet in seiner festen Spielstätte – im Volksmund liebevoll »PlaLa« genannt – ein umfangreiches, größtenteils dem alternativen Spektrum zuzuordnendes Programm mit Filmen, Konzerten und Partys. Der Verein »Wendlandjazz« holt etwa einmal monatlich teils spektakuläre Jazz- und Blueskünstler zu Konzerten in den Landkreis; auch in der »Kulturtenne Damnatz«, im »Raum2« in Tramm sowie im »Clenzer Culturladen« – allesamt ebenfalls als Vereine organisiert – finden regelmäßig Kulturveranstaltungen statt. In den »Bauernstuben« in Trebel, in der »Kulturbarbarei« im Lüchower Ortsteil Grabow oder im »Bistro« in Lüchow werden ab und an Kulturveranstaltungen mit Gastronomie gekreuzt; Ulli Schröder aus dem Lüchower »Stones Fan Museum« ruft die lokale Rock-'n'-Roll-Gemeinde immer mal wieder zu Livegigs zusammen. Und dann ist da natürlich noch »Kulturbar Wendland e. V.«: jener ambitionierte und besonders vielseitige Kulturverein, bei dem meine Wenigkeit die Vorturnerin gibt und der regelmäßig Künstler aus Schauspiel, Literatur, Kabarett, Comedy und Musik auf die vielleicht familiärste Kleinkunstbühne der Republik in sein Vereinsheim und die feste Spielstätte

»Wittlerins Wohnzimmer« holt – im Sommer auch unter freiem Himmel.

Die »Freie Bühne Wendland« hingegen – ein Zusammenschluss freier professioneller Theaterschaffender und Schauspieler – nutzt die im Landkreis vorhandenen Spielstätten je nach Nachfrage und Möglichkeiten für ihre unterschiedlichen Produktionen, tourt aber auch außerhalb der Grenzen des Wendlandes. Und last, but not least finden Sie in Lüchow eines der letzten verbliebenen unabhängigen Kleinstadtkinos mit ambitioniertem Programm: Das Kino »Alte Brennerei« in der Rosenstraße zeigt nicht nur Blockbuster, sondern auch anspruchsvolle Filmkunst und wurde dafür mehrfach ausgezeichnet.

Wenn Sie bis hierher aufmerksam gelesen haben, dann ist Ihnen vermutlich die sehr hohe Dichte an vereinsseitig organisierter Kulturarbeit aufgefallen (falls nicht: Unter den genannten Spielstätten ist übrigens eine sehr hohe Dichte an vereinsseitig organisierter Kulturarbeit vorhanden).

Die Erklärung hierfür liegt in der Vergnügungssteuersatzung der Stadt Lüchow, und diese lässt gleichsam erahnen, weshalb professionelle Veranstalter – insbesondere, was das Musikgeschäft betrifft – lieber einen großen Bogen um Lüchow machen. Ob und in welcher Form Vergnügungssteuern erhoben werden, ist nämlich Sache der Kommunen, und leider marschiert die Stadt Lüchow in Sachen »Behinderung professioneller lokaler Kulturarbeit« mit erstaunlicher Verve und Konsequenz stramm voran. Denn wo andere Kommunen die Vergnügungssteuer für das erheben, wofür sie eigentlich gedacht ist – nämlich für Spielhöllen, Tabledance- oder Striptease-Bars, Pornofilme und Boxkämpfe –, macht die Vergnügungssteuersatzung der Stadt Lüchow gleich auch vielen weiteren kulturellen Spielarten den Garaus.

In der Vergnügungssteuersatzung der Stadt liest sich das zum Beispiel so: »Die Stadt Lüchow (Wendland) erhebt Vergnügungssteuer für die folgenden im Stadtgebiet veranstalteten Vergnügungen gewerblicher Art: 1. Tanzveranstaltungen einschl. Veranstaltungen, die Tanz ermöglichen, 2. Veranstaltungen von Schönheitstänzen (z. B. Striptease, Peepshows, Table-dances), Schaustellung von Personen *sowie Musik- oder Gesangsdarbietungen.*«*

JA, Sie haben richtig gelesen: Livemusik und Gesang jeglicher Form werden in einem Atemzug genannt mit Striptease und Peepshows – so steht es da. Und NEIN, ich habe mir das nicht ausgedacht!

Stattdessen las ich als Nächstes unter § 6.5: »Die Steuer beträgt 1. bei Tanzveranstaltungen 10 Prozent, 2. in allen anderen Fällen 20 Prozent« (aller entsprechenden Einnahmen).

Alles klar, dachte ich bei der Lektüre und klappte meine Stirn derweil in so tiefe Falten, dass es wehtat. Noch mal zum Mitschreiben, Wittlerin: Wenn du als Veranstalterin dein Musiklaptop DJ spielen lässt, dann bekommt die Stadt Lüchow 10 Prozent der etwaigen über Ticketverkäufe erzielten Einnahmen. Wobei du diese 10 Prozent natürlich zusätzlich zu den nicht unerheblichen Beiträgen für die GEMA und so weiter wirst abdrücken müssen. So weit, so gut. Wenn du aber zum Beispiel für deine Gäste ein Klassikquintett buchst, das live spielt, und somit irgendwie die Gage für fünf Musiker erwirtschaften musst, die ja eine hochwertige persönliche künstlerische Leistung abliefern, dann – ja, dann – bekommt die Stadt Lüchow 20 Prozent der Ticketverkäufe …? Also, natürlich zusätzlich zur veranstalterseitigen Belastung durch die GEMA, die Künstlersozialkasse und so weiter …?! – Kann das tatsächlich sein?

Ich habe dann mehrfach versucht, das Ganze zu drehen und zu wenden, um nicht vollends zu verzweifeln und mich bei den Schildbürgern zu wähnen, aber unterm Strich brachte mich all

* Vergnügungssteuersatzung Stadt Lüchow

das nicht weiter. Meiner bescheidenen Auffassungsgabe nach bleibt es auch nach zahlreichen Versuchen, mir die Sache schönzureden, bei folgenden Schlussfolgerungen:

a) Machen echte Menschen richtige Musik, ist dies gleichzusetzen mit Striptease oder Tabledance.
b) Das Angebot von Livemusik muss den Veranstaltern – und damit auch den Künstlern, die ja in der Regel keine Festgage erhalten, sondern ihre Gage aus den anteiligen Einnahmen der Ticketverkäufe beziehen – finanziell richtig wehtun. Sonst würden diese Hallodris sich am Ende noch die Taschen vollmachen oder gar »mit so was« ihren Lebensunterhalt verdienen!

Ich hätte das alles nun noch für ein Versehen halten oder mit ganz viel Nachsicht und Zugeständnis sogar liebevoll »wendländische Logik« nennen können, und vielleicht wäre es sogar so weit gekommen, wenn – ja, wenn es nicht noch weitere ungeheuerliche Konnotationen gäbe in dieser bitter nach räudigem Amtsschimmel riechenden Vergnügungssteuersatzung.

Zunächst habe ich nachgesehen, ob der Satzungstext nicht vielleicht aus dem Kaiserreich stammt und es einfach übersehen wurde, ihn zu ändern, oder ob mir schlicht eine völlig veraltete Version vorlag. Leider musste ich daraufhin feststellen, dass die aktuelle Fassung der Vergnügungssteuersatzung tatsächlich das Entstehungsjahr 2012 ihr Eigen nennt. Genauer gesagt wurde sie am 11. September 2012 durch den Rat der Stadt Lüchow verabschiedet und trat am 1. Januar 2013 in Kraft. Da staunt der Fachmann, und der Laie wundert sich. Oder andersrum, völlig egal.

Beim nochmaligen Durchlesen stellte ich zudem fest, dass gemäß der Vergnügungssteuersatzung nicht nur Livemusik und Gesang, sondern auch die Filmkunst in Lüchow der Vergnügungssteuer unterliegt. NEIN, nicht nur Pornos. Sondern:

JA, alle Filme. Auch Arthouse-Filme. Oder Lehr- und Tierfilme. Oder Dokumentationen wie mein Dokumentarfilm »Wer schön sein will, muss reisen«, der immerhin das Prädikat »wertvoll« trägt und den die Film- und Medienbewertungsstelle im Monat seines Kinostarts zum »Dokumentarfilm des Monats« gekrönt hat. Wer schon mal einen Dokumentarfilm produziert hat, der weiß, dass man damit Geld verbrennt und nicht Geld verdient. Was die Stadt Lüchow nicht davon abhält, den Steuersatz bei Filmvorführungen ganz grundsätzlich nicht auf 10 oder 20, sondern gleich auf 30 Prozent festzulegen.

Man könnte an diesem Punkt in hysterisches Gelächter ausbrechen – wenn es nicht so traurig wäre. Mich erinnert das an Aale-Ede auf'm Fischmarkt: Da werden die Preise auch nicht nach der Qualität des Produktes festgelegt, sondern einfach nach Lust und Laune. Oder nach dem aktuellen Pegel von Aale-Ede.

Was mich noch zu der Bemerkung führt, dass die Tanzveranstaltungen auf Schützenfesten selbstverständlich von der Vergnügungssteuer ausgenommen sind. Hm.

Leider ist es mitnichten so, dass man als Neue/r vonseiten der Ämter auf die Vergnügungssteuersatzung der Stadt aufmerksam gemacht wird; selbst wenn man in den ersten Wochen gar nichts anderes tut, als bei den verschiedenen behördlichen Anlaufstellen auf seine Pläne aufmerksam zu machen. Nein, da muss man schon von selbst draufkommen. Oder ins offene Messer rennen. Oder mit Glück rechtzeitig im eigenen Netzwerk Kontakt zu einheimischen Branchenkollegen finden, die einen aufklären – und zwar *bevor* die erste Veranstaltung gelaufen ist. Letzteres war mir persönlich zum Glück beschieden (Dank an die wackeren Informanten!), sodass ich für die damals bereits anstehenden Veranstaltungen in »Wittlerins Wohnzimmer« gerade noch rechtzeitig die erforderlichen Korrekturen einleiten konnte.

Man sehe mir nach, dass das Auge der Liebe vonseiten der Kulturveranstalterin ob der Gesamtheit all dieser Hindernisse doch ein wenig getrübt ist. Bei aller ebensolchen, also aller Liebe – von der für das Wendland an sich eine ganze Menge vorhanden ist und von der ich meine, diese in den vorangegangenen Kapiteln auch recht deutlich vermittelt zu haben –: Diese Vergnügungssteuersatzung taugt nichts.

Mehr noch: Meiner Meinung nach kratzt sie gehörig am Image nicht nur der Stadt Lüchow, sondern der gesamten Region, die in einer aufwendigen Kampagne auch damit wirbt, ein besonders kreativitätsförderndes Umfeld zu bieten.

Das ist ein bisschen so, als würde man mit dem Hintern umwerfen, was man gleichzeitig mit den Händen aufzubauen versucht. Aufgrund meiner ausladenden Körperform kenne ich dieses Problem hinter meinem schmalen Tresen recht gut, aber dann muss man sich eben manchmal bücken und hinter sich aufräumen. Und deshalb traue ich mich zu sagen: Macht das doch bitte einfach mal! Also, aufräumen. Beziehungsweise die Vergnügungssteuersatzung so korrigieren, dass sie gesundem Menschenverstand sowie der Livedarbietung von Kunst und Kultur entgegenkommt, statt letztere gekonnt zu verhindern. Dabei bräche sich doch niemand einen Zacken aus der Krone, und am Ende wären alle glücklicher.

So. Das musste mal raus.

Wer sich für den Rest der Vergnügungssteuersatzung der Stadt Lüchow interessiert (es gibt dort noch viel mehr Kuriositäten zu erforschen!; insgesamt hat das Pamphlet elf eng beschriebene Seiten), der schaue in »Wittlerins Wohnzimmer« vorbei – als Vereinsheim von »Kulturbar Wendland« halten wir immer ein Exemplar zur Einsicht bereit, und wenn man nicht gerade ein direkt betroffener Veranstalter ist, eignet es sich durchaus zum Zeitvertreib und Amüsement.

Damit ist es an der Zeit, den finalen Bogen zur geneigten Erkenntnis zu schlagen: Sie ahnen ganz richtig, wenn Sie vermuten, dass die »hohe lokale Dichte an vereinsseitiger Kulturarbeit« in und um Lüchow irgendwie mit der Vergnügungssteuersatzung zusammenhängen könnte. Denn, ja, genauso ist es: Die Veranstaltungen eingetragener beziehungsweise gemeinnütziger Vereine sind vergnügungssteuerfrei, jedenfalls, solange die Veranstaltungen dem satzungsgemäßen Zweck des Vereins dienen.

Was genau passieren würde, wenn »Kulturbar Wendland« in »Wittlerins Wohnzimmer« der Vielfalt halber einfach mal Striptease oder Tabledance anböte, können wir Ihnen leider nicht sagen, aber wir überlegen schon, das einfach mal auszuprobieren; gerade jetzt, wo es noch nicht mal mehr den Puff nebenan gibt. Ausreichend Zuschauer dafür gäbe es bestimmt, was mich dazu bringt, dass ich jetzt, zum guten Schluss, auch einfach mal das Positive aufzeigen will. Und muss! Denn dieses Positive liegt nicht in den behördlichen Vorschriften, sondern im wendländischen Publikum.

Dieses hat unsere Veranstaltungen von Anfang an mit großer Zuneigung, vielseitigem Interesse und seiner Liebe geadelt – und hält der vielleicht familiärsten Kleinkunstbühne der Republik seither die Treue. Was wir auch anbieten, ob es politisches Kabarett ist, Comedy oder eine Lesung; ein Theaterstück oder ein Chansonabend; Livemusik oder das Kneipenquiz; das »Puschenkino« oder eine Open-Air-Veranstaltung: Die Wendländer sind dabei und zeigen auf diese Art sowohl den gastierenden Künstlern als auch unserer Arbeit ihre Wertschätzung. Und unterm Strich geht es schließlich nur darum. Dafür bedanke ich mich – auch im Namen meiner engagierten Mitstreiter von »Kulturbar Wendland« – von Herzen. Die meisten unserer »Kulturgäste« sind Wiederholungstäter, was uns besonders stolz macht: Denn das bedeutet, dass uns das mit dem »Schubladen-Aufbrechen« und dem Ziel, die Menschen für die unterschiedlichsten Formen der Kleinkunst zu begeistern, ganz gut gelingt. Wir freuen uns deshalb auf hoffentlich noch viele, viele Kulturspielzeiten in »Wittlerins Wohnzimmer«! Und hoffen darauf, dass die Abendkasse weiterhin oft entfallen muss, weil die Veranstaltungen bereits im Vorfeld ausgebucht sind. Nur hier sagen »Zu-spät-Reservierer« so herzerweichende Sätze wie: »Oooch, bitte lasst mich doch noch rein! Ich bringe auch meinen eigenen Stuhl mit und mache mich ganz, ganz klein. Aber klatschen tu ich für drei!«

Bitte helfen Sie uns dabei, dass es genau so bleibt – ob als einheimischer Stammgast oder als Stippvisitler, denn nur so können wir bei nicht mehr als maximal 36 Sitzplätzen unseren Künstlern eine einigermaßen faire Gage auszahlen. Wir von »Kulturbar Wendland« versprechen Ihnen schon jetzt einen hinreißenden Abend im »Jabel der Welt«!

Nachtrag. Juni 2020. Dank des örtlichen Gesundheitsamtes bin ich, was den Amtsschimmel betrifft, nicht mehr ganz so auf Zündung. Hängt tatsächlich mit Corona zusammen. Klingt komisch, ist aber so. Denn als klar war, dass alle geplanten Veranstaltungen von »Kulturbar Wendland« auf Monate hin ausfallen müssen, haben wir uns auf der Suche nach etwaigen Lösungen des Dilemmas wochenlang das Gehirn zermartert. Und eine ebensolche Lösung schließlich auch gefunden:

Auf dem Hof von »Wittlerins Wohnzimmer« ist in der Krise »Das kleinste Autotheater der Welt« entstanden, das den Insassen von maximal fünf Pkw sowie einem Trecker das Erlebnis von Livekultur trotz Corona ermöglichen konnte. Die Genehmigung hierfür wurde in enger Zusammenarbeit mit dem hiesigen Gesundheitsamt innerhalb nur weniger Tage erarbeitet. Dafür bedanken wir uns bei den Verantwortlichen von Herzen. Und sind fest davon überzeugt, dass bei einer der nächsten Ratssitzungen eine Änderung der Vergnügungssteuersatzung auf der Tagesordnung stehen wird. Bestimmt.

Wendlandleaks

Über Gerüchteküchen, dörflichen Datenschutz, Informationsketten und die Stille Post

Die größte Tugend einer Wirtin – gerade auf dem Dorf – ist ihre Diskretion. Sagt auch Gisela! Zu Gisela kommen wir noch, aber bleiben wir für den Moment bei der Diskretion an sich. Diese nehme ich in meiner Eigenschaft als Gastgeberin sehr ernst, wobei mir durchaus bewusst ist, dass dieselbige eine Einbahnstraße sein kann.

Denn auch wenn man selbst zähneknirschend die Klappe hält über jene Preziosen, die einem so am Fuße des Bieres oder zur Neige des Weines unter dem Siegel der Verschwiegenheit zugetragen werden, bedeutet das ja mitnichten, dass die Gäste das ebenfalls tun. Schließlich sind letztere doch manchmal froh, wenn sie was weiterzuerzählen haben, und das ist völlig in Ordnung, denn auch dafür ist eine Dorfkneipe schließlich da.

Was die Gerüchteküche betrifft, so wird in dieser – und das gehört sich sogar irgendwie so – gerade rund um einen Tresen besonders heiß gekocht. Dann wird aus einer weißen Katze (Choupette! Da isse wieder!) auf dem Weg von Tisch 1 an Tisch 6 ein pinkfarbener Elefant, und was genau in der Zwischenzeit – also auf der Strecke zwischen den Tischen 2 bis 5 – passiert ist, weiß am Ende zwar niemand, aber der Elefant steht erst mal im Raum, und da bleibt er auch. Bis er sich entweder in die weiße Katze zurückverwandelt oder zu einem Drachen mit acht Köpfen wird.

Ich sach's mal salopp so: Damit musste auf'm Dorf leben können. Und wollen. Verhindern kannste's nicht, und – sagen wir's, wie's ist – einen gewissen Unterhaltungswert hat's ja auch.

Man darf's halt nur nicht zu ernst nehmen, das Geklatsche und Getratsche und die »Wusstest-du-Schons«, »Haste-schon-Gehörts« und »Stell-dir-Vors«.

Gleichzeitig, und das ist ein sehr, sehr wichtiger Punkt!, darf eine Landlady (so nennen die Briten ihre Pub-Gastgeberinnen, ist das nicht sweet?) von ihren Gästen nicht erwarten, dass diese sich im Zuge der überschäumenden Emotionen nicht auch die Mäuler über sie selbst zerreißen. Als Dorfkneipenwirtin oder -wirt – ausnahmsweise spielt das Geschlecht da mal gar keine Rolle – bist du immer auch essenzielle Ingredienz für die besten Rezepte aus der lokalen Munkelmanufaktur. Anders geht es nicht. Darauf muss man gefasst sein, wenn man sich, ob in der Stadt oder auf dem Land – besonders aber natürlich irgendwo im Nirgendwo, wo es gar nicht so viel anderes gibt, über das man reden könnte –, den Ausschank auf die Fahne schreibt. Sensiblen Naturen, die sich eine künftige gastronomische Karriere – ob im Sternerestaurant oder in der Ruhrpott-Trinkhalle, im Trucker-Imbiss oder urbanen Szeneladen, in der Landgaststätte oder im Hofcafé – schon in den buntesten Farben ausmalen, sei dies in mütterlicher Fürsorge mit auf den steinigen Weg gegeben.

Mich persönlich stört es – vor allem dank jahrelangen gazettengestählten Tratsch-Trainings – heute nicht mehr allzu sehr, Gegenstand übler Nachrede zu sein.

Denn dank meiner einstigen Fernsehpräsenz war ich millionenfach immerhin schon alles, was in einem menschlichen Leben so für mediale Abwechslung sorgen kann: todkrank, todunglücklich, pleite, heimlich verheiratet, heimlich geschieden und ganz offiziell geisteskrank. Ich bin quasi daran gewöhnt, auch wenn ich es nicht gutheiße und – sorry, Kollegen! – es gar nicht schlimm finde, dass die Auflage der Bild-Zeitung seit dem Jahr 2010 um mehr als die Hälfte gesunken ist und heuer wohl nur mehr bei knapp anderthalb Millionen liegt. Das ist meiner Meinung zwar nach immer noch viel zu viel, aber mehr

Schwund darf man innerhalb einer Dekade angesichts des Gesamtzustandes der Menschheit wohl nicht erwarten.

Vielleicht, ja vielleicht!, hätte dieser Auflagenschwund zwischenzeitlich aufgehalten werden können, wenn ich es damals im Frühjahr 2018 – wenige Monate nach meinem stillen Umzug ins verrückte Dorf – nur zugelassen hätte, dass die größte deutsche Boulevardzeitung endlich eine schöne Homestory über »Das gefallene Mädchen: DIE RUNDE ROTIERT IM RUNDLING!« bringt, denn auf genau diese Story wartete das ganze Land wohl schon seit Längerem. Das muss man jedenfalls vermuten, so schnell, wie die Anfrage dazu kam, nachdem mein Ortswechsel durchgesickert war. Wobei die oben genannte Schlagzeile zugegeben allein meiner Fantasie entsprungen ist und für letztliche Druckreife im betreffenden Medium viel zu intellektuell gewesen wäre.

Denn was ein »Rundling« ist, hätte man dort ja wohl erst mal erklären müssen, und dafür wäre sicherlich kein Platz gewesen. Wörter mit mehr als sieben Buchstaben laufen heutzutage echt schlecht in Überschriften (an dieser Stelle ein ehrlich dankbarer Gruß an Verlag und Lektorat: Ich freue mich von Herzen, dass ich die Leser dieses Buches mit dem Untertitel »Dorfkneipengeschichten einer Stadtflüchtigen« endlich mal wieder herausfordern darf!). Deshalb hier nun stellvertretend beziehungsweise rein prophylaktisch die Definition von »Rundling«: »Kleines Dorf mit rund oder in Hufeisenform um einen Platz oder Anger gebauten Höfen« (danke, Google!).

Oder, anders ausgedrückt: Bei einem Rundling handelt es sich um eine kleine Siedlung, bei der die Häuser rund um einen zentralen Dorfplatz angeordnet sind wie Tortenstücke. Die Häuser sind dabei mit den Vorderfronten einander zugewandt, das heißt, die »kommunikative Front« – meist mit einer »Klönschnack-Pforte« oder eben »Grot Dör« – läuft direkt auf den Dorfplatz zu, und die Grundstücke verbreitern sich nach hinten.

Jabel, meine neue Heimat, von mir liebevoll »Jabel der Welt« genannt, ist heute noch ein halber Rundling: auf der einen Seite Straßendorf (das ist die Seite, zu der die Antikhütte gehört); auf der anderen Seite klassisches »Tortenensemble«, Denkmalschutz inklusive und um UNESCO-Weltkulturerbe-Bewerbung bemüht, aber das lassen wir hier mal außen vor.

Wo waren wir doch gleich? – Ach ja. Homestory. Anfrage. Genau. Habe ich abgelehnt. Dankend, aber nachdrücklich. Dreimal insgesamt, innerhalb von zwei oder drei Tagen. Thema abgehakt. Möchte man meinen. Aber: weit gefehlt!

Ich hatte gerade das dritte recht deutliche Nein ausgesprochen, als plötzlich ein Mann – den ich nicht weiter zu beschreiben vermag, aber er war behängt mit einer Kamera – in Jabel Nr. 20 über die für ihn fast stirnhohe Gartenmauer griente. Während ich just im durch mein alleiniges Zutun völlig verwahrlosten Gartenschuppen mit Shrekis Hilfe nach postumzüglerischer Ordnung suchte.

Der Mann hinter der Mauer begehrte mit den Worten »Ich bin von der Bild!« Einlass, den ich ihm nicht gewährte, während Shreki, der Gute, vorsichtshalber schon mal die Harke vom Schuppenhaken nahm: »Nur, um zu gucken, ob man die noch gebrauchen kann!« (O-Ton Shreki).

Im Anschluss an diese Begebenheit wunderte ich mich noch ein wenig über den Umstand, dass mein dreimal deutliches Nein nicht genügt hat, und ich bin bis heute der Meinung, dass dieses Wundern auch angebracht war. Und zwar völlig unabhängig davon, ob ich vorher schon mal in der Zeitung war oder nicht. Falls Sie mir das alles hier nicht glauben, fragen Sie bei Gelegenheit Shreki; der ist bis heute recht fassungslos über dieses Vorkommnis. Woraus man schon mal eines schlussfolgern kann: Der Wendländer an sich hat Anstand, und er versteht ein Nein. Noch viel lieber aber sagt er Ja – zum Beispiel, wenn man ihn freundlich um Hilfe bittet. Das allein ist schon spektakulär.

Jedenfalls, mein Medienanwalt riet damals zum Hausverbot,

das wir dann auch aussprachen. Also, natürlich nicht Shreki gegenüber, aber sämtlichen Angehörigen der Bild-Redaktion. Ich bin somit weltweit eine der wenigen Wirtinnen, die das erste Hausverbot schon ausgesprochen haben, noch bevor ihre Kneipe überhaupt eröffnet war. Das muss man erst mal schaffen! Aber ich persönlich verbringe meine Zeit nun mal lieber mit dem eigenen Zusammenstellen von Buchstaben als mit dem Führen sinnloser Dialoge mit dem Boulevard. Mittlerweile weiß ich ja: Die schreiben eh, was sie wollen, ganz egal, was du sagst. Da kann man das mit den Interviews eigentlich auch gleich sein lassen. Schont die Nerven und den Zeithaushalt.

Um eines klarzustellen: Mit Ihnen, geschätzte Leserin, lieber Leser, teile ich die hier offenbarten Intimitäten natürlich gern! Sie sind vermutlich kein Mitarbeiter eines Boulevardmediums; dann hätten Sie gar nicht die Geduld, ein ganzes Buch zu lesen. Und sich nun schon seit so vielen Seiten durch meine Schachtelsätze zu wühlen, die die Lektorin an den Rand des Wahnsinns bringen. Das spricht für Ihr Durchhaltevermögen und Ihr ehrliches Interesse an dem, was ich zu erzählen habe. Danke dafür! Das ist nicht selbstverständlich, zumal ich hier noch nicht mal Dekotipps verteile. (Falls Sie diese Hoffnung noch hatten: Dies ist der Moment, um sich final davon zu verabschieden. Obwohl, einen hätte ich: Fernsehpreise sind prima Türstopper.) – Sorry. Ich schweife ab.

Zurück zum Schuppen: In genau diesem Moment beschloss ich, mein ganz persönliches Downshifting besonders konsequent durchzuziehen und künftig ganz ohne Regenbogenpresse, Preisverleihungen und sogenannte Promipartys zu leben. Mit diesen Partys, auf denen alle nur so lange Spaß haben, wie es jemand fotografiert, weil sie sonst nämlich hinterher gar nicht mehr wissen, ob sie überhaupt da waren und mit wem sie gesprochen haben, lockt man mich eh nicht mehr aus der Antikhütte hervor. In der Regel ist jeder Abend in meiner Deelenkneipe lustiger, und anderes als Pickert, Platz und Provinz brauche ich nicht mehr. Wobei ich »Provinz« hier sehr liebevoll meine. Nicht abwertend und nicht despektierlich. Provinz muss man können. Stadt kann jeder.

Was die Diskretion betrifft, so gilt offiziell zwar auch hier auf dem Dorf die Datenschutzgrundverordnung, aber es ist doch ziemlich offensichtlich, dass diese noch längst nicht in allen Bereichen umgesetzt wird. Denn nachdem der Schuppen aufgeräumt war, war wiederum das Auto voller überflüssigen Krempels. Dieser sollte nun ganz ordnungsgemäß seine letzte Ruhe auf dem örtlichen Recyclinghof finden; also fuhr ich in meiner rollenden Müllhalde hoch motiviert genau dorthin – und stellte fest, dass das wendländische Streben, gern mal zwei Fliegen mit einer Klappe zu schlagen, auch hier zum Tragen kommt. Im wahrsten Sinne des Wortes.

Denn: Wer hier, auf dem Recyclinghof in Woltersdorf, etwas entsorgen will, der muss mit seinem Wagen auf eine direkt in die Bodenfläche eingebaute Waage vor dem Mitarbeiterhäuschen fahren. Das Gesamtgewicht des Wagens wird dann umgehend und für alle Anwesenden im Umkreis von etwa fünfundzwanzig Metern sehr, sehr gut erkennbar auf einer großen Leuchttafel angezeigt. Die Waage ist trotz der eigentlich groben Arbeit, die sie verrichtet, ganz erstaunlich sensibel, und so korrigiert sie sofort nach, wenn man nun das Auto verlässt, um seine heiße Ware im Büro zur Entsorgung anzumelden und abzurechnen. Was für alle, die so um die Leuchttafel herumstehen und auch nur rudimentär das Kopfrechnen beherrschen, sowohl den Erkenntnis- als auch den Unterhaltungswert des Verklappungsausflugs enorm steigert.

Wenn ich seither nach Woltersdorf zum Recyclinghof muss, was ja doch immer mal wieder vorkommt, dann trage ich mir in den Kalender immer den Vermerk »Öffentliches Wiegen« ein. Aber das ist in Ordnung. Innere Schönheit und auch Stärke wiegen ja bekanntlich schwer, und zur Not kann ich, wenn da zu viele Leute sind, immer noch kurz entschlossen nach links zum Altglascontainer abbiegen und erst mal da Station machen, bis sich die Zahl der Anwesenden reduziert hat. Beziehungsweise die Gefahr, dass am nächsten Tag der ganze Landkreis weiß, in welch erstaunlicher Gewichtsklasse ich boxe.

Unterm Strich ist es aber immer noch besser, vor fünfzigtausend Menschen in der näheren Umgebung doof dazustehen als vor anderthalb Millionen in der Bild-Zeitung. Was das betrifft, habe ich sehr großes Glück. Denn der Landkreis Lüchow-Dannenberg ist mit seinen rund 48 000 Einwohnern nicht nur der nach Einwohnerzahl kleinste Landkreis Deutschlands, sondern auch der am dünnsten besiedelte der alten Bundesländer (danke, Wikipedia!).

Sich als Wirtin – also, als angebliche Geschäftsfrau, die ihr Geld mit einkehrenden Menschen verdienen will, von denen man dann ja möglichst viele braucht – ausgerechnet einen solchen Landstrich auszusuchen, ist zwar auf der einen Seite wirtschaftlicher Schwachsinn, kann aber auf der anderen Seite für die geistige Gesundheit durchaus förderlich sein. Es kommt halt doch immer auf die eigene Vorgeschichte an. Und darauf, was man dann draus macht.

Was Letzteres betrifft, bin ich schon voll wendländisch sozialisiert, denn der gemeine Wendländer – und übrigens auch der angrenzende sachsen-anhaltinische Altmärker – hat es weniger mit Reichtum und Luxus als mit Lebensqualität und Freiheit. Sorry, wenn ich an dieser Stelle verallgemeinere, aber irgendwie muss ich meine Wahrnehmung ja in Form gießen.

Und deshalb traue ich mich zu behaupten: Der Wendländer genießt gern. Die Natur, die Ruhe und das Leben an sich, welches mit einer gewissen Gelassenheit und mit bestimmten Prinzipien ein langer, konstanter Fluss sein kann. Zwar voller Aufs und Abs und harter Arbeit, aber eben auch voller Annehmlichkeiten, für die man keinen Bungalow und auch kein Schweizer Konto braucht. Der Wendländer benötigt keine dicke Brieftasche, um sein Leben und sein Umfeld wertzuschätzen, und das hiesige Savoir-vivre vermag selbst den gestresstesten Weltenretter in Windeseile bis zu einem kaum noch wahrnehmbaren Ruhepuls zu entschleunigen. Was wiederum eine Erkenntnis ist, die manche Städter – ja, am Anfang auch mich! – glatt aus den Latschen haut, wenn sie die ersten Male hierherkommen und mit ein bisschen Feingefühl früher oder später wahrnehmen, wie ganz besonders das hier alles ist.

So sind die Wendländer zwar sehr fleißig, aber nicht unterwürfig: Sie bieten ihre Arbeitskraft nicht um jeden Preis feil, und auf Schleimspuren rutscht man hier selten aus. Es liegt so eine ganz spezielle Präsenz von Würde in der Luft, und die so viel bemühte, aber so selten real existierende »Augenhöhe« erscheint hier in vielen Begegnungen noch als echter Wert. Die meisten Wendländer wissen übrigens nicht nur ihr eigenes Dasein und ihre begrenzte Zeit auf dieser Welt zu schätzen, sondern auch das, was Mutter Erde für sie bereithält, weshalb sich viele von ihnen besondere Mühe geben, ebendies zu schützen und zu erhalten. Ich bin stolz darauf, unter diesen besonderen Menschen ein neues Zuhause gefunden zu haben. Und dankbar dafür, dass ich so offen und herzlich aufgenommen wurde.

Bevor es jetzt zu rührselig wird: Auch möchte ich mich in diesem Zusammenhang schon jetzt dafür entschuldigen, dass es durch meine pure Anwesenheit in der neuen Heimat zu außerordentlich kurioser Berichterstattung über ebenjene kommt. So war zum Beispiel auf bild.de aus redaktioneller Vollverzweiflung heraus und vermutlich auch mangels eines entstellbaren Zitats meinerseits schließlich folgendes Konvolut aus Schwachsinn zu lesen: »Heute hat Tine Wittler ihre eigene Kneipe in einem kleinen Dorf namens Wendland, welches gleichzeitig auch als Kleinkunstbühne dient.«*

* https://www.bild.de/bild-plus/unterhaltung/leute/leute/einsatz-in-4-waenden-was-macht-tine-wittler-heute-68598164,view=conversionToLogin.bild.html

Lesen Sie's ruhig noch mal mit Bedacht durch – der ganze Nonsens entblättert sich bei allzu flüchtigem Lesen erst so nach und nach. Am Ende staunt der Fachmann, und der Laie wundert sich. Oder andersrum, völlig egal. Mal wieder.

Tja, und doch muss man Bild.de wohl irgendwie dankbar sein. Denn mit einem »Dorf namens Wendland, das gleichzeitig auch als Kleinkunstbühne dient« müsste das mit der Bewerbung fürs UNESCO-Weltkulturerbe doch wohl geritzt sein. Damit wiederum stünde dem Wendland eine aufregende Zukunft bevor, und die Wirtin könnte sich auf viele Städter freuen, die nach laktosefreier Milch verlangen.

Herrlich. Solche Aussichten lassen es mich noch leichter verschmerzen, wenn das mit dem Klatsch und Tratsch hier auch nicht anders läuft als überall sonst. Und deshalb sage ich euch heute, liebe Wendländer (und liebe Altmärker!): Ich bin keine Mimose. Ja, redet nur über mich! Immer. Laufend. Und dann kommt bitte alle regelmäßig in »Wittlerins Wohnzimmer« gucken, ob es wirklich so um mich steht, wie man sich gerade erzählt. Aber is Verzehrzwang, nech.

Nur laktosefreie Milch jibbet nich. Aber das wisst ihr ja schon.

Gisela

Über die Veränderungen des gastronomischen Lebens im Allgemeinen und eine erfahrene Ratgeberin voller Kampfgeist im Besonderen

Eine meiner treuesten Gästinnen im verrückten Dorf heißt Gisela. Gisela ist etwas über einen Meter fünfundfünfzig klein, hat fast ihr ganzes Leben lang in der Gastronomie gearbeitet, und der Spitzname, der sie ebenfalls fast ihr ganzes Leben lang begleitet, lautet »Napoleon«. Denn Gisela ist nicht nur zäh und voller Kampfgeist, sondern kann sich trotz ihrer geringen Körpergröße bestens durchsetzen. Ich hingegen nenne sie »Gisèle«, weil das eigentlich viel besser zu ihr passt: Irgendwie hat sie was Französisches, und gepaart mit ihrer zupackenden und offenen Art ist das eine gelungene Mischung. Kurzum: Auf Gisèle ist Verlass.

Nicht nur, was ihre regelmäßigen, treuen Besuche im »Wohnzimmer« betrifft: Wenn Not am Mann ist, etwas gebraucht wird oder die WirTine mit der Weihnachtsdeko in Verzug ist, weil Weihnachten wie immer so unfassbar überraschend an die Tür klopft, steht Gisèle mit Rat und vor allem Tat zur Seite oder mit einem selbst gebastelten Adventskranz in der Deele.

Neulich haben wir beiden Hübschen in einer knappen Stunde etwa sechs Raummeter Brennholz vom Hänger in den Schuppen gebuckelt. Gisèle hat dabei weggeschafft wie zwei Große. Sie packt an. Immer mal wieder versorgt sie mich mit Kleinigkeiten, die sie aus der eigenen Wirtinnenvergangenheit in ihrer Garage oder im Keller findet: mit Spielesammlungen, Skatblättern oder Knobelbechern. Mit einem kleinen Sektkühler, den ich am Außentresen bestens als Eiswürfelbehälter einsetzen kann. Mit entzückenden Schälchen, in denen sich ganz wunderbar Desserts oder Dips anrichten lassen. Oder, oder, oder. Der runde Kirschholztisch in der Deele, an dem es sich so herrlich klönen lässt, der kommt auch von ihr.

Viel entscheidender aber: Gisèle ist mir in den vergangenen zwei Jahren zu einer wichtigen Ratgeberin und Gesprächspartnerin geworden. Immer wieder trichtert sie mir unter vier Augen ihre goldenen Kneipenregeln* ein, damit ich mich auch aus den nicht ganz so erfolgreichen Momenten im Wirtinnendasein gestärkt statt frustriert herausgraben kann – und eine solche Mentorin zu haben, das ist wirklich grandios!

Gisèle ist für diese hilfreiche Position gleich doppelt qualifiziert: Sie war nämlich nicht nur über viele Dekaden Gastronomin, sondern hat auch zehn Jahre lang ein Tierheim geleitet. Weshalb sie mir kürzlich erklärte: »Weißt du, Tinchen, Tiere und Kneipengäste haben eines gemeinsam: Sie sind unberechenbar, und du musst auch mal in die Scheiße greifen können.«

Sie sagte dies an einem jener Abende, wie sie doch immer mal wieder vorkommen in meiner kleinen Dorfkaschemme: Da hat man es sooo schön gemacht und für alle alles vorbereitet – und keiner kommt. Ja, das passiert, und das ist für eine kleine Kneipe in einem 60-Einwohner-Dörfchen recht weit ab vom Schuss, noch dazu mit wechselnden Öffnungstagen, auch völlig normal; trotzdem sitzt die WirTine dann doch manchmal ein bisschen niedergeschlagen da und zweifelt an sich, ihrem Wirtinnendasein und überhaupt an der ganzen Welt.

Aber nur, bis Gisèle auf der Bildfläche erscheint – und das tut sie meistens. Als hätte sie ein besonderes Gespür für genau diese Momente! Dann muntert Gisèle mich auf: mit Anekdoten über ihre wilde Jugend und die eigene gastronomische Lauf-

* »Giselas goldene Kneipenregeln für kleine WirTin(n)en« sind am Ende dieses Kapitels zu finden.

bahn, mit Wirtinnenweisheiten und Lebensbeichten, mit Tresenthesen aus vergangenen Zeiten und ihrer Sicht der Dinge aufs heutige Treiben rund um die Theken dieser Welt.

Dabei hat Gisèle auf viele Fragen eine Antwort und für fast alle Absurditäten recht einleuchtende Erklärungen. Nur in einem Punkt, auf den wir an diesen Abenden zwangsläufig immer wieder kommen, muss selbst sie passen: An der Definition einer halbwegs logischen Struktur im Ausgehverhalten des gemeinen Wendländers zu egal welcher Jahreszeit beißt auch sie sich bis heute die Zähne aus.

Gisèle seufzt dann meistens etwas ratlos und sagt: »Ach, Tinchen. Ganz ehrlich: In dem Punkt habe selbst ich die Wendländer bis heute nicht verstanden. Da beschweren die sich so gern und oft, hier wäre nichts los. Dann macht endlich jemand Nägel mit Köppen und stellt was Tolles auf die Beine – und genau diese Meckerpötte gehen nicht hin! Weil gerade Sommer ist. Oder Winter. Oder Übergangszeit. Oder Lauchernte. Oder weil ja auch bald die Rübenzeit kommt. Oder – ach, was weiß denn ich.«

Wenn ich dann frage, wie das denn früher so war – und das tue ich immer wieder, weil doch jedes Mal eine Begebenheit oder Information dabei rausspringt, die ich noch nicht kannte –, dann leuchten Gisèles Augen, und sie sprudelt drauflos und erzählt, wie das so war, als die Kneipe noch der lebendige Briefkasten war im Ort, der Mittelpunkt des dörflichen Lebens und das Kommunikationszentrum.

»Wer reinkam«, berichtet Gisèle dann, »der hat erst mal 'ne Lokalrunde geschmissen, das gehörte zum guten Ton, und jeder ging gern hin und hatte was zu erzählen. Auf dem Tresen standen Soleier und Schmalzbrote – heute wissen die Leute teilweise gar nicht mehr, was das ist. – Ich hab mal in 'ner Dorfkneipe ausgeholfen, die war freitags und samstags so bumsvoll, da ham'se beim Bierausschank noch nich mal mehr die Gläser gespült! Als ich das ganz vorsichtig beim Wirt angemerkt hab, hat der nur lachend gesagt: ›Mäuselken, die wollen hier kein Wasser im Glas, die wollen Bier!‹ Und das hat auch überhaupt niemanden gestört. Versuch das mal heute bei dem ganzen Hygienewahn. So was wie Beschwerden gab's sowieso nich. Das Gröbste, was du da gehört hast, war: ›Trödel nich – mach rein da jetze!‹ Dann haste nachgekippt, und gut war. – Und heute? – Heute is das kein gutes Geschäft mehr und wirtschaftlich 'ne Katastrophe. Kontakte knüpfen is auch nich mehr; jetzt stehen da fünfe am Tresen und vier davon haben Handys in der Hand. So nach dem Motto, bloß nich mit den anderen reden. Das Erzählen is total auf der Strecke geblieben. – Früher war richtig was los auf den Dörfern, da haste alle immer mal wieder getroffen. Heute is da fast nix mehr. Jeder kocht sein eigenes Süppchen und bläht dann rum, dass ihm das auch nich schmeckt. – Wenn mal keiner da is, dann liegt das nich an dir, Tinchen, und schon gar nich an deinem wunderbaren Laden. Das gibt's in allen Dörfern im ganzen Land. Klar is das hier extrem – das is halt die wendländische Logik. Aber nimm's bloß nich persönlich. Da musste einfach durch. Du musst zäh sein! Und dich über jeden, der herkommt und deine Arbeit wertschätzt, ganz besonders freu'n. Und zwar viel mehr als in der Stadt. Immerhin müssen, abgesehen von den paar Männekes, die hier im Dorf leben, alle ins Auto oder aufs Fahrrad steigen, um zu dir zu kommen! Und sich ersma die Zeit dafür nehmen. Wegen der Lage is das hier halt nich der kleine Laden um die Ecke, in den man mal kurz eben auf 'n Absacker reinstolpert. Und wennde das berücksichtigst, kannste dich doch echt nich beschwer'n. Dafür läuft's echt gut! Glaub mir, das is so. Und fertich. Außerdem biste jetz schon zwei Jahre da und hast bislang überlebt. Das is doch ein gutes Zeichen! Mehr kannste sowieso ersma nich haben.«

Kürzlich wollte ich von Gisèle wissen, ob es nicht auch etwas gebe, das im Laufe der Zeit beziehungsweise im direkten Vergleich zu früher besser geworden sei. Gisèle hat daraufhin kurz nachgedacht, derweil sorgfältig an ihrem Prosecco genippt (ohne Eis, aber gern mit einem Schnitz Orange oder Apfel drin) und dann berichtet:

»Ja, da is tatsächlich was. Weißte, diese recht engen Dorfgemeinschaften, die es damals noch gab, mit ihren Seilschaften und so – als Frau allein war das echt schwierig. Da wurd'ste noch nich mal gegrüßt, und wennde dich doch getraut hast und bist irgendwo rein, dann haste dich beim Rausgehen kaum umgedreht gehabt und schon hamse sich ihre Mäuler über dich zerrissen. Das is heute nich mehr ganz so schlimm. Heute wirste als alleinstehende Frau nich mehr so stark als Gefahr wahrgenommen, in der alle die Hexe sehen oder die Verführerin der ach so braven Ehemänner.«

Wir stießen daraufhin dankbar auf die besseren Zeiten an und legten zunächst eine kleine Gesprächspause ein, in der jede von uns für eine Weile ihren eigenen Gedanken nachhing. Bis mir noch etwas einfiel: »Und wenn ich dich jetzt im Gegenzug noch mal frage, was du so richtig doof findest an der jetzigen Entwicklung? Also, abgesehen vom Geschäftlichen. So zwischenmenschlich. Was ist da anders geworden? Abgesehen davon, dass die Leute weniger miteinander reden?«

Da machte Gisèle sich ganz gerade und antwortete bestimmt: »Da is noch das mit der Gewalt. Früher sind die Jungs bei Problemen kurz rausgegangen vor die Kneipe und ham das draußen mit den Fäusten ausgetragen, und wenn einer auf der Erde lag, dann war Schluss. Dann sindse zusammen wieder rein und ham am Tresen einen genommen. Auf jemand Schwächeren noch weiter einzuprügeln, der eh schon am Boden war – das gab's nich. Das machte man einfach nich! Im Gegenteil, den hat man dann hochgenommen und wieder aufgepäppelt. Oft war das sogar der gleiche Typ, der den andern grad auf die Matte geschickt hatte. Heute zücken die gleich Waffen, Messer und so 'n Scheiß. Das is echt richtig kacke. Passiert auch hier auf'm Land öfter, als man vielleicht denkt. Auf Zeltfesten und so. Da is der Anstand einfach weg, das is traurig. Und das trägt natürlich auch nich dazu bei, dass diejenigen wieder mehr weggehen, die sich benehmen können. Wennde vor so was Schiss haben musst, bleibste lieber zu Hause.«

»Hier im ›Wohnzimmer‹ gab's so was aber noch nie«, warf ich ein. »Hier haben sich ja noch nicht mal Leute angeschrien. Also, abgesehen vom Mann und mir natürlich, aber das kommt ja wohl mal vor in so 'ner Ehe. Dass sich hier jemand kloppen will, hab ich jedenfalls noch nie erlebt.«

»Dafür haste auch nich das Publikum«, antwortete Gisèle. »Sei bloß froh, echt. Das is ja hier auch nich so 'ne Druckbetankungsnummer, sondern mehr so – wie soll ich sagen. Gepflegter halt. So 'n bisschen intellektueller. Die Leute hier sind halt keine, die sich hauen. Da haste alles richtig gemacht. Auch wenn das für mich manchmal gar nich so leicht is, wenn ich hier sitz.«

Hä?

»Wäh?«, fragte ich erstaunt zurück. »Wieso das denn?«

»Na ja«, sagte Gisèle und zündete sich eine Zigarette an, während sie nach Worten suchte, die sie dann auch recht bald fand: »Es is tatsächlich so, dass ich den Gesprächen hier manchmal nich so ganz folgen kann. Also, wenn du zum Beispiel mit den ganzen Künstlern zusammensitzt und ihr anfangt, die Gesellschaft und die Kultur zu diskutieren oder so. Dafür fehlt mir einfach das Wissen; das fällt mir schon ganz schön deutlich auf. Ich kann dann gar nichts zum Gespräch beitragen und fühle mich manchmal sogar ein bisschen dumm. Dann bereue ich es immer, dass ich mich in der Vergangenheit bei allem Handfesten nich doch ein bisschen mehr um meine Rübe gekümmert hab. Um den Kopp, weißte. Und um das, was da alles zusätzlich drin sein könnte an Bildung und so.«

Gisèle nahm einen tiefen Zug, während es in ihr arbeitete. Dann fügte sie hinzu: »Also, ich mein damit jetz nich, dass ich bereue, wie ich mein Leben geführt hab oder so. Ich bin mein ganzes Leben lang ehrlich geblieben und aufrecht, darauf bin ich sehr stolz, und ich hab, glaub ich, alles ganz gut gemeistert. Heute fühle ich mich frei, und mein Leben an sich macht mich eigentlich sehr zufrieden. Aber hier oben«, sie tippte sich an die Stirn, »da hab ich vielleicht ein bisschen was verpasst, was mir gutgetan hätte. Wegen Horizont und so. Du weißt schon.«

»Wow«, sagte ich beeindruckt, und wieder schwiegen wir einen Moment.

»Aber«, warf ich dann ein, »allein dass du dir diese Gedanken machst, zeigt doch schon, dass deine Rübe mehr als in Schuss ist! Und ist es nicht so, dass du allein dadurch, dass du trotzdem herkommst und diese Gespräche wahrnimmst, schon was tust? Also, um deinen Horizont und damit auch dein Wissen zu erweitern?«

»Klar!«, entgegnete Gisèle. »Das is ja das Tolle: Trotzdem fühl ich mich hier sauwohl. Sonst würd ich ja wohl kaum immer wiederkommen. Aber das tu ich, und ich tu's gern. Weil ich eben nich das Gefühl hab, dass hier jemand auf mich runterguckt oder denkt: ›Ach, die Olle wieder, die hat ja eh von nix 'ne Ahnung.‹ Und das geht bestimmt nich nur mir so. Deine Mischung hier an Leuten, die is toll. Du bringst sie alle zusammen. Darauf kannste stolz sein, Tinchen. Diese Gabe haben nur Leute, die im Herzen echte Gastgeber sind.«

Ich hätte daraufhin fast ein bisschen geweint, weil ich es so schön fand, was Gisèle da gesagt hatte. Also bin ich schnell aufgestanden, damit sie das nicht sieht, und hab ihr noch einen Prosecco aus der Kombüse geholt. Ohne Eis, aber mit Orange. Gisèle, danke schön. *I love you.*

Giselas goldene Kneipenregeln für kleine WirTin(n)en:

1. Hab ausreichend Ausdauer und Sitzfleisch. Man sagt, dass man in der Gastronomie so um die drei Jahre braucht, bis man mit einem Laden richtig in den Köpfen der Leute angekommen ist. Hier im Wendland sind es eher fünf Jahre. Manchmal dauert es sogar noch länger. Die meisten geben zu früh auf.
2. Mach dich niemals abhängig von nur einer bestimmten Gästegruppe. Finde die richtige Mischung und Balance.
3. Bleib deinem Konzept treu. Allen recht machen kannst du es sowieso nicht. Also mach es so, wie du es für richtig hältst, am besten kannst und am liebsten hast, und lass dir bloß nicht von jedem reinquatschen, der es angeblich besser weiß.
4. Begegne jedem Gast mit Respekt und Anstand, aber fordere diesen Respekt auch für dich selbst ein. Kenne diesbezüglich deine Grenzen und kommuniziere sie. Als Wirtin bist du im Idealfall sicherlich für viele Späße zu haben – aber eben nicht für alle.
5. Mach dabei keinen Unterschied zwischen den Gästen. Wenn dir einer ungefragt an den Hintern fasst und dies deine Grenze überschreitet, dann weise ihn zurecht – auch wenn es sich dabei um den Stammgast mit der höchsten Rechnung handelt.
6. Eine gute Wirtin hat ein offenes Ohr. Als Gast muss ich mit ihr reden können – und mich gleichzeitig darauf verlassen, dass die Inhalte dieser Gespräche allein bei ihr bleiben.
7. In einer guten Dorfkneipe geht es immer ehrlich zu. Anders als sonst in der Gesellschaft sollen deine Gäste bei dir ihre Schwächen zeigen dürfen, ohne dass es jemand ausnutzt, es ihnen übel genommen wird oder zum Nachteil gereicht.

8. Überhaupt musst du als Wirtin für alle da sein. Denk immer ans Tierheim: Du hast die Guten und du hast die Bösen. Da gibt es Doofe, ganz Doofe, Schlaue, ganz Schlaue, welche, die beißen, und welche, die sich geduckt halten. Als Wirtin ist es deine Aufgabe, ein besonderes Auge auf die Schwächeren zu haben. Und auch jenen, die beißen, ihre kleinen Streicheleinheiten zukommen zu lassen.
9. Bleibe dabei gleichzeitig immer auch Geschäftsfrau. Sei nicht zu gutgläubig, aber auch nicht zu misstrauisch. Lass gesunden Menschenverstand walten und dich von deiner Lebenserfahrung leiten. Auch wenn in der Gastronomie vonseiten des Personals mehr beschissen wird als in jeder anderen Branche: Die Befürchtung, übers Ohr gehauen zu werden, sollte dich nicht davon abhalten, dir Hilfe zu suchen, wenn du welche brauchst. Installiere für diese Fälle Kontrollmechanismen, die wirklich funktionieren.
10. Trink gern einen mit, aber mach nicht zu viel. Auch bei der größten Sause ist es deine vorderste Aufgabe, die Kontrolle zu behalten und jederzeit eingreifen zu können. Setze dir auch hierfür Grenzen und entwickle deine eigenen Tricks, um diese Grenzen einhalten zu können. Ich hab damals mit ’nem Schnaps im Mund ganze Sätze sprechen können, bis ich ihn wieder ausgespuckt habe – ohne dass das jemand gemerkt hätte.

Corona ist doof

Über den totalen Stillstand in besonderen Zeiten, wie sich das angebliche »Abgehängtsein« plötzlich zum Vorteil mausert und weshalb die »Kulturelle Landpartie« doch schmerzlich vermisst wird

Mittwoch, 15. April 2020: Das »Wohnzimmer« ist seit über vier Wochen verwaist. Geschlossen, zu, aus die Maus. Von Amts wegen, Corona sei Dank. Bis eben hatte ich die Hoffnung, dass es in absehbarer Zeit auch für uns Gastronomen weitergehen könnte, aber den Zahn haben sie uns allen gerade schön im Rahmen einer Pressekonferenz gezogen.

Ich hatte trotzdem für alle Fälle vorbereitet, was vorzubereiten geht, um von einer Minute auf die andere unter der Berücksichtigung entsprechender Vorkehrungen und Vorsichtsmaßnahmen vielleicht doch wieder loslegen zu können:

Der neue mobile Außentresen ist aufgebaut und eingerichtet. Die Tische im Garten sind im Abstand von mindestens zwei bis drei Metern zueinander ausgerichtet. Das Getränkesortiment ist, wo möglich, auf Portionsfläschchen umgestellt; das Speisensortiment auf höchste Hygienestufe umgestrickt. Ich habe sogar Pappbecher für »Cocktails to go« am Start sowie Pfandbecher mit Deckel für alle, die lobenswerterweise Mehrweg bevorzugen; das Desinfektionsspray steht bereit und wartet nur darauf, »fffft-fffft« zu machen; sogar ausreichend Klopapier ist vorhanden und auf den frisch geschrubbten Toiletten verteilt. Alles sieht aus, als würde ich gleich das blaue Tor öffnen und die ersten Gäste des Abends begrüßen – die Antikhütte und ich wären jedenfalls bereit.

Geholfen hat der wilde Aktionismus, der mich in den letzten Tagen erfolgreich abgelenkt und ohne Pause auf Trab gehalten hat, trotzdem nichts, und mir fällt erst jetzt auf, dass ich wohl tatsächlich gehofft hatte, ebenjener würde die Dinge schon irgendwie beschleunigen und zum Guten wenden. Klar, ich habe es jetzt besonders schön – aber was hat man davon, wenn man dies so gern mit anderen teilen möchte und genau das ja auch der eigentliche Sinn der Sache ist?

Nun steht fest, dass es noch mindestens drei Wochen – wohl eher länger – so weitergehen wird wie in den vergangenen Wochen: ohne Gäste und dementsprechend natürlich auch ohne Einkünfte, während die Fixkostenuhr geradezu höhnisch weitertickt und die zu Anfang noch Entspanntheit und Sicherheit vorgaukelnden Rücklagen mit jedem Tag schrumpfen. Von hundert auf null in einer Minute auf allen Kanälen, das muss man erst mal schaffen! Corona macht's möglich, haha.

Alle Auftritte sind bis auf Weiteres abgesagt, sowohl die der Gastkünstler im »Wohnzimmer« als auch natürlich meine eigenen; die letzte bezahlte Show mit meinem Chanson- und Musikkabarettprogramm »Lokalrunde« hatte ich am 12. März. Ich denke sehr oft daran und daran, wie schön und ganz besonders dieser Abend war: Allen – vom Veranstalter und seiner Crew über das etwa hundertzwanzigköpfige Publikum bis hin zu mir als auftretender Künstlerin – war schon zu diesem Zeitpunkt wohl irgendwie bewusst, dass es für einen längeren Zeitraum die letzte Zusammenkunft ihrer Art gewesen sein könnte. Wenn ich an die Stimmung dieser Show denke, die geprägt war von einem intensiven Gemeinschaftsgefühl und nahezu kindlicher Ausgelassenheit aller Beteiligten (und das in Ostwestfalen!), bekomme ich eine Gänsehaut und bin tief berührt.

Jetzt hingegen ist es gerade so, als hätte man sich ein 30-Zentimeter-Maß in seine Knastzelle gehängt, bislang tapfer fast jeden Tag ohne größere Blessuren überstanden – und dann macht vier Nächte bevor endlich alle gezählten Tage abgeschnitten sind, jemand »ätschibätschi« und tauscht das 30-Zentimeter-Band einfach gegen eine endlose Variante aus.

Ich sitze auf der Terrasseninsel unterm großen Schirm, mit Sambuca, Gin Tonic und Udo Jürgens, und versuche mich zu sortieren. Wenn ich mich umschaue, blutet mir das Herz. Soeben geht gegenüber die Sonne unter und verpasst dem Himmel einen zauberhaften rot-pink-orangefarbenen Farbverlauf, während die Umrisse der noch recht kahlen Bäume im Vordergrund besonders scharf konturiert und dramatisch erscheinen – die perfekte Sundownerkulisse, um mit lieben Gästen einen der ersten noch kühlen, aber bereits verheißungsvollen »Draußen-Tage« des Jahres zu zelebrieren.

Kennen Sie diese Momente, wenn so viele unterschiedliche Emotionen in einem kämpfen, dass letztendlich gar keine von ihnen durchzubrechen vermag und man eher in so einer Schockstarre verharrt? – Genau so ein Moment ist das jetzt, und ich weiß nicht, was ich davon halten soll.

Im kleinen Hirn purzelt alles durcheinander: von grundlegenden Gedanken bezüglich der Auswirkungen dieses seltsamen Stillstandes auf quasi alles über die kuriose Erkenntnis, dass sich das angebliche »Abgehängtsein« in einem der am dünnsten besiedelten Landstriche der Republik plötzlich zum Vorteil mausert – bis hin zu einer tief empfundenen Dankbarkeit, genau jetzt ausgerechnet hier im verrückten Dorf zu sein. Das Ganze gepaart mit einer explosiven Mischung aus der sich fast triumphierend präsentierenden inneren Gewissheit, während der vergangenen drei Jahre durch die Reduzierung der Lebenshaltungskosten und den Verzicht auf Angestellte mit geradezu prophetischer Intuition die richtigen Entscheidungen getroffen zu haben, und purer Zukunftsangst. Als ich mich wiederholt dabei erwische, wie ich mir selbst verspreche, nie wieder über jene Absurditäten zu schimpfen, die die »Kulturelle Landpartie« mit sich bringt (hierzu später mehr), muss ich fast so was wie lachen und denke: Schau an. So schnell können sich die Dinge also ändern.

Aber gut. Jetzt mal der Reihe nach. Was die grundlegenden

Gedanken bezüglich der sogenannten »Corona-Krise« betrifft, bin ich ganz auf der Seite derer, die darin auch eine Chance sehen: Eine Chance für die Erkenntnis, dass unser auf (nach fragwürdigen Kriterien gemessener) Leistung, Ressourcenausbeutung, Globalisierung und enger kapitalistischer Verzahnung beruhendes System Grenzen hat, die wir endlich wahrnehmen und respektieren sollten. Einschließlich der Hoffnung, dass die Vorstellung unbegrenzten Wachstums als das erfasst werden könnte, was sie meiner Meinung nach nun mal ist: eine gefährliche Utopie, die ganz am Ende niemandem guttut.

Eine Chance für die längst überfällige Wieder-Vermenschlichung unserer Gesellschaft, die all jenen die elementare Wertschätzung entgegenbringt, die sie wirklich verdient haben. Mit Verlaub: Es ist schon krass, dass eine so wohlhabende Nation wie die unsere erst durch eine bedrohliche Krise darauf kommt, ihre sogenannten »systemrelevanten« Leistungserbringer auch als ebensolche zu erkennen – und endlich wieder laut darüber nachzudenken, ihnen neben Respekt und emotionaler Anerkennung auch die entsprechende Vergütung ihrer Leistung zukommen zu lassen.

Eine Chance für die Stärkung eigener Geistesarbeit und die Wiederherstellung der Fähigkeit, statt des ständigen Hamsterrads von »Brot und Spielen« auch einfach mal auf sich selbst zurückgeworfen zu sein: im wahrsten Sinne des Wortes zur Besinnung zu kommen. Zu denken. Müßiggang zu üben und die Ruhe zu finden, sich mit sich selbst zu beschäftigen. Die eigenen Prioritäten, die eigene Lebensweise in einem ersten Schritt überhaupt mal wieder bewusst wahrzunehmen, in einem weiteren Schritt ehrlich zu beurteilen und schließlich gegebenenfalls neu auszurichten.

Und, last, but not least, eine Chance für Kunst und Kultur, denn auch diese kranken übelst an mangelnder Wertschätzung. Als Künstlerin, die alle naselang darum gebeten oder sogar geradeheraus dazu aufgefordert wird, ihre Leistungen wahlweise unentgeltlich oder aber für einen Spottpreis zur Verfügung zu stellen (im Business-Sprech nennt man das dann »Aufwandsentschädigung«, die oftmals noch nicht einmal die entstehenden Kosten deckt, geschweige denn dazu geeignet ist, den Lebensunterhalt zu bestreiten), sowie als genreübergreifend gut vernetzte Kulturschaffende, die dieselbe Klage laufend auch von anderen Künstlerinnen und Künstlern hört, darf ich das, so denke ich, durchaus sagen.

Der damalige Bundespräsident Richard von Weizsäcker formulierte es in einer Rede von 1991, im Rahmen derer er leidenschaftlich für die Förderung von Künstlern und Kultur(spiel)stätten einstand, so:

»Kultur ist kein Luxus, den wir uns leisten oder auch streichen können, sondern der geistige Boden, der unsere eigentliche innere Überlebensfähigkeit sichert.«*

Und genau deshalb wächst in mir die Hoffnung, dass gerade etwas, das nun (vorübergehend) schlicht nicht verfügbar ist, langfristig in der Wertschätzung steigen könnte: sodass Künstlerinnen und Künstler – vor allem jene, die keine großen Hallen füllen, sondern die in oder mit ihren jeweiligen Genres oder Sparten quasi »unterm Radar« fliegen und umso härter arbeiten müssen, um damit ihren Lebensunterhalt zu erwirtschaften – vielleicht sogar Positives verbuchen können, wenn sie irgendwann auf diese »große Krise« und ihre Folgen zurückschauen.

Kritisch sehe ich in diesem Zusammenhang übrigens die geradezu tsunamiartige Welle der künstlerseitigen Online-Angebote, die im Zusammenhang mit der Corona-Krise derzeit ohne Bezahlschranke das Netz fluten. Und würde die Künstlerkollegen am liebsten lauthals davor warnen, sich damit quasi ins eigene Knie zu schießen! Denn warum sollte der geneigte

* Rede Richard von Weizsäcker (z. B. abgedruckt in Welt.de: https://www.welt.de/print-welt/article509229/Kultur-sichert-Ueberleben.html#:~:text=Der%20Ausdruck%20lenkt%20uns%20in,sie%20ins%20Werk%20setzen%20sollen.)

Kulturkonsument (für) später noch ein Live-Ticket kaufen, wenn doch (fast) alles schon online verfügbar ist …?

Was uns zwangsläufig auf das Digitaldilemma im verrückten Dorf zurückverweist: Selbst wenn ich mich im Garten auf den Kopf stellen und mit dem Hintern Hummeln fangen würde (die diesjährigen Exemplare sind nicht nur extrem früh dran, sondern auch so groß und so laut, dass sogar die Katze vor Respekt erstarrt!) – nein, es wäre von hier nicht streambar. Und dafür bin ich sogar dankbar, denn die Versuchung, es allen anderen nachzutun, wäre vermutlich groß gewesen – aber am Ende wahrscheinlich nicht zielführend. Auch wenn es natürlich ärgerlich ist, von einem NDR-Kultur-Redakteur zur Teilnahme an der sendereigenen »Kultur trotz Corona«-Plattform eingeladen zu werden und dankend ablehnen zu müssen: Wer weiß, wofür es letztendlich gut ist.

Ich jedenfalls glaube weiterhin fest an die Magie der physischen Anwesenheit bei der eigenen Performance. Mit einer Corona-bedingten Ausnahme für den guten Zweck: Der Verein »Kulturbar Wendland e. V.« hat eine Spendenaktion zugunsten von Kleinkünstlern gestartet, die immer auch eine Gegenleistung für die Spender beinhaltet. Diese können ihre Spende deshalb entweder auf ihr nächstes Veranstaltungsticket anrechnen lassen. Oder sich am sogenannten »Tinefon« auf Wunsch eine ganz persönliche Live-Minilesung aus einem meiner Romane auf die Ohren holen.

Ganz weit oben auf der Beliebtheitsskala der Minilesungen steht die Liebeskummer-Kiez-Szene aus »Die Prinzessin und der Horst«. Was mir nur logisch erscheint: Wenn man nicht mehr selbst ausgehen darf, dann freut man sich natürlich besonders über die chaotisch-verpeilten Absturzanekdoten anderer. Und schlägt dabei gleich zwei Fliegen mit einer Klappe, denn das »Nur-Zuhören« erspart einem ja im Gegensatz zum »Selbst-Durchmachen« noch dazu den eigenen Kater, was durchaus von Vorteil sein kann.

Apropos »Vorteil«: Kennen Sie diesen blöden Spruch von den Letzten, die die Ersten sein werden? – Das Wendland ist gerade ein ganz gutes Beispiel dafür: 14 Infizierte zählt der Landkreis Lüchow-Dannenberg mit Stand von heute. Das entspricht 30 Fällen je 100 000 Einwohner (zum Vergleich: in Hamburg sind es 215, im Landkreis München 308 Fälle je 100 000 Einwohner) und macht den »Jabel der Welt« und seine Umgebung zu so einer Art behüteter Enklave. Oder zum berühmten nunmehr gleich in zweifacher Hinsicht besonders widerstandsfähigen gallisch-wendischen Dorf in feindlicher Umgebung. Welches dieser Tage ein so beliebtes, aber coronaauflagenbedingt leider verbotenes Reiseziel darstellt, dass bereits mehrfach Verweise gegen wild campende Wohnmobilisten aus anderen Bundesländern – respektive städtischen Pandemieherden – ausgesprochen werden mussten.

Dieser Tage rief mich ein recht kluger alter Freund aus der Innenstadt Hamburgs an (auf dem Festnetz natürlich). Ich berichtete ihm, wie froh und dankbar wir in diesem angeblich »abgehängten« Landstrich dieser Tage seien. Und dass die aktuellen Einschränkungen – vom Geschäftlichen meiner ganz persönlichen Situation und den immensen Herausforderungen für Familien mit kleinen Kindern mal abgesehen – sich hier als den Alltag vergleichsweise nur gering verändernd darstellten: der allgemeinen Weitläufigkeit und der grundsätzlichen Reduziertheit sei Dank.

Der kluge Freund dachte daraufhin kurz nach und sagte dann: »Das ergibt Sinn. Social Distancing ist da bei euch ja quasi das Grundprinzip.« – Da ist viel Wahres dran, und auf zumindest 353 Tage im Jahr trifft das auch zu.

An den restlichen zwölf Tagen – jedes Jahr zwischen dem Himmelfahrtsdonnerstag und Pfingstmontag – steht die Region Kopf. Dann nämlich, wenn im ganzen Landkreis die »Kulturelle Landpartie – Wunderpunkte im Wendland« (kurz: KLP) tobt; ein weitläufiges Kulturfestival, das jedes Jahr Zehntausende, zumeist samt Fahrrädern, ins Wendland treibt und bis in die entlegensten Winkel verstreut: In über 90 Dörfern öffnen die Bewohner ihre Höfe und Scheunen für Künstler, Kunsthandwerker, Besucher und eine einzigartige Mischung aus Arbeiten, von alten (Kunst-)Handwerkstechniken bis Avantgarde. Parallel finden in dieser Zeit viele Hundert Veranstaltungen statt: Musik, Theater, Lesungen und Vorträge. Kabarett, Varieté und Performance. Tanz und Klangkunst. Der alljährlich erscheinende »Reisebegleiter« zur KLP hat Bibeldicke und weist regelmäßig über 120 Ausstellungs- und Veranstaltungspunkte aus.

Das einzigartige Festival ist eng mit der Geschichte des Atom-Widerstands verzahnt: Hinter den »Wunderpunkten« (ursprüngliche Schreibweise »Wunde.r.punkte«) stand vor über dreißig Jahren vor allem die Idee, auf Gorleben – den »wunden Punkt« des Wendlands – aufmerksam zu machen. Und sowohl Einheimische als auch Besucher – ich versuch's mal mit meinen Worten zu formulieren – zur Begegnung mit kleinen und großen Wundern aufzurufen: durch den Austausch mit und von politischen und ökologischen Initiativen, Künstlern und Handwerkern, Utopisten und Aktivisten.

Bis heute ist der Freitag vor Pfingsten der sogenannte »Gorleben-Tag«: An diesem ruht das Programm an den »Wunderpunkten«; Gäste und Einheimische versammeln sich stattdessen in Gorleben zu einer Kundgebung, Gesprächen und Gebeten. Ebenfalls bis heute ist die Bezeichnung »Wunderpunkt« jenen Ausstellungs- und Veranstaltungsstätten vorbehalten, die sich mehr oder weniger nachweislich politisch mit den ursprünglichen Ideen identifizieren und nach einer Bewerbung durch Beschluss in die basisdemokratisch organisierte Allianz aufgenommen wurden.

Nichtsdestotrotz gibt es zwischenzeitlich Hunderte weiterer kleiner und großer Anziehungspunkte während der »Kulturellen Landpartie«: Nahezu jeder, der etwas anzubieten hat, versucht mitzumischen. Allein im »Jabel der Welt« finden sich gleich mehrere Anlaufstellen: Die Kinder des Dorfes bieten auf dem Dorfplatz aus frischem Obst zubereitete Limonade an; auf dem Galloway-Hof der Familie Stamer werden Burger gebraten; auch im Garten des »Wohnzimmers« herrscht während dieser zwölf Tage durchgehend reges Treiben.

Im Grunde ist es ein bisschen so wie im schleswig-holsteinischen Wacken, wenn dort einmal jährlich am ersten Augustwochenende Metalheads aus aller Welt zum »Wacken Open Air« einfallen: Dann ist in dem kleinen Ort mit seinen knapp 2000 Einwohnern die ganze Dorfstraße gesäumt von Einheimischen, die in ihren Vorgärten mit behelfsmäßig zusammengezimmerten Ständen oder auch einfach nur von einem wackligen Klapptisch aus sehr erfolgreich selbst gemachte Marmelade, Getränke oder Omas liebevoll geschmierte Stullen verchecken. Hier kann man sich das ganz ähnlich vorstellen – nur dass das Geschehen halt viel weitläufiger verteilt ist sowie die Besucher im Wendland tatsächlich teilweise noch verschrobener sind als die Metaller. Und dass sich auch in der »Kulturellen Landpartie« jene Widersprüche zeigen, die das Wendland in seiner Gesamtheit zu einem so besonderen Biotop machen.

Denn während die einen während der KLP plötzlich so geschäftstüchtig werden, wie es im Rest des Jahres nach wendländischer Sitte eher verpönt ist, schimpfen die anderen wahlweise auf diese »Trittbrettfahrer« – oder über die auswärtigen Besucher.

Welche es den Einheimischen manches Mal zugegebenermaßen tatsächlich schwer machen, durch den eigenen (Arbeits-)Alltag zu kommen: Wer es schon mal eilig hatte (das kommt im Wendland zwar nicht sehr oft vor, aber wenn, dann in der Regel zwischen Himmelfahrt und Pfingsten!) und dann mehr oder weniger geduldig drei Kilometer lang hinter einer fünfköpfigen Radlertruppe hertuckern musste, innerhalb derer aber auch wirklich *kein* Gruppenmitglied auf die Idee kommt, mal kurz hintereinander statt nebeneinander zu fahren, um Platz für ein vorsichtiges Überholen zu machen, der hält mit Liebesbekundungen bezüglich der KLP halt doch eher hinterm nicht vorhandenen Berg.

Wenn dann auch noch weitläufig just aufgestellte Verkehrsschilder bis zur vollständigen Unlesbarkeit beschmiert werden, während die leeren Stadtsäckel der öffentlichen Hand bei Versorgung und Infrastruktur eh schon Probleme bereiten, dann – ja, dann ist der Ofen manchmal sogar ganz aus, und selbst der sonst so gutmütige Wendländer lässt sich zu Übellaunigkeit hinreißen. In der Gesamtheit sind diese Dinge dann nicht ganz so förderlich für die allgemeine Akzeptanz, wie sie der Veranstaltung eigentlich zu wünschen ist.

Was bei der KLP unter professionellen Gesichtspunkten halt fehlt, ist – anders als in Wacken – jemand, der bezüglich der Organisation auch im öffentlichen Raum den »Hut aufhat« und jene Teile der Bevölkerung mitnimmt, die von ihr nicht zu profitieren vermögen. Der zum Beispiel federführend und landkreisweit, wo erforderlich, eine Verkehrsführung entwickelt, die während dieser zwölf Tage, innerhalb derer sich die Bevölkerung des Landkreises einfach mal kurz von heute auf morgen vervielfacht, das Mit- und Nebeneinander von Einheimischen und Touristen ermöglicht, ohne dass erstere die letzteren am liebsten auf den Mond wünschen.

Tja. Und auf der anderen Seite – ist es genau diese eben nicht straff durchorganisierte, sondern immer noch familiäre, streckenweise ja fast naive Nicht-Struktur, die den Charme von dat Janze ausmacht und unterm Strich dazu führt, dass die KLP einfach Kult ist. Und dazugehört. Sie ist nämlich eigentlich auch ein für die Welt kleines, aber für den Landkreis großes Wunder, das bis heute in den Köpfen und Herzen einiges bewegt und auch den größten Meckerpötten somit doch irgendwie ans Herz gewachsen ist – davon bin ich überzeugt. Und Punkt.

Für die meisten Gastronomen und Hoteliers der Gegend machen die zwölf Tage KLP einen Großteil ihres Jahresumsatzes aus. In diesem Geschäftszweig ist es etwa zehn Tage vor, während und zehn Tage nach der KLP ein bisschen so wie in der Buchbranche rund um die Frankfurter Buchmesse: Schon die Vorbereitungen kosten Nerven, mittendrin keult man quasi rund um die Uhr, und hinterher liegen erst mal alle vor Erschöpfung flach.

Für mich stellt sich das so dar:

Wenn im »Wohnzimmer« jemand die WirTine mit der Frage nach linksrum gerührtem Leitungswasser oder handwarmem Pfefferminztee in den Wahnsinn treibt (beides jibbet nich!) oder vor dem Verzehr eines »BioZisch« erst mal eine halbe Stunde das Etikett studiert, bevor er sich zähneknirschend und mit gequältem Gesichtsausdruck zu dieser alles entscheidenden Investition durchringt, dann – ist KLP.

Wenn sich auf dem Sofa vorm Kamin Freaks und Freigeister ohne Schuhe, aber mit Haarmatten, bei deren Anblick jeder Wackener Headbanger vor Neid erblassen würde, gegenseitig so total sich zu sich selbst bringende Kopfmassagen verpassen und ich beim Durchqueren der Deele denke, dass das irgendwie nicht mehr mein Laden ist, dann – ist KLP.

Wenn bei Google eine schlecht gelaunte Dame eine ebenso schlecht gelaunte Rezension schreibt, weil sie nicht verstanden hat, dass die reguläre Karte gerade gar nicht gilt und es deshalb auch keinen Sinn macht, ihr ebenjene auszuhändigen, da alle verfügbaren Angebote gut lesbar auf türgroßen Tafeln angeschlagen sind, dann – ist KLP.

Wenn ich auf die Idee komme, am Straßenrand vor dem »Wohnzimmer« einen Fotografen mit Blitzlicht zu postieren, um so die vorbeirasenden Radler zu erschrecken und dann vielleicht noch mit einem Ordnungsgeld zu belegen (was ich natürlich NIEMALS! in Wirklichkeit tun würde!), dann – ist KLP.

Wenn Horden von Schaulustigen durch die Deele stolpern, alles anfassen und alles fotografieren, was zu fotografieren ist (DIE wiederum tun das WIRKLICH!), das WC blockieren und dann ohne Verzehr wieder verschwinden (obacht: Dies ist ab nächstem Jahr *nicht* mehr möglich!), dann – ist KLP.

Wenn es trotzdem zumindest für Augenblicke so scheint, als sei die Menschheit doch klug genug, gemeinsam nach Wegen und Anregungen für den Schutz ihres Planeten und aller Lebewesen zu suchen, dann – ist KLP.

Wenn sich noch abends um zehn bei lauem Lüftchen eine illustre Runde unterschiedlichster Menschen um den »Familientisch« versammelt, die in ihrer Vielfalt Seltenheitswert hat und die verschiedensten Lebensentwürfe in Gespräch und Gelächter zusammenbringt, dann – ist KLP.

Wenn das Wendland in den buntesten Farben leuchtet und die meisten, ob Einheimische oder Gäste, mit der Sonne um die Wette strahlen, dann – ist KLP.

Wenn in den Garten des »Wohnzimmers« plötzlich internationaler Flair einzieht und man plötzlich sogar im Wendland Englisch oder Französisch spricht, dann – ist KLP.

Wenn das Bier in Strömen fließt und am Ende der zwölf langen Tage und Nächte die Kasse stimmt, während man trotz aller aufreibender und erschöpfender Arbeit doch denkt, dass das Leben nicht schöner sein könnte, dann – ist KLP.

In diesem Jahr – ist KLP leider nicht; sie ist coronabedingt abgesagt.

Für den Landkreis ist das ein schwer zu verkraftender Schlag ins Kontor; das gilt gleichsam für das »Wohnzimmer«. Am schlimmsten ist dabei die Ungewissheit: Wann und wie kann es weitergehen? Wer von uns hiesigen Gastronomen wird dann überhaupt noch da sein? Ab wann werden endlich wieder Veranstaltungen möglich sein, die nicht nur für unser aller geistige Gesundheit so wichtig, sondern auch wirtschaftlich unerlässlich sind, um ein Konstrukt wie das »Wohnzimmer« aufrechtzuerhalten? Und wann darf ich endlich all meine Stammgäste wiedersehen, die ich sehr vermisse?

Selbst die Katze ist verwirrt, weil es niemanden mehr gibt, vor dem sie schaulaufen oder den sie anknurren und anfauchen kann. Und sogar der Mann, dem Ruhetage angesichts der engen Verquickung von Privatleben und Publikumsverkehr in der Antikhütte sonst so willkommen sind, schmiedet plötzlich Pläne, was man im Garten für die Gäste alles auf die Beine stellen könnte, wenn diese ihn denn endlich wieder betreten dürfen.

Kurzum: Wir drei wünschen uns in seltener Einigkeit wirklich sehr, dass es schon bald frohen Mutes weitergehen kann. Allein schon zum Wohle der Nachbarn: Udo Jürgens' »Alles im Griff auf dem sinkenden Schiff« in Festivallautstärke und Endlosschleife aus den Außenlautsprechern ist sogar im verrückten Dorf für sie auf Dauer schwerer zu ertragen als ein unterm Strich doch einigermaßen zivilisierter Biergartenbetrieb während der »Kulturellen Landpartie«.

Dorfrock

Von einer hinreißenden Show trotz Corona, wie der engagierte Gast in der »Mitmachkneipe« seinem Durst aus ganz neuer Perspektive begegnet und über einen Generationenvertrag der anderen Art

Fast auf den Tag genau drei Monate später sieht der Kneipengarten von »Wittlerins Wohnzimmer« aus wie ein Raketentestgelände. Es ist Mitte Juli, und Corona ist etwa ein halbes Jahr alt.

In den vom Mann so hingebungsvoll gehegten Rasen haben sich Reifenspuren gegraben; an manchen Stellen – zum Beispiel da, wo zunächst die aus dem Stegreif hingezimmerte Bühne aus Paletten für das »Kleinste Autotheater der Welt«* und später das wie ein Ufo aussehende, überdimensionale Luftkissenzelt für das Konzert mit Marla Glen stand – wächst einfach mal gar kein Gras mehr. Stattdessen stapeln sich überall Sitzgelegenheiten: provisorische, geliehene, neu angeschaffte und alteingesessene.

Darüber erheben sich ohne erkennbare Ordnung bunt durcheinandergewürfelte Sonnenschirme aller Dekaden und Aggregatszustände, von überallher zusammengesammelt, sowie noch recht frisch anmutende Standmarkisen, die jedoch nach jedem Regenguss – so auch jetzt – ozeangleiche Wasser-

* Im aus der Corona-Not geborenen »Kleinsten Autotheater der Welt« von Kulturbar Wendland e. V. im Garten der Antikhütte fanden fünf Pkw Platz. Plus – vor der Gartenmauer mit Blick auf die Minibühne – ein Trecker oder Wohnmobil (vgl. Kapitel 22). Hier spielte sich die WirTine mit »Die Prinzessin & der Horst« im Mai und Juni 2020 mehrere Wochen die Seele aus dem Leib, damit überhaupt irgendwas geht. Das Ganze war zwar ein einzigartiges Experiment. Aber es waren dann doch alle sehr froh, als ab Juli endlich wieder Menschen ganz ohne Autos zum Kulturkonsum im Garten Platz nehmen durften.

massen in ihrer Beschirmung sammeln und darob mit schöner Regelmäßigkeit mal linksrum, mal rechtsrum, aber auf jeden Fall immer Richtung Boden kippen wollen.

Dazwischen bahnen sich Kabel jeglicher Couleur ihren Weg durch das Durcheinander von und zu Steckdosen und/oder Kabeltrommeln. Am Zapfhahn hinter dem Tresen baumelt noch einer der von Imke angefertigten Rock-'n'-Roll-Mund-Nasen-Schutze (schwarz und glitzernd, natürlich). Auf einem schief stehenden Hocker mitten auf der Restwiese steht das letzte Bierglas von Marla, an dem just in diesem Moment die Katze fasziniert herumschnüffelt wie an einem kleinen Schatz. Am extra angeschafften schwarzen Kühlschrank für die besonders appetitliche Flaschenpräsentation, um den Getränkeverzehr des Publikums Corona zum Trotze nachhaltig anzukurbeln, hat's irgendwie eine der Türen aus der Halterung gerissen. Bestimmt kann niemand was dafür, aber trotzdem. Da hängt sie nun, die Tür, und ignoriert meine provisorischen Reparaturversuche mit Klebeband geflissentlich.

In der Deele biegt sich der Familientisch unter den Überbleibseln des langsam vor sich hin welkenden Crewcaterings. Noch liegt überall der Geruch von Marlas selbst gekochtem Ochsenschwanzeintopf mit weißen Bohnen in der Luft. Ich sitze benommen mittendrin in diesem gefühlt alles umspannenden Chaos, das zwischenzeitlich sogar mein Hirn erreicht hat. Und grinse debil vor mich hin.

Es scheint nur Minuten her zu sein, dass Supportmusiker Armin Sengbusch im »Backstage« vor dem Kamin (»Backstage« war eigentlich alles bis auf die Bühne selbst) auf seiner Gitarre (der guten! Zitat: »Kein billiger Scheiß für Marla Glen!«) versonnen vor sich hin zupfte. Während Marla dazu – mit ihrem amerikanischen Akzent und dieser unfassbaren Stimme, die irgendwo zwischen Reibeisen, Röhre und dem Grollen eines mächtigen, aber freundlichen Gewitters firmiert – immer wieder Unbeschreibliches improvisierte: mal auf Deutsch, mal auf

Englisch, mal auf Denglisch; aber immer so, dass der Text letztendlich eigentlich auch egal war. Ich kämpfte derweil in der Kombüse gegen die natürlichen Grenzen des eigentlich sehr geräumigen Lebensmittelkühlschrankes, der sich wegen Überfüllung bereits nach außen zu wölben schien, während die aktuellen Einkäufe für Künstler, Crew und Helfer noch nicht mal zu einem Drittel verstaut waren.

Noch immer habe ich Angst, an jenem Kühlschrank die Tür zu öffnen, weil ich befürchten muss, von den am Ende zur Not mit Gewalt hineingestopften Reserven – nichts ist bei einer Veranstaltung kontraproduktiver als eine hungrige Crew! – erschlagen zu werden. Abgesehen von den Lebensmitteln scheint sich nichts, aber wirklich so gut wie gar nichts innerhalb und außerhalb der Antikhütte an seinem angestammten Platz zu befinden. Ich habe ehrlich gesagt nicht den blassesten eines Schimmers, wie es in der mir verbleibenden Zeit eines mit nur sehr, sehr viel Glück maximal noch halben Menschenlebens zu schaffen sein soll, jemals wieder den Ursprungszustand herzustellen. Nicht dass dieser Ursprungszustand besonders toll oder gar im engeren Sinne aufgeräumt wäre, aber immerhin wüsste ich dann wieder ganz grob, wo ich die Mikrofonständer finde, die Gästehandtücher, die Obstschale, den Kompaktpuder, mein antikes Klapphandy oder gar meinen eigenen inneren Kompass.

Aber das ist mir für den Moment gleich. Denn ich bin zwar unendlich müde und ganz erschreckend unsortiert, aber auch so beseelt, dass ich trotz des ausgeprägten Erschöpfungszustandes irgendwie zu schweben scheine. Noch kann ich nicht glauben, dass alles schon vorbei sein soll nach der aufreibenden mehrwöchigen Vorbereitungszeit. In der ich mir ehrlich gesagt durchaus manches Mal gewünscht habe, doch lieber nie auf so eine wahnwitzige Idee gekommen zu sein. Im Ernst jetzt: Marla Glen – platin- und goldausgezeichnet, die Legende mit der Stimme zum Niederknien – auf der Bühne im »Jabel der Welt«!

Haha. Krass. Aber was hier erst mal total irre klingt, ist gestern, am 11. Juli 2020, tatsächlich Realität geworden.

Marla und ich trafen uns vor einigen Jahren in meiner Kulturbar in Hamburg, an deren Marmortresen sie einfach mal so als Gast vorbeischneite – dank ihrer Freundin Stevie, die wiederum Marla davon berichtet hatte, dass in dem Laden mit der kleinen Bühne *»the big crazy girl from TV«* die Gastgeberin sei. Wir verfielen einander aus Gründen der im jeweiligen Gegenüber geradezu gespiegelten Eigenarten sofort, haben den Kontakt seither gehalten und uns immer mal wieder gegenseitig auf Tour oder anderswo besucht.

Ich denke oft und gern an die kalte Winternacht zurück (ich war erst wenige Wochen zuvor im verrückten Dorf eingezogen), in der Marla, ihr Bandleader Bruno und ich in der Antikhütte um den Kamin saßen. Wir aßen Pickert, tranken Rotwein und begannen zu später Stunde mit Piano, Mundharmonika, Kazoo sowie allem, was als Rhythmusgerät dienen konnte, zu jammen. Bis in den frühen Morgen hinein philosophierten und fabulierten wir, dass es eine wahre Freude war, und schmiedeten schon damals die wildesten Pläne für aberwitzige Kollaborationen – aber wie das Leben so spielt, blieben diese Vorhaben danach in der alltagsbedingten Warteschleife hängen und führten dort zunächst ein eher blasses Dasein, wenn auch in Lauerstellung.

In diesem denkwürdigen Sommer 2020 jedoch – in dem ich eigentlich mein 20-jähriges Bühnenjubiläum feiern wollte und in dem es am Ende statt eines wahren Show-Feuerwerks dann doch nur Wunderkerzen vor Windschutzscheiben im »Kleinsten Autotheater der Welt« gab – hat coronabedingt nicht nur mein eigener Tourplan, sondern auch der von Marla Federn gelassen. Und so hat kurioserweise ausgerechnet Covid-19 das Unmögliche möglich gemacht: ein exklusives Konzert von Marla Glen im Garten von »Wittlerins Wohnzimmer« zugunsten Kulturbar Wendland e. V., vor gerade mal fünfzig Besuchern, plus wegen der vermaledeiten Abstandsregeln mit viel, viel Platz dazwischen.

Und trotzdem mit allem, was für eine Show mit einer leidenschaftlichen Perfektionistin wie Marla und ihrem nicht minder akribischen Bandleader Bruno nun mal nötig ist: ausgeklügelte Logistik. Fetter Sound. Bis zur totalen Vaporisierung ausgemerzte Fehlerquellen. Und Feilerei, um das Bestmögliche rauszuholen. Bis zur letzten Sekunde vor der Show, und währenddessen natürlich auch.

Was gut so ist, denn sonst wäre ja ein Konzert mit Marla nicht jenes erdbebenartige Ereignis, das es nun mal ist – jedenfalls *wenn* eben das Drumherum stimmt. In allen Details. Klar, Marla und ich sind Freunde, aber dennoch – beziehungsweise gerade deshalb! – muss doch letztlich alles passen, und auch Marlas Team besteht aus Bühnenprofis mit jahrzehntelanger Erfahrung, da will man nicht zurückstehen. Allein schon aus persönlichen Gründen alles besonders gut machen. Und Fehler vermeiden. Katastrophen sowieso. Wobei letztere zumindest im Vorfeld wohl dazugehören, damit am Ende auch wirklich alles gut wird.

Stellvertretend für diese Katastrophen sei hier die – na, sagen wir mal: nur beschränkt quasi-arenenshowtaugliche – Elektrik der Antikhütte erwähnt. Fump (FI-Schalter, die Erste). Und noch mal: Fump (FI-Schalter, die Zweite). Hups! – Na ja. Sei's drum: Gefahr erkannt, Gefahr gebannt, haha. Safety first! Gibt es halt keine Eiswürfel für die Drinks. Und einen Getränkekühlschrank weniger; Hauptsache, die Zapfe hält durch. Was war noch? – Ach ja, stimmt, das seit dem so ungewöhnlich regen Lieferbetrieb geradezu geschredderte Gartentor. Stichwort »Kamel durch Nadelöhr« und so. Pah! Drauf g'schissen. Techniker Elvis schlägt Alarm: Kabelbruch am hauseigenen Hochtöner. Alles klar, irgendwo hab ich noch so ein Kabel. Aber wo? Parallel meldet das Klappfon Dauerfeuer: Gästebetreuerin Imke ist mit dem sorgfältig geschrubbten und – dank eines eigens frisch angeschafften Duftspenders am Rückspiegel – ungewöhnlich wohlriechenden Antikfahrzeug in Hamburg eingetroffen, um Marla und ihre Freundin Stevie einzusammeln. Imke will den beiden nun wie abgesprochen Bescheid geben, dass die Abholung kurz bevorsteht, was ja sinnvoll ist, aber unter der von Imke gespeicherten Telefonnummer geht immer eine Frau ran, die mit Marla Glen ungefähr so viel zu tun hat wie ich mit Gisele Bündchen.

Für einen fernmündlichen Nummernabgleich herrschen die widrigsten Bedingungen: der schlechteste Empfang EVER am Klapptelefon; laute Umgebungsgeräusche (»Check! One, two! Check! One, two!«) rund um die Antikhütte; am anderen Ende der tosende Verkehrslärm der Großstadt. Dennoch bringt die von beiden Seiten durch die widerborstige Leitung immer wieder gebrüllte Zahlenlyrik, die wahlweise an Slapstick oder an eine sehr anstrengende Kunstperformance erinnert, schließlich und endlich finale Aufklärung, sodass Marla und Stevie wenig später mit nur leichter Verspätung auf der Rückbank sitzen und fröhlich spachtelnd (selbstverständlich haben wir eine entsprechende Kühlbox vorbereitet!) gen Niemandsland gondeln. Dem Himmel sei Dank, *die* Kuh ist erst mal vom Eis. Während sich die nächste mit dem ersten Hufe schon wieder spiegelglatter Fläche nähert: Plötzlich streikt der Drucker und gibt keinen Mucks mehr von sich. Spuck die Gästeliste aus, du Versagergelöt!!! – Und so weiter. Weiter, immer weiter. Genervenzusammenbrucht wird halt später.

Immerhin haben wir dank der Kollegen von »Aktion Musik e. V.« aus Salzwedel – ein Verein, der sich für die Musikförderung einsetzt – eine wetterfeste Bühne: Das monströse, extraterrestrisch anmutende Luftkissenzelt, sechs Meter hoch und mit einem Durchmesser von zehn Metern, wölbt sich imposant über dem Kneipengarten und kündet schon jetzt von Großem. Ohne wäre es nicht gegangen, denn das Wetter ist eine Diva in diesem Sommer.

Und deshalb muss es der Himmel gewesen sein, der an einem sonnigen Tag im Mai Dieter zu uns schickte.

Dieter ist für »Aktion Musik« in etwa das, was ich für »Kulturbar Wendland« bin – unerschütterbarer Vorturner. Nur mit sehr viel mehr Erfahrung und Übung: Dieter ist schon seit Dekaden dabei, weshalb er Nerven aus Drahtseilen und eine Engelsgeduld hat. Und sich von unserer ersten Begegnung nicht abschrecken ließ. Obwohl ich bei dieser alles andere als zugewandt ihm gegenüber war.

Ich hatte nämlich nicht nur einen echt stressigen Tag, sondern auch richtig schlechte Laune. Und so gar keine Zeit für einen Schnack übers Gartentor oder überhaupt Ablenkung jeglicher Art. Weshalb ich Dieter recht schroff abblitzen ließ, als er mir jene kompressorbetriebene, gigantische, runde Monsterjurte präsentieren wollte (Zitat Mann: »Oh! Eine Hüpfburg für Erwachsene!«), die »Aktion Musik« immer mal wieder für kulturelle Veranstaltungen zur Verfügung stellt. Ich wiederum dachte in meinem Brast einfach nur, Dieter wolle mir was verkaufen und noch dazu meine Zeit stehlen.

Blöder Fehler! Ganz blöder Fehler. Also von mir.

Dieter hingegen hat alles richtig gemacht: Er hat, nachdem ich partout nicht normal mit ihm sprechen wollte, einfach noch mal eine Mail geschrieben. In dieser hat er ganz geduldig erneut erklärt, worum es geht. Nämlich um was Gutes, das sich als *die* Chance herausstellen sollte, so etwas wie eine Show mit Marla im »Jabel der Welt« überhaupt auf die Beine stellen zu können.

Und ich bin vor Scham fast gestorben, als ich diese Mail las und mir mal wieder gewahr wurde, wie toll es ist, dass es Menschen wie Dieter gibt, die sich nicht ins Bockshorn jagen lassen und einfach dranbleiben. Weil sie irgendetwas erspüren, das ihnen sagt, dass sich ein erneuter Versuch lohnt. Oder dass sie vielleicht gebraucht werden. Und dann einfach ein zweites Mal Anlauf nehmen. Weil sie eben für ihre Sache brennen. So wie ich, aber ich zünde die Kerze manchmal halt auch einfach am falschen Ende an. Sorry, Dieter. I love you!

Auf- und abgebaut haben die luftgefüllte Monsterjurte dann die Jungs des Salzwedeler Vereins, im Schweiße ihres Angesichts, ungeachtet dessen, was andere Leute »Wochenende« nennen. Zum Glück hat zumindest diesmal die Elektrik der Antikhütte ein Einsehen gehabt und den Kompressor ordnungsgemäß angetrieben, weshalb niemand von uns das Ding selbst aufpusten musste. Viel Arbeit war das aber trotzdem. Deshalb, lieber Dieter, lieber Paule, lieber Norman und lieber Silas: danke euch!

Und dann war – beziehungsweise ist – da noch Elvis, ebenfalls Aktiver bei »Aktion Musik«. Technikprofi. Soundtüftler. Und mein persönlicher Superheld. Am Anfang dachte ich nämlich tatsächlich, wir könnten das Konzert mit jener Uralt-Anlage rocken, die ich aus Hamburg mitgebracht hatte und die ihre besten Zeiten lange hinter sich hat. Haha.

Ich ahnte es bereits, als Elvis unsere technische »Ausstattung« (nochmal haha) bei einem Spontanbesuch inspizierte und sich seine Augenbrauen währenddessen so Richtung ganz nach oben hoben, während die Mundwinkel sich nachdrücklich nach unten bewegten. Ich konnte dabei fast sehen, was er dachte. Es muss so was gewesen sein wie: »Also, Wittlerin, Naivität ist ja an sich ganz schön, aber in manchen Fällen kommt man damit dann doch nicht weiter.«

Elvis hat mir den Zahn »Uralt-PA-mit-Ausfallgarantie-und-kaputtem-Kanal-im-Einsatz-bei-Marla-Glen-Show« jedenfalls ziemlich schnell gezogen. Und dann schlicht dafür gesorgt, dass wir am Ende doch wat Anständijet dahatten. Ich habe seitdem nicht nur endlich einen »Elvis« in meinem Telefonbuch (wieder ein Punkt auf der »To-do-Liste des Lebens« erledigt!) – on top mache ich von der entsprechenden Nummernkombination auch noch regen Gebrauch. Aus technischen Gründen. Und vielleicht auch einfach mal so, weil Elvis schlicht ein guter

Typ ist. Elvis, nächstes Jahr machen wir Deichkind. Oder Udo Lindenberg. Oder Rammstein. Oder Kreator. Läuft.

(Anekdote am Rande: Als ich Elvis diesen Textteil zur geneigten Freigabe vorlas, ergänzte der ganz trocken: »Oder alles.« Logo, Elvis! Geht steil.)

Und dann? Steht – allen Widrigkeiten zum Trotz – die Show am Ende doch. Plötzlich und fast unerwartet, am Samstagnachmittag des 11. Juli. Alle, die dazugehören, sind auf einmal da, und noch ein paar mehr, die sich so festivalmäßig vor der Mauer und dem Tor niedergelassen haben, um zu lauschen. Es herrscht eine ganz besondere Atmosphäre nach monatelanger Stille in der Welt der Livemusik und der Bühnen. Die Gäste lächeln sich an. Und sind doch sehr diszipliniert, sogar verhalten. Vorsichtig. Wegen Abstand und so. Und weil es plötzlich so ungewohnt erscheint, sich überhaupt auf diese Art und Weise mit anderen zusammenzufinden.

Nur wenig später dann lassen sie sich doch ganz und gar gefangen nehmen von diesem zauberhaften Ereignis, dessen Magie von Minute zu Minute spürbarer, ja geradezu mit den Händen greifbar wird. Und das Marla dazu verleitet, sich von Anfang an unter die Gäste zu mischen. Nix von wegen »backstage«!

Die Besucher beginnen derweil noch vor der Show selig zu grinsen. Tauen auf. Fangen an, innerhalb der ihnen fest zugewiesenen, coronakonformen Gästeinseln einfach schon mal prophylaktisch zu wippen. Und später auch zu jauchzen. Zu klatschen. Zu tanzen, direkt an ihrem fest zugewiesenen Sitzplatz oder unter der eigens hierfür vorgesehenen, nur für eine jeweils begrenzte Personenzahl zugänglichen Standmarkise.

Der Garten von »Wittlerins Wohnzimmer« leuchtet plötzlich in den buntesten Farben, noch während Marla voller überbordender Energie ihren allerersten Song performt, und ein alles umfassendes, glückseliges Flirren macht den »Jabel der Welt« in diesem Moment bei strahlendem Sonnenschein mit einem Fingerschnipp plötzlich zu einem nahezu unwirklichen Ort.

Sogar der Mann ist gerührt. Und so gut wie arbeitslos. Er steht aus Sicherheitsgründen am Tor, aber wenn hier eines gerade NICHT gebraucht wird, dann ist es Security. Noch vor dem ersten Refrain streckt sogar die Katze interessiert ihr Näschen aus der Antikhütte in Richtung Bühne und staunt. Lautlos. Mit großen Lolli-Augen, während ihr Launometer (so habe ich ihren schwarz-braun geringelten Schwanz getauft, der jedem, der ihn zu lesen weiß, detailliert mitteilt, was gerade Sache ist) sich aus lauter Neugier keck in die Höhe kringelt. Vereinsmitglied Sylvia sammelt derweil unter den Nicht-Ticketkäufern vor dem Tor Spenden, und das macht sie mit der ihr eigenen Hartnäckigkeit und Direktheit sehr, sehr gut. Wer nichts geben will, der wird von Sylvia so lange böse angeguckt, bis er am Ende doch leise seufzend in die Brieftasche greift. Und nach einem weiteren mahnenden Blick laut aufstöhnend und zähneknirschend noch mal nachlegt.

Über die gerade mal zwölf Quadratmeter große Bühne fegt ein Sonnensturm. Marla wirbelt in einem rostroten Anzug mit dem obligatorischen Hut und ihren Schlangenlederschuhen über die Bretter und bald auch über die Wiese; die nach der Anreise durcheinandergeratenen Knochen vom örtlichen Orthopäden am Vorabend in einer wahrhaftigen Hauruck-Aktion noch schnell wieder gerade gerückt, Freitagabend hin oder her (danke, Carsten!). Haut einen nach dem anderen raus aus einem schier unerschöpflichen Repertoire, bei dem der Versuch jeglicher Schubladerei doch nur die jämmerliche Anstrengung offensichtlich macht, diese umfassende Schaffenskraft irgendwie formulier- oder fassbar zu machen. Marla pflügt durch die Musikgeschichte; mit der überschäumenden Kraft der Gezeiten, geradezu genialem Groove, zweiunddreißigsteltaktgenau trotz einer Band aus der Konserve. Mit der Aura eines wahren Weltstars und einer so pointierten Mikrofonarbeit, dass diese jeden, der aus Sangesgründen selbst mal ein Shure SM58 in der Hand hatte, vor Ehrfurcht erblassen lässt.

Bruno und Elvis sitzen am Bühnenrand vor ihren Mischpulten und strahlen; das Publikum strahlt mit, während Marla Glück verteilt. Und nicht nur ein deutsches Duett mit der WirTine singt, um die Gäste zum Trinken zu animieren (»Alkoholallergie« aus »Lokalrunde«). Sondern auch ihren größten Hit »Believer« gemeinsam mit einem ihrer vermutlich größten Fans – den sie kurzerhand aus dem Publikum akquiriert – performt.

Marlas Hingabe geht wie ein erleichternder, lang ersehnter Sommerregen nach Dürre auf den Garten und die Gäste nieder, während die WirTine vor lauter Erleichterung einfach mal kurz in Tränen ausbricht und für ein paar wertvolle Minuten, die ihr niemand jemals wieder wird nehmen können, nur noch vor sich hin schluchzt. Beziehungsweise in das T-Shirt des Mannes sabbert. Weil alles so schön ist. Und so aufregend. Und weil der ganze Druck ja auch mal irgendwohin muss.

So. Und jetzt Ende mit der elendigen Gefühlsduselei, sonst halten Sie mich am Ende noch für komplett verrückt. Das bin ich zwar, aber man muss ja nicht übertreiben. Deshalb zum guten Schluss nur noch Folgendes:

Ja, auch Marla hat sich verliebt ins verrückte Dorf. Und versprochen, wiederzukommen. Also, nicht nur für einen erneuten privaten Besuch, sondern auch für eine weitere Show. Oder gleich mehrere. Am besten jedes Jahr: *»Let's make it a tradition, Tine!«* (O-Ton Marla). Liebe Marla, lieber Bruno, liebe Stevie: Im »Jabel der Welt« stehen die Türen für euch immer offen. Das ganze Wendland bedankt sich bei euch, voller Respekt und Wertschätzung, für eure Arbeit und eure Leidenschaft – und für ein hinreißendes Erlebnis, das so oder so immer in unseren Herzen bleiben wird.

Besonders gut versteht sich Marla übrigens mit dem verrückten Professor, und die beiden wollen unbedingt schon bald wieder über Gewürze und die Ursprünge der unterschiedlichsten Musikstile fachsimpeln. Da hat der Professor endlich mal einen Sparringpartner auf Augenhöhe gefunden! Bruno und ich können derweil erneut in der Antikhütte zusammenhocken und musikphilosophieren. Dann wird es zwar mal wieder spät, oder vielmehr früh, aber auf jeden Fall sehr schön. Mit einer Einschränkung: Vielleicht sind wir beim nächsten Mal schlauer und gehen am Abend vor der Show nicht erst um halb fünf zu Bett. Haha.

Auch in »Wittlerins Wohnzimmer« wird es weitergehen, trotz Corona. Irgendwie. Also mit Modifikationen. Aufgeben kommt erst mal nicht infrage, jedenfalls nicht, solange die WirTine sich noch einigermaßen aufrecht halten kann!

Wann in der Antikhütte mit ihren beschränkten Platzverhältnissen wieder Kulturveranstaltungen mit externen Künstlern möglich sein werden, ist in diesem Moment zwar völlig ungewiss. Aber bis dahin performt halt, wann immer es geht, die Wittlerin persönlich im »Jabel der Welt«. Die hat nämlich keine Anfahrtskosten, spielt zur Not auch vor zwölf Leuten (mehr Gäste dürfen nach den aktuellen Abstandsregeln nicht rein in die Antikhütte!), und sie ist laut RTL und NDR seit ihrem Auftrittsmarathon im »Kleinsten Autotheater der Welt« sowieso das »Schweizer Taschenmesser der norddeutschen Kleinkunstszene«. Dieser Spitzname ist Adelung, Verpflichtung und Herausforderung zugleich – da will ich gern mein Bestes geben.

Was den gastronomischen Betrieb betrifft, so lautet das Stichwort ab sofort bis auf Weiteres: »Mitmachkneipe«. Erfunden im Wendland – einzigartig in der Welt! Und die einzige Chance, den Betrieb überhaupt aufrechterhalten zu können, zumindest rudimentär. Denn die Umsätze in den Monaten März bis Juli 2020 sind wegen Corona im Vergleich zum Vorjahr um exakt 75,6 Prozent gesunken. Das heißt, dass ich eigentlich noch Geld mitbringen müsste, um die Tür überhaupt aufzuschließen – und dringend Einkünfte an anderen Fronten an Land ziehen muss, um wenigstens die Fixkosten zu erwirtschaften. Da Bühnenauftritte unter den gegebenen Umständen weiterhin keine Option sind, akquiriere ich stattdessen Schreibtischjobs – und die fordern naturgemäß viel Zeit und Aufmerksamkeit, welche für den Kneipenbetrieb nun schlicht nicht mehr zur Verfügung stehen.

Für das »Wohnzimmer« bedeutet das: Full Service gibt es nicht mehr, aber dafür umso mehr Spaß. Und Zusammengehörigkeitsgefühl. Da muss jeder mal ran. »Mitmachkneipe« halt – nach dem in anderen Bereichen ja auch recht verbreiteten Prinzip der Selbstbedienung.

Keine Angst, abzuwaschen braucht niemand, und natürlich ist die WirTine trotzdem immer mit Rat, Tat, Wechselgeld, einer Getränkeempfehlung oder einer unterhaltsamen Unterweisung in Sachen »Longdrinks selbst mixen« am Start. Aber: Die bisherige Rundum-Bepuschelung entfällt. Auch reguläre warme Küche ist erst mal gestrichen, denn wenn nur noch ein Bruchteil der Passagiere einsteigt, kann man halt auch nicht mehr alle Triebwerke hochfahren, haha. Was zwar sehr schade ist, weil die veganen Maultaschen somit nun doch erst mal nicht (mehr) zu ihrem großen Auftritt kommen; wie gewonnen, so zerronnen. Stattdessen habe ich in meiner kleinen Experimentierkombüse »Mini-Wraps im Glas« entwickelt, die gibt's auch ohne Tier. Et voilà! Außerdem: Was eine Kneipe ist, da kann man zur Not das bisschen, was man isst, ja auch trinken; insofern sollten wir das gemeinsam schon gewuppt kriegen.

Und so heißt es für den geneigten Gast nunmehr: Versorge dich selbst! Nicht nur an der Kühlvitrine, in der die liebevoll drapierten Snacks auf den Verzehr warten, sondern gleichsam an der nicht mehr hinterm, sondern vorm Tresen stehenden Zapfanlage.

Das Selberzapfen macht den engagierten Gästen jedenfalls

bislang großen Spaß, und auch vor der Eiswürfelmaschine braucht eigentlich niemand Manschetten zu haben. Wenn man denn einmal kapiert hat, wie's geht. Man muss nämlich dran denken, den blauen Knopf nicht nur zu drücken, um den Eiswürfelauswurf zu starten. Sondern dann noch einmal, um ihn wieder zu stoppen. Das klappt nicht immer, sorgt aber für umso mehr Erheiterung.

Erst kürzlich stand eine erschrockene Gästin vor dem würfelspeienden Ungeheuer (»Ogottogottogott!«), breitete verzweifelt die Arme aus und bemühte sich nach Kräften, aufzufangen, was die Maschine nunmehr links und rechts des schlicht bereits vollständig gefüllten Longdrinkglases ausspuckte und auf dem Barbereich ein drollig-wässriges Chaos hinterließ. Stellen Sie sich die Szene mit dem schief hängenden Bild von Loriot vor. So ungefähr war das – nur noch viel, viel lustiger. So funktioniert Mitmachkneipe!

Apropos Fernsehklassiker: Begrüßt werden die Einkehrenden in dieser innovativen gastronomischen Sensation von James höchstpersönlich, dem Butler aus »Dinner for One«. Er steht in Lebensgröße wie eine Eins aufrecht im Eingang, in Schwarz-Weiß natürlich, samt einem Tablett, auf dem selbstverständlich *»Same procedure as every year!«* zu lesen ist. Dieses Tablett wiederum hält die Bierdeckel bereit, auf denen die Gäste ihre Rechnung notieren und das Geld hinterher ganz vertrauensmäßig einfach selbstständig ins Kohlekörbchen werfen.

Bislang sind keine größeren Diskrepanzen zwischen Warenwirtschaft und Umsatz zutage getreten. Das ist ganz grandios, macht mich sehr zuversichtlich und zeigt mal wieder deutlich: Kneipengänger sind einfach die ehrlicheren Menschen! James ist sowieso zu allen gleich freundlich und deshalb nun schon mehrfach zum »Mitarbeiter des Monats« gekürt worden. Macht seinen Job, meldet sich nicht krank und hält die Klappe – er ist einfach perfekt. Und mittlerweile zucke ich auch nicht mehr zusammen, wenn sich seine Umrisse in meine Augenwinkel schieben. Bis vor Kurzem dachte ich immer noch, da steht in echt jemand.

Während die Gäste sich also frohen Mutes selbst bedienen, sitzt die WirTine vielleicht ein Tischchen weiter, hämmert auf ihr Laptop ein – und lässt sich zwischendurch doch immer mal wieder ganz gern ablenken von einem Schnack. Oder um an der Eiswürfelmaschine eine Expressschulung durchzuführen. Und so geht am Ende doch irgendwie alles weiter – trotz Corona.

Not macht eben tatsächlich erfinderisch, und das Experiment »Mitmachkneipe« funktioniert so gut, dass ich mir sogar vorstellen könnte, dauerhaft dabei zu bleiben. Denn wenn das mit der Improvisiererei irgendjemand ganz besonders gut draufhat, dann – ja dann, und als geneigter Leser wissen Sie das längst – sind es die Wendländer. Und die haben, ganz Selbstversorger, scheinbar gar nichts dagegen, sogar in der Kneipe mit anzupacken.

Auch ich verstehe mich dahingehend jetzt einfach mal als Einheimische, und zwar unabhängig davon, ob ich erst drei Jahre oder schon in der dritten Generation hier lebe. Gefühlt bin ich eh längst in der vierten Generation angekommen (mindestens). Und wünsche mir, dass ich noch mindestens weitere vier Generationen bleiben darf! Helfen Sie dabei, indem Sie bei Gelegenheit »Wittlerins Wohnzimmer« besuchen. Und, bitte: Besuchen Sie nicht nur mich, sondern am besten alle kleinen verbliebenen, kauzigen Kneipen dieser Welt – auf dem Land und in der Stadt.

Sollte Ihnen das Wendland für einen Besuch in näherer Zukunft doch zu weit weg sein, oder das »Wohnzimmer« die Covid-Zeit tatsächlich nicht überleben, begegnen wir uns vielleicht trotzdem irgendwann einmal – in einer jener unzähligen kleinen Kulturspielstätten dieser Republik, denen Corona gerade den letzten Überlebenswillen austreiben will. Lassen Sie nicht zu, dass das passiert! Lassen wir gemeinsam nicht zu, dass das passiert! Gehen Sie hin. Gehen Sie mit. Lassen Sie sich hin- und mitreißen von all dem, was eine klitzekleine – zur Not auch improvisierte – Bühne so möglich macht. Bitte.

Ich danke Ihnen von Herzen, auch im Namen aller Kleinkünstler, die sich so durchs (Über-)Leben schlagen.

Nachtrag. Falls Sie sich bei Ihrem Besuch in »Wittlerins Wohnzimmer« über die seit dem »Kleinsten Autotheater der Welt« recht kuriose Verpackung der so wohlriechenden Würste wundern, welche sich dann vermutlich in der Speisenvitrine befinden: Bitte fragen Sie mich danach. Ich erkläre Ihnen das gern. Auch mit der Spendenbüchse des Kulturvereins, die aussieht, als hätte sie jemand mit Schwarzpulver zu sprengen versucht, und die – geschützt durch einen schicken Gefrierbeutel mit abgerubbeltem Etikett – den Ehrenplatz in der gläsernen Vitrine ziert, hat es eine besondere Bewandtnis. Aber das ist eine andere Geschichte …

Nachtrag 2. Mitte November 2020, zum Zeitpunkt der finalen Drucklegung dieses Buches, befinden wir uns im zweiten Corona-Lockdown für Gastronomie, Kunst und Kultur. Die Deelenkneipe ist (mal wieder) geschlossen; alle geplanten Veranstaltungen für die gesamte Wintersaison sind (erneut) abgesagt – sowohl die Gastspiele auf der Kleinkunstbühne in »Wittlerins Wohnzimmer« als auch die Bühnentermine der WirTine.

Statt der Bewirtung von Gästen steht im »Jabel der Welt« Schreibtischarbeit auf dem Plan, die sich zu einem erheblichen Teil nur noch stirnrunzelnd erledigen lässt und wenig Gutes verheißt. Das vor Kurzem noch erhoffte »Back to normal« scheint endgültig unmöglich, und eine gewisse Unzufriedenheit hierüber kann ich trotz allen guten Willens nicht mehr verbergen. Es sieht ganz so aus, als verlange das Leben erneut nach Veränderung. Und dass es diese zur Not auch mit brachialen Mitteln einfordert.

Nun! Dann sei es so. Ich bin bereit! Bin ja keine Lusche, auch wenn ich grade ganz gern mal rumheule, haha. Aber wat mutt, dat mutt. Und eines bleibt für immer: dass ich im wunderbaren Wendland nicht nur eine Herzensheimat gefunden habe, sondern auch eine innere Ruhe, die alle Stürme erträglicher macht.

Ganz zum Schluss noch die guten Nachrichten: Gorleben ist als etwaiger Standort für ein Atommüll-Endlager zwischenzeitlich final raus, und seit zwei Wochen ist auch im »Jabel der Welt« der Breitbandanschluss aktiv. Daran, dass ich keine Videogrußbotschaften versende, ändert sich trotzdem nichts. Bei allem anderen müssen wir schauen. Stay tuned!

Applaus
für euch alle!

Dank

Vielen Dank an …

… Timothy Sonderhüsken von dotbooks: Ohne dich hätte ich zur Not im mühsamen Selbstverlag veröffentlichen müssen.

… Droemer Knaur, Maria Hellstern, Patricia Kessler, Kristina Kredler, Thomas Blanck & Nina Schnackenbeck: ohne euch kein Buch, eben NICHT im mühsamen Selbstverlag.

… meine Gäste, die Bewohner Jabels und all jene, die ich erwähnen durfte: ohne euch kein »Wohnzimmer«. Und keine WirTine.

… alle Künstlerinnen und Künstler, die es auf sich nehmen, die vielleicht familiärste Kleinkunstbühne der Republik zu besuchen, auch wenn nur ein paar Handvoll Zuschauer reinpassen: ohne euch keine Shows.

… alle fleißigen Mitstreiter von Kulturbar Wendland e. V.: ohne euch kein Team.

… das Publikum meiner Bühnenshows in der ganzen Republik: ohne euch kein erwartungsvolles Aufbrechen – und erst recht kein freudiges Nachhausekommen.

… die vielen so liebenswerten Wendländer: Ohne euch wäre ich vielleicht ganz woanders gelandet. Und das wäre doch schade.

Also, für mich zumindest, haha.

VOLKER KEIDEL

Wer alkoholfreies Radler trinkt, hat sich schon aufgegeben

Einer gegen alle Trends

Das Leben ist schon schwierig genug, da haben diese ganzen unsäglichen Trends gerade noch gefehlt. Von Hygge und Slim-fit-Jeans über Modenamen und Flashmobs bis hin zu Online-Gaming: Volker Keidel probiert alles aus. Dabei ist er keiner, der oberlehrerhaft oder typischdeutschunzufrieden daherkommt. Ganz im Gegenteil: Er will diesem ganzen Trend-Wahn ja eine Chance geben! Keidel spielt Golf, geht zum Yoga und versucht mit seinem Sohn in der Boulder-Halle mitzuhalten. Wir lachen und weinen mit ihm.

Am Ende ist er sich sicher: »Wahres Glück findest du nicht, wenn du eine Bucket List abarbeitest oder Wert auf Achtsamkeit legst. Geh lieber mit guten Freunden aus! Trink genügend Bier! Schlag über die Stränge! Lebe!«

»Immer, wenn ich eine von Keidels Geschichten lese, bekomme ich Lust, Bier zu trinken und Freunde zu treffen. Dann lese ich noch eine und noch eine … bis es zu spät ist, noch mit dem Biertrinken anzufangen.«

Simon Pearce,
Schauspieler, Comedian, Kabarettist und Autor von
»So viel Weißbier kannst gar ned trinken«

KNAUR